JN023428

FPのための
真・税金
Tax Handbook
for Financial Planner
ハンドブック

2024年度版

竹内秀男　吉田靖　青木惠一　吉田幸一
一般社団法人 金融財政事情研究会
ファイナンシャル・プランナーズ・センター 編著

一般社団法人 金融財政事情研究会

はしがき

　本書は、ファイナンシャル・プランナー（FP）が顧客からよく相談を受ける税金について、原則として、見開き2ページで読みやすく、全体を理解しやすいようにコンパクトに解説したハンドブックです。

　資産運用、土地活用、相続など個人のライフプラン、マネープランには税務知識が不可欠なものとなっており、また税制は経済情勢等に対応して毎年改正されるので、FPには常に最新の税務知識を身につけていることが求められます。

　本書は、一般的な内容をわかりやすく整理しているため、例外的なものや、細かな点については省略している点もあります。なお、個別具体的な案件、複雑な案件等については、事前に税理士等の専門家にご相談されるようお願いします。

　また、本書は研修や自己研鑽の副読本としても便利なハンディサイズとなっており、FP試験の参考書としても活用できます。

　本書を有効に活用され、信頼されるFPとして活躍されることを祈念しております。

目 次 　《個人編》

Ⅲ　投資・金融商品と税金

Ⅳ　その他の個人の税金

《法人編》

V　法人の利益にかかる税金

VI　収益・費用の税務

Ⅶ　税額計算・申告納付

Ⅷ　会社と役員の取引

IX　オーナー株主の事業承継

X　2024年度税制改正・新旧対照表

個人編

Ⅰ

不動産に関する税金

契約書と印紙税

> **POINT**
>
> 不動産売買契約書や建物の建築工事請負契約書、借入れをする際の金銭消費貸借契約書には印紙税が課税されます。

1. 不動産売買契約書と印紙税

不動産売買契約書を作成した場合、印紙税が課税されます。印紙税は契約書に印紙を貼り、印鑑で消印して納めます。契約書を複数作成した場合は、それぞれに貼る必要があります。印紙を貼らなかった場合には、過怠税を含めてその3倍が課税されます。また、印紙は貼ってあるものの、消印がされていない場合には、その印紙と同額の過怠税が課税されます。

なお、2014年4月1日から2027年3月31日までの間に作成される不動産売買契約書に係る印紙税の税率は、右表のように引き下げられています。

2. 請負契約書と印紙税

建築工事の請負契約書を作成した場合、印紙税が課税されます。

2014年4月1日から2027年3月31日までの間に作成される工事請負契約に係る印紙税の税率は、右表のように引き下げられています。

3. 金銭消費貸借契約書と印紙税

不動産を購入するにあたって借入れをする場合、借入れをする際の金銭消費貸借契約書には印紙税が課税されます。印紙税の金額は、不動産売買契約書の軽減前金額と同様になります。

4. 印紙税と消費税

不動産を購入する場合、土地の購入には消費税は課税されませんが、建物の購入には消費税が課税されます。なお、自らの事業用に使用する場合や事務所用に賃貸する場合などには、支払った消費税は納付する消費税の計算上控除することができ、還付されることもあります。

ところで、印紙税の金額は右表のように不動産売買契約書や請負契約書に記載された金額によって変わりますが、消費税が売買金額や請負金額と区別して記載されている場合は、消費税を含めない売買金額や請負金額によって印紙税の金額が計算され、

消費税を含めた売買金額や請負金額が記載されている場合は、消費税を含めた売買金額や請負金額によって印紙税の金額が計算されます。

契約金額		印紙税
不動産売買契約書 金銭消費貸借契約書	請負契約書	2014年4月1日以後
1万円未満	1万円未満	非課税
1万円以上　10万円以下	1万円以上　100万円以下	200円　　（200円）
10万円超　50万円以下	100万円超　200万円以下	200円　　（400円）
50万円超　100万円以下	200万円超　300万円以下	500円　（1,000円）
100万円超　500万円以下	300万円超　500万円以下	1,000円（2,000円）
500万円超	1,000万円以下	5,000円　（1万円）
1,000万円超	5,000万円以下	1万円　　（2万円）
5,000万円超	1億円以下	3万円　　（6万円）
1億円超	5億円以下	6万円　（10万円）
5億円超	10億円以下	16万円　（20万円）
10億円超	50億円以下	32万円　（40万円）
50億円超		48万円　（60万円）
契約金額の記載のないもの		200円　　（200円）

※1　カッコ内は軽減前の印紙税
※2　金銭消費貸借契約書はカッコ内の金額による

2 登記と登録免許税

POINT

不動産を取得した場合は、通常法務局で登記をしますが、その際に登録免許税が課税されます。登記をする際に安易に考えて、出資していない人を登記名義人としたり、出資した額よりも多い割合で登記すると、原則として贈与税が課税されます。出資した割合で登記することを心がけましょう。

1. 登記と登録免許税

　不動産を取得した場合には、通常法務局で所有権移転登記や保存登記、抵当権設定登記を行いますが、その際に下表の登録免許税が課税されます。また、司法書士に登記手続を依頼すると、その手数料もかかります。

登記の種類・原因			2011年3月31日まで	2011年4月1日から2012年3月31日まで	2012年4月1日から2026年3月31日まで	2026年4月1日から	2027年3月31日まで（住宅用家屋の特例）
①所有権移転	売買	土地	1,000分の10	1,000分の13	1,000分の15	1,000分の20	―
		建物	1,000分の20				1,000分の3
	遺贈、贈与等		1,000分の20				―
	相続、合併等		1,000分の4				―
	共有物の分割		1,000分の4				―
②所有権保存			1,000分の4				1,000分の1.5
③抵当権の設定等			1,000分の4				1,000分の1

①所有権移転登記、②所有権保存登記は固定資産税評価額に上記の税率を乗じて計算します。
③抵当権の設定登記は債権金額または極度金額に上記の税率を乗じて計算します。

2. 自己の居住用の家屋の特例

　一定の自己の住宅用家屋については、前記**1.**のように登録免許税が軽減される特例があります。この特例が受けられる一定の自己の住宅用家屋は、1999年4月1日以後に新築する次のような要件を満たす家屋です。

　なお、この特例は敷地への適用がありません。また、法人にも適用しません。

① 所有者自身が住むためのものであること
② 家屋の床面積（マンションの場合には専有部分の床面積）が50㎡以上であること
③ 新築住宅ならびに中古住宅の場合、新耐震基準に適合している住宅用家屋（登記簿上の建築日付が1982年1月1日以降の家屋については、新耐震基準に適合している住宅用家屋とみなす。）であること
④ 新築または取得後1年以内に登記すること
⑤ 登記申請書にその家屋所在地の市町村長の証明書類を添付すること

3. 特定認定長期優良住宅・認定省エネ住宅の特例

　個人が2012年4月1日（認定省エネ住宅は都市の低炭素化の促進に関する法律施行日）から2027年3月31日までの間に、特定認定長期優良住宅や認定省エネ住宅を新築または取得（未使用のものに限る）する場合におけるこれらの住宅に係る所有権の保存登記等に対する登録免許税の税率は、次のとおり軽減されます。

区分	特定認定長期優良住宅	認定省エネ住宅	本則
所有権の保存登記	1,000分の1	1,000分の1	1,000分の4
所有権の移転登記	1,000分の2		1,000分の20

4. 買取再販で扱われる住宅用家屋の特例

　個人が2014年4月1日から2027年3月31日までの間に、宅地建物取引業者により一定の質の向上を図るための増改築等が行われた中古の住宅用家屋を取得する場合は、その住宅用家屋に係る所有権の移転登記に対する登録免許税の税率が1,000分の1に軽減されます。

5. 登記名義に注意

　マイホームを購入したり新築すると、後で税務署から「お買いになった資産の買入価額などについてのお尋ね」が送られてきて資金の出所などが質問されます。登記をする際に安易に考えて、出資していない人を登記名義人としたり、出資した額よりも多い割合で登記すると、原則として贈与税が課税されます。出資した割合で登記することを心がけましょう。

3 ▶ 不動産取得税

> **POINT** 家屋や土地を取得した場合は、不動産取得税が課税されます。取得した家屋や土地が居住用の場合には、特例が設けられています。

1. 家屋や土地に対する不動産取得税

　家屋や土地を取得した場合は、その家屋や土地の固定資産税評価額に次の税率を乗じた不動産取得税が課税されます。ただし、取得した家屋の固定資産税評価額が建築の場合で23万円未満、売買、交換、贈与等の場合で12万円未満の場合には免税となり、不動産取得税は課税されません。また、取得した土地の固定資産税評価額が10万円未満の場合も免税となり、不動産取得税は課税されません。

		2008年4月1日～2027年3月31日
土地	住宅用地	3％
	住宅用地以外	
家屋	住宅	4％
	住宅以外	

2. 特例適用住宅の1,200万円控除

　次の要件を満たす特例適用住宅を新築した場合は、家屋の固定資産税評価額から1,200万円が控除され、不動産取得税はその3％とされます。

	下限		上限
	1戸建ての住宅	1戸建て以外の住宅	
貸家以外	50㎡以上	50㎡以上	240㎡以下
貸家	50㎡以上	40㎡以上	240㎡以下

※マンション、アパート等は、共用部分の床面積を専有部分の床面積割合によってあん分した床面積も含まれる

なお、個人が2026年3月31日までの間に新築された住宅について、長期優良住宅の認定を受けて建てられたことを証する書類を添付して都道府県に申告がなされた場合は、前記控除額が1,300万円になります。

また、個人が上記の要件を満たす中古住宅を取得し、その個人の居住用とした場合で、一定の耐震基準に適合（登記簿（登記記録）上の建築日付が1982年以後のものは適合しているとみなす）する場合、または、一定の耐震基準に適合していないが入居前に一定の耐震基準に適合するための改修を行った既存住宅（入居前に耐震改修工事を行う一定のものを含む）である場合は、家屋の固定資産税評価額から次に掲げる金額が控除され、不動産取得税はその3％とされます。

〔控除される額〕

建築された日	控除額
1997年4月1日～	1,200万円
1989年4月1日～1997年3月31日	1,000万円

3. 宅地の課税標準の特例

住宅の土地に対する不動産取得税の課税標準は、固定資産税の評価額ですが、土地の取得が1997年1月1日から2027年3月31日までに行われた場合は、固定資産税評価額の2分の1とされます。

4. 特例適用住宅用地の軽減措置

前記 **2.** の新築の特例適用住宅や特定既存住宅の敷地については、①土地を取得して2年（2026年3月31日までの取得については3年）以内にその上に特例適用住宅を新築した場合、または②特例適用住宅を新築後1年以内にその敷地を取得した場合、③新築後1年以内に特例適用住宅とその敷地を取得した場合には、通常の不動産取得税から次の金額が軽減されます。

軽減される金額（最低4万5,000円）＝（1㎡当たりの土地の固定資産税評価額×$\frac{1}{2}$）×（住宅の延べ床面積の2倍〈200㎡が限度〉）× 3 ％

5. 申告手続

家屋の不動産取得税について新築の特例適用住宅や特定既存住宅の特例を受ける場合や、土地の不動産取得税について新築の特例適用住宅や特定既存住宅の敷地の特例を受ける場合には、都道府県の条例によって申告する必要があります。

4 住宅借入金等特別控除

POINT 住宅ローンを借りて住宅を新築したり中古住宅を購入した場合や、増改築ローンを借りて増改築、大規模な修繕、リフォーム等をした場合は、通常は13年間で最高409万5,000円の所得税が控除されます。

1. 適用要件

　個人が住宅ローン等を利用してマイホームの新築、取得または増改築等（以下「取得等」）をし、2022年１月１日から2025年12月31日までの間に自己の居住の用に供した場合で一定の要件を満たすときは、所得税の住宅借入金等特別控除（住宅ローン控除）の適用を受けることができます。

① 家屋の取得等から原則として６カ月以内に居住の用に供し、適用年の年末まで引き続き居住の用に供していること（一定の場合は再入居の場合でも適用あり）
② 控除を受ける年の合計所得金額が2,000万円以下であること
③ 家屋の床面積が原則として50㎡以上で２分の１以上が居住用であること
　ただし、床面積が40㎡以上50㎡未満の住宅用家屋で2023年12月31日以前に建築確認を受けたものの新築またはその家屋で建築後使用されたことのないものの取得については、合計所得金額が1,000万円以下の年に限り適用対象になる
④ 中古住宅については、新耐震基準に適合している住宅用家屋（登記簿上の建築日付が1982年１月１日以降の家屋については、新耐震基準に適合している住宅用家屋とみなす）であること
⑤ 10年以上にわたり分割して返済する方法になっている一定の借入金または債務があること
⑥ 増改築、リフォーム等の場合は、工事費用が100万円を超えるなどの条件を満たすものであること

2. 控除額の計算

⑴ 原　　則

① 所　得　税

　住宅ローン控除額は、原則として、住宅借入金等の年末残高（限度額あり）に次表の控除率を乗じて計算します。適用する控除率などは、取得形態や居住開始年などにより異なります。

イ．新築・買取再販等

住宅の取得等が居住用家屋の新築、居住用家屋で建築後使用されたことのないものの取得または宅地建物取引業者により一定の増改築等が行われた一定の居住用家屋の取得の場合

居住開始年	対象住宅	借入限度額	控除率	控除期間	各年の控除限度額	最大控除額（控除総額）
2022年～2023年	認定住宅	5,000万円	0.7%	13年	35万円	455万円
	ZEH水準省エネ住宅	4,500万円			31.5万円	409.5万円
	省エネ基準適合住宅	4,000万円			28万円	364万円
	上記以外	3,000万円			21万円	273万円
2024年～2025年	認定住宅	4,500万円	0.7%	13年	31.5万円	409.5万円
	ZEH水準省エネ住宅	3,500万円			24.5万円	318.5万円
	省エネ基準適合住宅	3,000万円			21万円	273万円
	上記以外	2,000万円		10年	14万円	140万円

ロ．中古住宅の取得または増改築等

上記イ．の新築・買取再販等以外の場合

居住開始年	対象住宅	借入限度額	控除率	控除期間	各年の控除限度額	最大控除額（控除総額）
2022年～2025年	認定住宅等	3,000万円	0.7%	10年	21万円	210万円
	上記以外	2,000万円			14万円	140万円

※認定住宅等とは、認定住宅（認定長期優良住宅および認定低炭素住宅）、ZEH水準省エネ住宅（「ゼッチ（ネット・ゼロ・エネルギー・ハウス）」断熱性を高めるなど大幅な省エネを実現したうえで、再生可能エネルギーを導入することにより、年間の一次エネルギー消費量の収支がゼロとすることを目指した住宅）、省エネ基準適合住宅をいう。

② 住 民 税

住宅ローン控除は所得税の控除額ですが、所得税額から控除しきれない部分については、次の金額を限度として翌年度分の個人住民税額から控除できます。

> 所得税の課税総所得金額×5％（最高9万7,500円）

⑵ 東日本大震災の被災者に係る特例

東日本大震災の被災者が再建住宅の取得等をして2022年から2025年までの間に居住の用に供した場合の再建住宅借入金等の年末残高の限度額（借入限度額）、控除率および控除期間は次のとおりです。

居住 開始年	新築等または中古等	借入限度額	控除率	控除期間	各年の控 除限度額	最大控除額 （控除総額）
2022年〜 2023年	新築・買取再販等	5,000万円		13年	45万円	585万円
	中古住宅等	3,000万円	0.9%	10年	27万円	270万円
2024年〜 2025年※	新築・買取再販等	4,500万円		13年	40.5万円	526.5万円
	中古住宅等	3,000万円		10年	27万円	270万円

※2025年以後は、警戒区域設定指示等の対象区域内に限定される。

3. 子育て世帯等に対する2024年入居等の特例

　子育て世帯と若者夫婦世帯について、2024年中の入居に限り、新築・買取再販等の場合の借入限度額が拡充され、床面積要件についても緩和されます。

(1) 対象者（子育て特例対象個人）
・年齢40歳未満で配偶者を有する者
・年齢40歳以上であって年齢40歳未満の配偶者を有する者
・年齢19歳未満の扶養親族を有する者

(2) 認定住宅等の新築・買取再販等の場合の借入限度額・控除額等

① 原　　則

居住 開始年	対象住宅	借入限度額	控除率	控除期間	各年の控 除限度額	最大控除額 （控除総額）
2024年	認定住宅	5,000万円			35万円	455万円
	ZEH水準省エネ住宅	4,500万円	0.7%	13年	31.5万円	409.5万円
	省エネ基準適合住宅	4,000万円			28万円	364万円

② 東日本大震災の被災者に係る特例

居住 開始年	対象住宅	借入限度額	控除率	控除期間	各年の控 除限度額	最大控除額 （控除総額）
2024年	認定住宅					
	ZEH水準省エネ住宅	5,000万円	0.9%	13年	45万円	585万円
	省エネ基準適合住宅					

(3) 認定住宅等の新築等の場合の床面積要件

　合計所得金額1,000万円以下の者に限り、床面積40㎡以上で適用対象となります。
　この規定は、2024年12月31日以前に建築確認を受けた家屋に適用されます。

4. 省エネ基準を満たさない場合の適用除外

　2022年度税制改正により、2024年1月1日以後に建築確認を受ける住宅の用に供する家屋（登記簿上の建築日付が同年6月30日以前のものを除く）または建築確認を受けない住宅の用に供する家屋で登記簿上の建築日付が同年7月1日以降のもののうち、一定の省エネ基準を満たさないものの新築または当該家屋で建築後使用されたことのないものの取得については、住宅ローン控除の適用ができないこととされます。

5. 他の特例との重複適用は不可

　居住した年、その前2年、その後3年の6年間に従前居住用財産を売却して「居住用財産の3,000万円特別控除」「居住用財産の買換えの特例」等の適用を受けている場合は、住宅借入金等特別控除の適用は受けられません。

　なお、「居住用財産の譲渡損失の繰越控除」との併用は認められます。

6. 確定申告の添付書類

　住宅借入金等特別控除の特例は、1年目は次の書類を添付して確定申告をする必要があります。

---

① 登記事項証明書
② 建築工事請負契約書または売買契約書
③ 住宅取得資金に係る借入金の年末残高証明書
④ 住宅借入金等の年末残高の計算明細書
⑤ 認定住宅等の場合には、上記①～④に加え、認定住宅等に該当することを確認するための所定の書類の添付が必要

　給与所得者の場合、2年目以後は税務署から送られてくる「給与所得者の住宅借入金等特別控除申告書」に所要の事項を記載して、「住宅取得資金に係る借入金の年末残高証明書」とともに勤務先へ提出して年末調整によりこの控除を受けることができます。

　なお、2022年度税制改正により、2023年1月1日以後に居住の用に供する家屋について住宅ローン控除の適用を受けようとする個人は、その住宅ローンに係る銀行等に対して、その個人の氏名および住所、個人番号その他の一定の事項を記載した申請書（住宅ローン控除申請書）の提出をしなければならないこととされます。これにより、住宅取得資金に係る借入金の年末残高証明書および新築の工事の請負契約書の写し等については、確定申告書への添付が不要になります。また給与所得者の年末調整についても住宅取得資金に係る借入金の年末残高証明書の添付が不要になります。

7. 一度転出した後再入居した場合

　住宅借入金等特別控除の適用を受けていた者が、転勤等やむを得ない事情により一時転出しその後再入居（居住しなくなったその年中に再入居した場合を含む）した場合は、残期間について控除が認められます。また、住宅の取得等をして居住開始後、居住開始年の年末までに転勤等やむを得ない事情により一時転出した（住宅借入金等特別控除を受けていない）場合、再入居年以後は、残期間について控除が認められます。

5　各種の特別控除

> **POINT**　自己資金により認定住宅を取得した場合や、特定増改築や耐震改修工事を行った場合は、住宅ローンがなくても所得税の特別控除が受けられます。

1.　認定住宅等の新築等に係る所得税額の特別控除

　　居住者が、2021年1月1日から2025年12月31日までの間に、認定住宅（認定長期優良住宅および認定低炭素住宅）、ZEH水準省エネ住宅を新築等し、その新築等の日から6カ月以内に居住の用に供した場合に税額控除が受けられます。

　　具体的には、下表の金額を控除することができます。また、控除額がその年分の所得税額から控除しきれない場合は、1年間の繰越しが認められ、翌年分の所得税額から控除することができます。ただし、その年分の合計所得金額が2,000万円（2023年以前は3,000万円）を超える場合には、適用が受けられません。

　　なお、この控除は全額自己資金で新築等した場合のほか、住宅ローンを組んで新築等した場合でも適用があります。この場合、住宅借入金等特別控除とは選択適用になります。

居住年	対象住宅	控除対象金額	控除率	控除限度額	控除期間
2021年1月～ 2025年12月	認定長期優良住宅 認定低炭素住宅 ZEH水準省エネ住宅	標準的な性能強化費用相当額（650万円限度）	10%	65万円	原則1年 （控除不足は1年間繰越可）

2.　中古住宅の耐震改修工事または特定の改修工事に係る所得税額の特別控除

　　居住者が、その者の居住の用に供する家屋について一定の耐震改修工事（併せて行う一定の耐久性向上改修工事を含む）または一定の省エネ改修工事（併せて行う一定の耐久性向上改修工事を含む)、一定のバリアフリー改修工事、一定の三世代同居改修工事を行い、2022年から2025年に居住の用に供した場合は、次の金額を所得税額から控除できます。ただし、耐震改修工事以外は、その年分の合計所得金額が2,000万円（2023年以前は3,000万円）を超える場合には適用が受けられません（耐震改修工事は所得要件なし）。この控除額も住宅借入金等特別控除とは選択適用です。

> 必須工事に係る標準的な工事費用相当額（控除対象限度額あり）×控除率10％

　また、2022年度の税制改正により、必須工事の控除対象限度額を超える部分やその他のリフォームについて、その金額の5％を控除する措置が上乗せされました。

> 次の①②の金額の合計額（必須工事の工事対象限度額と併せて1,000万円を限度）
> ×控除率5％

①　必須工事の標準的な工事費用相当額のうち控除対象限度額を超える金額
②　必須工事と併せて行うその他の改修工事に要した金額（補助金等の交付がある
　　場合はその補助金を控除した金額）

　さらに、2024年度の税制改正により、子育て特例対象個人（Ⅰ.④住宅借入金等特別控除参照）が、自己所有の居住用家屋に一定の子育て対応改修工事をして、2024年4月1日から2024年12月31日までの間に居住の用に供した場合が追加され、その子育て対応改修工事に係る標準的な工事費用相当額（250万円を限度）の10％相当額を控除できます。ただし、その年分の合計所得金額が2,000万円を超える場合には、適用が受けられません。

〈控除額まとめ〉

必須工事（A）			その他の工事（B）			最大控除額 （(A)＋(B)）
対象工事	控除対象 限度額	控除率	対象工事	控除対象 限度額	控除率	
耐震	250万円	10％	必須工事の控除 対象限度超過分 （上記①） 及び その他の改修工 事 （上記②）	必須工事に係 る標準的な工 事費用相当額 と同額まで （必須工事と 併せて上限 1,000万円）	5％	62.5万円
バリアフリー	200万円					60万円
省エネ	250万円 （350万円）					62.5万円 （67.5万円）
三世代同居	250万円					62.5万円
耐震または省エ ネ＋耐久性向上	250万円 （350万円）					62.5万円 （67.5万円）
耐震および省エ ネ＋耐久性向上	500万円 （600万円）					75万円 （80万円）
子育て改修	250万円					62.5万円

（　）内の金額は、省エネ改修工事と併せて太陽光発電装置を設置する場合

3.　用語確認

①　一定の耐震改修工事
　　一定の耐震改修工事とは、1981年5月31日以前に建築された一定のものについ

て、建築基準法に基づく現行の耐震基準（1981年6月1日施行）に適合させるための耐震改修工事をいいます。

② 一定のバリアフリー改修工事

一定のバリアフリー改修工事とは、(a)年齢50歳以上の者、(b)介護保険法の要介護または要支援の認定を受けている者、(c)障害者、(d)前記(b)、(c)または年齢65歳以上の者と同居している者が行う、次の①から⑤に該当する工事等で、その工事費用（補助金等をもって充てる部分を除く）の合計額が50万円を超える一定のものをいいます。

> ① 廊下の拡張
> ② 階段の勾配の緩和
> ③ 浴室改良
> ④ 便所改良
> ⑤ 手すりの設置など

③ 一定の省エネ改修工事

一定の省エネ改修工事とは、次の①から④に該当する工事等で、その工事費用（補助金等をもって充てる部分を除く）の合計額が50万円を超える一定のものをいいます。

> ① 居室のすべての窓の改修工事または居室の一部の窓の改修工事であって、改修後の住宅全体の断熱等性能等級が1段階相当以上向上するなど所定の要件を満たす工事
> ② 床の断熱工事（①の工事と併せて行うものに限る）
> ③ 天井の断熱工事（①の工事と併せて行うものに限る）
> ④ 壁の断熱工事（①の工事と併せて行うものに限る）など

④ 一定の耐久性向上改修工事

一定の耐久性向上改修工事とは、小屋裏、外壁、浴室・脱衣所、土台・軸組等、床下、基礎もしくは地盤に関する劣化対策工事、または給排水管もしくは給湯管に関する維持管理もしくは更新を容易にする工事で、次の要件を満たすものをいいます。

> ① 認定を受けた長期優良住宅建築等計画に基づくものであること
> ② 改修部位の劣化対策ならびに維持管理および更新の容易性が、いずれも増改築による長期優良住宅の認定基準に新たに適合することになること
> ③ 増築、改築、大規模の修繕もしくは大規模の模様替えまたは一室の床もしくは壁の全部について行う修繕もしくは模様替えであること
> ④ 工事費用（補助金等をもって充てる部分を除く）の合計額が50万円を超えること

⑤　一定の三世代同居改修工事

　　一定の多世帯同居改修工事とは、⑴調理室、⑵浴室、⑶便所、⑷玄関のいずれか
を増設する工事（改修後に⑴から⑷までのいずれか2つ以上が複数となるものに限
る）で、その工事費用（補助金等をもって充てる部分を除く）が50万円を超えるも
のをいいます。

⑥　子育て対応改修工事

　　一定の子育て対応改修工事とは、⑴住宅内における子どもの事故を防止するため
の工事、⑵対面式キッチンへの交換工事、⑶開口部の防犯性を高める工事、⑷収納
設備を増設する工事、⑸開口部・界壁・床の防音性を高める工事、⑹間取り変更工
事（一定のものに限る）であって、その工事に係る標準的な工事費用相当額（補助
金等の交付がある場合には、当該補助金等の額を控除した後の金額）が50万円を超
えること等、一定の要件を満たすものをいいます。

⑦　標準的な工事費用相当額

　　標準的な工事費用相当額とは、各改修工事の種類等ごとに定められた金額（国土
交通省が公示）にその工事を行った床面積等を乗じて計算した金額（補助金等の交
付がある場合はその補助金を控除した金額）をいいます。

6 固定資産税、都市計画税

POINT 不動産を保有する場合に係る税金には、固定資産税、都市計画税があります。

1. 固定資産税、都市計画税

　固定資産税は、土地や家屋および事業用償却資産について課税される税金で、毎年1月1日現在の所有者が納税することになります。

　固定資産税の税額は、固定資産税評価額（土地は負担調整率で調整した金額）に税率を乗じた金額です。

　土地と家屋の固定資産税評価額は、基準年度（1958年度から3年目ごとの年度で、2024年度がこれに該当する）ごとに市町村が評価決定し、課税台帳に登録したもので、これが原則として3年間据え置かれます。

　固定資産税の標準的な税率は1.4%で、各市町村が条例で定めます。

　なお、固定資産税の納税者が本人の土地や家屋と他の資産の評価額を比較することができるよう、毎年4月1日から4月20日またはその年度の最初の納期限の日のいずれか遅い日までの間、土地の所有者は土地価格等縦覧帳簿、家屋の所有者は家屋価格等縦覧帳簿の縦覧が可能となっています。借地人・借家人についても、借地・借家の評価額等を確認する場合、固定資産課税台帳を閲覧することができます。固定資産課税台帳に登録された事項について不服がある場合は、納税通知書の交付を受けた日後60日以内に、不服審査請求ができます。

　都市計画税は、都市計画区域のうち、市街化区域内などに土地や家屋を所有する場合に、0.3%を限度として市町村の条例で定められた税率により課税されます。

　固定資産税、都市計画税は、課税標準額が土地の場合30万円未満、建物の場合20万円未満であれば原則として課税されません。固定資産税、都市計画税の納付は、市町村から送られてくる納税通知書により、原則として毎年4月、7月、12月と翌年2月の4回に分けて行うことになります。

2. 住宅用地の特例・新築住宅（建物）の特例

　住宅用地（特定空家等に係る土地を除く）については課税標準の特例があり、一般の住宅用地の課税標準額は固定資産税評価額の3分の1（都市計画税は3分の2）とされ、小規模住宅用地（住宅1戸につき200㎡までの部分の住宅用地）の課税標準額

は固定資産税評価額の6分の1（都市計画税は3分の1）とされます。

　床面積が50㎡（一戸建て以外の貸家住宅は40㎡）以上280㎡以下の新築住宅については、新たに固定資産税が課税されることとなった年から3年度分（中高層耐火建築物は5年度分）に限り、1戸当たり120㎡までの部分に係る税額の2分の1が軽減されます。また、2026年3月31日までの間に新築された長期優良住宅について、認定を受けて建てられたことを証する書類を添付して市町村に申告がなされた場合は、軽減期間が2年間延長され、5年度分（中高層耐火建築物は7年度分）になります。

3. 既存住宅を耐震改修した場合の固定資産税の特例

　既存住宅について、2026年3月31日までの間に一定の耐震改修をした場合には、床面積120㎡までの部分の固定資産税が1年間（建築物の耐震改修の促進に関する法律に規定する要安全確認沿道建築物については2年間）、2分の1に減額されます。

4. バリアフリー改修工事等をした場合の固定資産税の特例

　新築された日から10年以上経過した住宅のうち一定の対象者が居住するもの（賃貸住宅を除く）で、2026年3月31日までの間に一定のバリアフリー改修工事が完了したもの（改修後の床面積が50㎡以上280㎡以下）について、工事内容等を確認することができる書類を添付して市町村に申告がなされた場合には、その住宅に係る固定資産税の税額（1戸当たり100㎡相当分までに限る）が、改修工事が完了した年の翌年度分に限り3分の1が減額されます。

5. 省エネ改修工事に係る固定資産税の特例

　2014年4月1日に存していた自己居住用家屋（賃貸住宅を除く）について、2026年3月31日までの間に一定の省エネ改修工事を行い（改修後の床面積が50㎡以上280㎡以下）、所定の建築事務所に所属する建築士が発行した証明書を添付して、改修後3カ月以内に市町村に申告した場合は、改修工事が完了した年の翌年度分に限り、1戸当たり120㎡までの部分に係る税額の3分の1が減額されます。

不動産の賃貸を行っている場合

土地や建物などを貸し付けて地代や家賃を受け取っている場合は、原則、不動産所得として他の所得と合算され、所得税、住民税、事業税などが課税されます。また、消費税にも注意が必要です。

1. 不動産所得の計算と所得税、住民税

　　所得税、住民税を計算する場合は、所得の種類を10種類に区分します。そのうち、土地や建物などを貸し付けて地代や家賃を受け取っている場合の所得を不動産所得といいます。不動産所得は１月１日から12月31日の期間（暦年）で計算します。

　　具体的な不動産所得の計算方法は、１年間の地代、家賃収入（総収入金額）から、不動産経営にかかった経費（必要経費）を差し引いて計算します。

　　そして、不動産所得はその年の他の所得と合算され、超過累進税率により所得税、住民税が課税（総合課税）されます。

　　また、不動産所得に対する確定申告は、翌年２月16日から３月15日までの期間に、原則として住所地の所轄税務署で行います。その際、併せて所得税の納税も行います。なお、住民税の納税は、原則として、翌年の６月、８月、10月および翌々年の１月の４回に分けて行います。

2. 総収入金額と必要経費

　　不動産所得の計算上、総収入金額と必要経費になるのは、次のようなものです。

(1) **総収入金額となるもの**

① 家賃、地代、礼金、更新料および権利金など

② 敷金、保証金でその全部または一部を相手方に返金しない場合の返金しない部分の金額

③ 共益費、弁償金、損害賠償金など

　　総収入金額を計算する際によく問題となるのが、家賃などでその年中に支払期限がきているのに、まだ実際に受け取っていないもの（未収家賃など）の取扱いです。所得税の取扱いでは、その年中に支払期日が到来した家賃などは、その年の総収入金額に計上しなければならないため、注意が必要です。なお、前受家賃については、一定の場合には翌年の収入とすることができます。

(2)　必要経費となるもの

①　貸し付けている不動産の固定資産税、都市計画税、事業税など

②　不動産を取得するための借入金利子（なお、元金は必要経費に算入されません。不動産の使用開始前の借入金利子で一定のものは取得価額とされます）

③　火災保険料、減価償却の対象とされない修繕費、入居者などの募集広告料

④　賃借人を立ち退かせるための立退料（なお、譲渡のための立退料は譲渡所得の譲渡費用となります）

⑤　減価償却費その他不動産経営に必要なもの

3.　青色申告

不動産所得のある者は青色申告をすることができます。青色申告のためには税務署に申請をして、一定の帳簿を備え付けることが必要です。その見返りにいろいろな税金の計算上における特典（青色申告特別控除など）が受けられます。

4.　不動産所得と消費税

消費税の計算上、不動産収入は「課税対象となるもの」と「非課税となるもの」に分かれます。オフィスビル収入や設備のある時間貸し駐車場などは課税対象となり、居住用の建物の貸付けや、設備のない青空月極駐車場などは非課税となります。

基準期間である前々年（2013年分以降は、前々年または前年1月1日から6月30日まで）の課税売上が1,000万円を超える場合は、消費税を納める必要があります。また、賃貸用建物の建設などをした年には、一定の届出をした場合に消費税の還付が受けられる場合があるため、建物の建設予定がある場合には、事前に検討する必要があります。

5.　損益通算

不動産所得の損失は他の所得から差し引くことができます（損益通算）が、土地取得のための借入金利子に相当する損失は損益通算できません。

計算例　家賃収入300万円、必要経費500万円（うち土地借入金の利子50万円）

①　不動産所得　300万円－500万円＝▲200万円

②　損益通算の対象となる損失

不動産所得の損失200万円－土地借入金の利子50万円＝150万円

8 減価償却

> **POINT**
>
> 　賃貸用マンションやアパート等の建築費は、建築した年にその全額を必要経費とすることはできません。税法で決められた耐用年数により毎年一定額を必要経費とします。これを減価償却といい、計算方法は「定額法」と「定率法」の2種類があります。

1. 減価償却費

　減価償却費は、賃貸用マンションなどの取得価額と税法で定められた耐用年数(資産、種類、構造、用途により決定) をもとに計算し、これを不動産所得などの必要経費にします。減価償却費を計算する際は、建築価額を建物本体と附属設備、構築物に区別する必要があります。なお、減価償却費の計算方法は、定額法と定率法の2種類があり、どちらかを選択し一定期限までに税務署に届け出ることになっていますが、この届出をしなかった場合は、所得税では定額法を選択したものとみなされます。

　また、1998年4月1日以後に取得した建物本体と2016年4月1日以後に取得した建物附属設備および構築物（鉱業用資産を除く）については、定率法を選択することができず、定額法(旧定額法)のみとなります。

2. 定額法と定率法の計算

　2007年度税制改正により、有形固定資産は2007年3月31日以前に取得した場合と、同年4月1日以後に取得した場合で、減価償却の方法が変更になりました。

〈2007年3月31日以前に取得した減価償却資産〉

　償却可能限度額(取得価額の95%)まで、旧定額法や旧定率法により減価償却費を計上し、残った帳簿価額(取得価額の5%)から備忘価額(1円)を控除した金額を、償却可能限度額まで償却した年の翌年以後5年間で均等に償却します。

---

① 　減価償却累計額が償却可能限度額（取得価額の95%）に達するまで
〈旧定額法〉1年分の償却費＝取得価額×0.9×旧定額法の償却率
〈旧定率法〉1年分の償却費＝帳簿価額※×旧定率法の償却率
　　　※帳簿価額＝取得価額－減価償却累計額
② 　減価償却累計額が償却可能限度額に達した年の翌年以後
〈旧定額法・旧定率法共通〉1年分の償却費＝(取得価額の5%－1円)÷5年

〈2007年4月1日以後に取得した減価償却資産〉

　償却可能限度額（取得価額の95％）が廃止され、帳簿価額が1円（備忘価額）になるまで定額法または定率法により減価償却費を計算します。

　なお、定率法を採用している場合、2012年4月1日以後に取得する減価償却資産は、償却率等が200％定率法に変更となります。

〈定額法〉

　1年分の償却費＝取得価額※1×定額法の償却率

　　※1　残存価額は控除しない

〈定率法〉

①　取得当初から①で計算した額が償却保証額※2を下回る年の前年まで

　　1年分の償却費＝帳簿価額※3×定率法の償却率

②　①で計算した額が償却保証額を下回った年から帳簿価額が1円になるまで

　　1年分の償却費＝改定取得価額※4×改定償却率

　　※2　償却保証額＝取得価額×耐用年数に応じた保証率

　　※3　帳簿価額＝取得価額－減価償却累計額

　　※4　改定取得価額＝②適用初年の償却前帳簿価額

〈参考〉減価償却資産の償却率、改定償却率および保証率（抜粋）

耐用年数	旧定額法	定額法	旧定率法	250％定率法（改正前）			200％定率法（改正後）		
	償却率	償却率	償却率	償却率	改定償却率	保証率	償却率	改定償却率	保証率
2	0.500	0.500	0.684	1.000	——	——	1.000	——	——
3	0.333	0.334	0.536	0.833	1.000	0.02789	0.667	1.000	0.11089
4	0.250	0.250	0.438	0.625	1.000	0.05274	0.500	1.000	0.12499
5	0.200	0.200	0.369	0.500	1.000	0.06249	0.400	0.500	0.10800
6	0.166	0.167	0.319	0.417	0.500	0.05776	0.333	0.334	0.09911
7	0.142	0.143	0.280	0.357	0.500	0.05496	0.286	0.334	0.08680
8	0.125	0.125	0.250	0.313	0.334	0.05111	0.250	0.334	0.07909
9	0.111	0.112	0.226	0.278	0.334	0.04731	0.222	0.250	0.07126
10	0.100	0.100	0.206	0.250	0.334	0.04448	0.200	0.250	0.06552

〈2012年4月1日以後に取得の計算例〉

取得価額100万円、耐用年数6年の減価償却資産を年初に取得した場合

定額法

	償却費の計算	減価償却累計額	償却後帳簿価額
1年目	1,000,000円×0.167＝167,000円	167,000円	833,000円
2年目	同上	334,000円	666,000円
3年目	同上	501,000円	499,000円
4年目	同上	668,000円	332,000円
5年目	同上	835,000円	165,000円
6年目	同上＝167,000円＞165,000円−備忘価額1円＝164,999円 ∴164,999円	999,999円	1円

定率法（200％定率法）

	償却費の計算	減価償却累計額	償却後帳簿価額
1年目	償却保証額　1,000,000円×0.09911＝99,110円 1,000,000円×0.333＝333,000円＞99,110円　∴333,000円	333,000円	667,000円
2年目	667,000円×0.333＝222,111円＞99,110円　　∴222,111円	555,111円	444,889円
3年目	444,889円×0.333＝148,148円＞99,110円　　∴148,148円	703,259円	296,741円
4年目	①　296,741円×0.333＝98,814円＜99,100円　∴②に移行 ②　296,741円×0.334＝99,111円　　　　　∴99,111円	802,370円	197,630円
5年目	同上＝99,111円	901,481円	98,519円
6年目	同上＝99,111円＞98,519円−備忘価額1円＝98,518円 ∴98,518円	999,999円	1円

3. 年の中途で業務の用に供した場合

　年の中途で取得した資産について、その年は、その年中の使用月数に応じて、次の算式により減価償却費を計算します。

$$1年分の償却費 \times \frac{業務に使用した日から年末までの月数（1月未満切上げ）}{12}$$

4. 少額減価償却資産

　個人が取得した減価償却資産で、使用可能期間が1年未満であるもの、または取得価額が10万円未満であるものは、取得価額の全額を業務の用に供した年の必要経費にしなければなりません。なお、従業員数500人以下の青色申告者については、取得価額が30万円未満の減価償却資産について、合計で300万円を上限として、取得価額の全額を必要経費に算入できる特例が、2006年4月1日から2026年3月31日までの取得について設けられています。

5. 一括償却資産

　個人が取得した減価償却資産で取得価額が20万円未満であるものは、上記**4.**の少額減価償却資産に該当するものを除き、業務の用に供した年以後3年間で、取得価額の3分の1ずつを必要経費に算入することができます。

6. 少額減価償却資産および一括償却資産の適用除外

　少額減価償却資産や一括償却資産の対象となる建築用の足場、ドローン、LEDなどを購入し、必要経費に計上したうえで、その資産を貸付の用に供して収入を得る節税スキームが横行したことから、2022年度税制改正により、少額減価償却資産や一括償却資産の対象資産から貸付（主要な事業として行われるものを除く）の用に供した資産が除かれました。これにより2022年4月1日以後に取得した貸付用の資産については、原則として耐用年数に応じた期間で、減価償却費を計上することになります。

譲渡税の計算

土地建物等を譲渡した場合は、その譲渡益に対して所得税と住民税が課税されます。所有期間が5年以下の土地建物等を譲渡した場合は、所有期間5年超の土地建物等を譲渡した場合よりも税負担が大きくなります。また、譲渡所得には各種特例があるので、適用できる場合は見逃さないようにしましょう。

1. 譲渡益の計算

　土地建物等を譲渡した場合は、その値上り益（譲渡所得）に所得税、住民税が課税されます。譲渡所得は、売却した金額（収入金額）からその売却した資産の購入金額（取得費）と売却するためにかかった仲介手数料等（譲渡費用）を差し引き、さらに特別控除を控除して計算します。

（算式）

> 譲渡所得＝収入金額－（取得費＋譲渡費用）－特別控除

　たとえば、10年前に3,000万円で購入した土地を4,000万円で売却し、仲介手数料120万円を支払った場合には、譲渡所得は次のように計算されます。

> 収入金額4,000万円－（取得費3,000万円＋譲渡費用120万円）＝880万円

　なお、売却した資産が建物の場合は、建物を使用したことにより購入した際の金額より価値が下がっていますので、減価償却相当額を計算して差し引きます。

2. 取 得 費

　収入金額から差し引く取得費とは、いわゆる購入代金のことですが、原則として、仲介手数料、購入契約書の印紙代、登録免許税、登録手数料、不動産取得税、その他取得のためにかかった費用も含めて計算します。

　なお、先祖伝来の土地を相続等により取得したときのように、購入代金が不明な場合は、収入金額の5％相当額を取得費とすることができます。

　また、建物などの場合、①事業用、貸付用などの場合は、減価償却費の累計額を、

②非業務用の場合は、通常の1.5倍の耐用年数により定額法で算定した償却費相当額を控除して計算します。

　相続、遺贈、贈与で取得した資産を譲渡した場合は、被相続人、贈与者の取得費が引き継がれます。

3. 譲渡費用

　収入金額から差し引く譲渡費用とは、譲渡するために直接かかった費用のことで、譲渡の際の仲介手数料、印紙代、測量費用などがあります。

4. 所有期間と税金

　土地建物等を譲渡した場合の税金の計算は、その譲渡した土地建物等の所有期間が譲渡した年の1月1日現在で、①5年を超える場合（長期譲渡）と、②5年以下の場合（短期譲渡）とで大きく変わります。

　なお、2013年から2037年までは、所得税に2.1%の復興特別所得税が加算されます（合計税率は表の下段）。

(1) 長期譲渡所得（所有期間5年超）

	所得税	住民税	合計
譲渡所得 （復興特別所得税考慮）	15% （15.315%）	5 %	20% （20.315%）

(2) 短期譲渡所得（所有期間5年以下）

	所得税	住民税	合計
譲渡所得 （復興特別所得税考慮）	30% （30.63%）	9 %	39% （39.63%）

　その譲渡した土地建物等の所有期間が、「譲渡した年の1月1日現在で5年を超えるかどうか」で税金が大きく変わります。この所有期間は、原則として引渡しの日で計算しますが、売買契約の日で計算してもよいことになっています。

　また、相続、遺贈、贈与で取得した資産を譲渡した場合は、原則として、被相続人、贈与者の取得の日が引き継がれます。

居住用財産の特別控除と軽減税率

居住用財産を譲渡した場合は、譲渡益のうち3,000万円まで課税されません。また、3,000万円を超えても所有期間が10年を超えている場合は、税率が軽減されます。

1. 居住用財産の特別控除

居住用財産を譲渡した場合は、3,000万円の特別控除が受けられます。つまり、譲渡益3,000万円までは税金がかかりません。この3,000万円特別控除は所有期間の制限がありませんので、短期譲渡（所有期間5年以下）でも適用されます。

2. 軽減税率

譲渡した居住用財産の所有期間が、譲渡した年の1月1日現在で10年を超える場合には税率が軽減されます。なお、2013年から2037年まで所得税に2.1%の復興特別所得税が加算されます（合計税率は表の下段）。

3,000万円特別控除後の譲渡益	所得税	住民税	合計
6,000万円以下の部分 （復興特別所得税考慮）	10% （10.21%）	4%	14% （14.21%）
6,000万円超の部分 （復興特別所得税考慮）	15% （15.315%）	5%	20% （20.315%）

たとえば、所有期間10年超の居住用家屋（償却後の取得費1,000万円）とその敷地（取得費2,000万円）を1億5,000万円で譲渡し、仲介手数料を450万円支払った場合は、次のように計算されます（復興特別所得税を考慮して計算）。

① 譲渡所得

1億5,000万円－（1,000万円＋2,000万円＋450万円）－特別控除3,000万円＝8,550万円

② 所得税

6,000万円×10.21％＋（8,550万円－6,000万円）×15.315％＝1,003万1,300円

（100円未満切捨て）

③　住民税　6,000万円 × 4 ％ + (8,550万円 − 6,000万円) × 5 ％ = 367万5,000円

④　所得税・住民税合計　②+③ = 1,370万6,300円

3. 居住用財産の譲渡

次のいずれかの家屋、敷地の譲渡をいいます。

①　自己の居住している家屋

②　居住しなくなった日から 3 年を経過した年の12月31日までに譲渡した家屋

③　居住用家屋とともに敷地を譲渡した場合

④　災害により滅失した居住用家屋の敷地で、居住されなくなった日から 3 年を経過した年の12月31日までに譲渡したもの

⑤　居住用家屋の敷地の譲渡で、その土地の譲渡契約がその家屋を取り壊した日から 1 年以内に締結され、かつ、その家屋に居住しなくなった日から 3 年を経過した年の12月31日までに譲渡したもの（貸付等に使用していないこと）

なお、居住用財産の譲渡であっても、次のような場合は特例が適用されません。

①　譲渡する相手が、譲渡者の配偶者、直系血族、生計を一にする親族など特別な関係にある者である場合

②　前年、前々年にこの3,000万円特別控除の特例を受けている場合（ 3 年間に 1 度しか使えない）

③　本年、前年、前々年に居住用財産の買換えの特例を受けている場合

4. 買換えの特例、住宅借入金等特別控除との関係

「居住用財産を譲渡した場合の3,000万円特別控除の特例」と「所有期間10年超の居住用財産を譲渡した場合の税率の軽減の特例」は、要件を満たせば併用できます。

ただし、「居住用財産の買換えの特例」とは選択適用で、併用はできません。また、これらの特例を使う場合は、住宅借入金等特別控除は適用できません。

5. 申告要件

居住用財産の特例を受ける場合は、この特例を受ける旨を記載した確定申告書に、「譲渡所得計算明細書」や譲渡した資産の登記事項証明書等、一定の書類を添付して確定申告する必要があります。これは、3,000万円特別控除で譲渡所得がなくなる場合も申告します。

相続空き家の特別控除の特例

> **POINT** 被相続人が居住していた一定の空き家とその敷地を譲渡した場合には、居住用財産の譲渡所得の3,000万円特別控除が適用されます。

1. 相続空き家の特別控除の特例

　相続開始の直前において被相続人の居住の用に供されていた一定の家屋（以下「被相続人居住用家屋」という）とその敷地等を、相続または遺贈により取得した相続人等が2027年12月31日までに譲渡をした場合には、一定の要件のもと譲渡者一人当たり最高3,000万円の特別控除が適用できます。ただし、「相続税の取得費加算の特例」（Ⅱ.㊵相続税の計算参照）とは併用できません。適用要件等は下記のとおりです。

(1) **被相続人居住用家屋の要件**

　①1981年5月31日以前に建築された家屋であること

　②区分所有登記がされている建物でないこと

　③相続開始の直前において被相続人以外に居住をしていた人がいなかったこと

　　なお、老人ホーム等に入所をしたことにより、被相続人の居住の用に供されなくなった家屋とその敷地等についても、次に掲げる要件その他一定の要件を満たす場合に限り、相続の開始の直前において、その被相続人の居住の用に供されていたものとして、本特例を適用できます。

　イ．被相続人が介護保険法に規定する要介護認定等を受け、かつ、相続の開始の直前まで老人ホーム等に入所をしていたこと。

　ロ．被相続人が老人ホーム等に入所をした時から相続の開始の直前まで、その家屋について、その者による一定の使用がなされ、かつ、事業の用、貸付けの用またはその者以外の者の居住の用に供されていたことがないこと。

(2) **譲渡の要件**

　①相続の開始があった日から3年を経過する日の属する年の12月31日までに譲渡すること

　②譲渡対価の額が1億円以下であること

　③次のイまたはロの譲渡をしたこと

　イ．被相続人居住用家屋の譲渡か、被相続人居住用家屋とともにその敷地等の譲渡
　　・相続の時から譲渡の時まで事業の用、貸付の用または居住の用に供されていたことがないこと。

・家屋は、譲渡の時において一定の耐震基準を満たすものであること（耐震基準を満たしていないものは譲渡前に耐震リフォームが必要）。

ロ．被相続人居住用家屋の全部の取壊し等をした後に敷地等のみの譲渡（譲渡前に売主による取壊し工事の実施が必要）

・家屋は、相続の時から取壊し等の時まで事業の用、貸付の用または居住の用に供されていたことがないこと。

・敷地等は、相続の時から譲渡の時まで事業の用、貸付の用または居住の用に供されていたことがないこと。また、取壊し等の時から譲渡の時まで建物または構築物の敷地の用に供されていたことがないこと。

　なお、2024年1月1日以後の譲渡については、譲渡年の翌年2月15日までに、被相続人居住用家屋が一定の耐震基準を満たすこととなった場合や、取壊し等が行われた場合でも適用できることとなり、譲渡後に買主が耐震リフォームや取壊し工事をした場合も、本特例の適用対象になります。

④親子や夫婦など特別の関係がある人に譲渡したものでないこと

2.　相続人等が3人以上いる場合の特別控除額

　相続または遺贈により被相続人居住用家屋とその敷地等を取得した相続人等が複数いる場合、相続人等一人につき最高3,000万円控除できます。ただし、2023年度税制改正により、2024年1月1日以後の譲渡について、相続人等が3人以上である場合における特別控除額は、一人につき最高2,000万円に制限されました。

【特別控除額の上限】

相続人等の数	2023年12月31日までの譲渡	2024年1月1日以後の譲渡
1人	3,000万円×1人＝3,000万円	同左
2人	3,000万円×2人＝6,000万円	同左
3人	3,000万円×3人＝9,000万円	2,000万円×3人＝6,000万円
4人	3,000万円×4人＝1億2,000万円	2,000万円×4人＝8,000万円

3.　申告要件

　相続空き家の特別控除の特例を適用する場合は、この特例を受ける旨を記載した確定申告書に、地方公共団体の長等の「被相続人居住用家屋及び被相続人居住用家屋の敷地の用に供されていた土地等が一定の要件を満たすことの確認をした旨を証する書類」その他の書類を添付し、確定申告する必要があります。これは、3,000万円特別控除で譲渡所得がなくなる場合も同様です。

12 特定の居住用財産の買換えの特例

POINT 特定の居住用財産の買換えの特例は、居住用財産を譲渡して買い換える場合に税金を軽減する特例です。

1. 特定の居住用財産の買換えの特例

　特定の居住用財産の買換えの特例とは、居住用財産を譲渡して、新たに居住用財産を購入する際に、一定の要件を満たし、購入した居住用財産のほうが高い場合に、譲渡益がなかったものとされるもので、低い場合には譲渡した金額と購入金額の差額に相当する分だけが譲渡所得とされます。

　この買換えの特例は、2025年12月31日までに行われる譲渡で、次の要件を満たす場合に適用されます。

---

① 譲渡した居住用財産
イ．居住用家屋やその敷地の所有期間が、その年の1月1日現在で10年を超えていること
ロ．居住期間が10年以上であること
ハ．譲渡対価の額が1億円以下であること
② 買い換えた居住用財産
イ．買換えにより取得した居住用家屋やその敷地は譲渡した年、その前年またはその翌年に取得し、原則として、譲渡した年の翌年末までに入居すること
ロ．家屋は床面積50㎡以上で、中古住宅等の場合には築25年以内（または一定の耐震基準に適合）で、その敷地の面積は500㎡以下であること
ハ．買換資産が2024年1月1日以後に建築確認を受ける住宅（登記簿上の建築日付が同年6月30日以前のものを除く）または建築確認を受けない住宅で登記簿上の建築日付が同年7月1日以降のものである場合は、その住宅が一定の省エネ基準を満たすものであること

---

2. 適用除外

居住用財産の譲渡であっても、次のような場合は特例が適用されません。

---

① 譲渡した相手が、譲渡者の配偶者、直系血族、生計を一にする親族など特別な関係にある者である場合

② 本年、前年、前々年に3,000万円特別控除の特例を受けている場合

③ 前年、前々年に居住用財産の買換えの特例を受けている場合

---

3. 3,000万円特別控除等との関係

「特定の居住用財産の買換えの特例」は、「居住用財産を譲渡した場合の3,000万円特別控除の特例」や「所有期間10年超の居住用財産を譲渡した場合の軽減税率の特例」とは選択適用で、併用することはできません。

なお、買換えの特例は課税の免除ではなく課税の繰延べであり、将来買換え物件を売却した段階で課税されます。そのため、譲渡益が3,000万円以下であれば、3,000万円特別控除の適用を受けたほうが有利となります。

4. 申告要件

特定の居住用財産の買換えの特例を受ける場合には、この特例を受ける旨を記載した確定申告書に、譲渡所得計算明細書や売買契約書、譲渡資産・買換資産の登記事項証明書等、一定の書類を添付して確定申告する必要があります。

〔居住用財産の買換えの特例の計算パターン〕

(1) **譲渡資産の譲渡価額＝買換資産の取得価額の場合**

　　譲渡はなかったものとされる

　　　買換資産の取得費

　　＝譲渡資産の取得費＋譲渡費用

(2) **譲渡資産の譲渡価額＜買換資産の取得価額の場合**

　　譲渡はなかったものとされる

　　　買換資産の取得費

　　＝（譲渡資産の取得費＋譲渡費用）＋（買換資産の取得価額－譲渡資産の譲渡価額）
　　　　　　　　　　引継ぎ取得費　　　　　　　　　　　　　　買増し部分

(3) **譲渡資産の譲渡価額＞買換資産の取得価額の場合**

　　譲渡所得あり

　　① 収入金額：譲渡資産の譲渡価額－買換資産の取得価額

　　② 取得費、譲渡費用：

　　　（譲渡資産の取得費＋譲渡費用）× $\dfrac{①}{譲渡資産の譲渡価額}$

　　③ 譲渡益　　①－②

　　　※通常の長期譲渡の税率（所得税15％、住民税5％）

　　　※2013年から2037年まで所得税額に2.1％の復興特別所得税が加算され、

　　　　合計税率は15.315％（15％×1.021）になる

　　④ 買換資産の取得費

　　　（譲渡資産の取得費＋譲渡費用）× $\dfrac{買換資産の取得価額}{譲渡資産の譲渡価額}$

〔計算例〕

　次のような居住用財産を譲渡した場合の所得税、住民税、新マイホームの取得費は次のように計算されます（復興特別所得税を考慮して計算）。なお、居住用財産の買換えの特例の要件は満たしているものとします。

譲渡価額：1億円　　　　取得費：2,500万円 譲渡費用：500万円　　　所有期間：20年 買換資産の取得価額：8,000万円

⑴　**居住用財産を譲渡した場合の3,000万円特別控除を適用した場合**

　① 譲渡所得

　　1億円 −（2,500万円＋500万円）− 3,000万円 ＝ 4,000万円

　② 所得税

　　4,000万円 × 10.21％ ＝ 408万4,000円

　③ 住民税

　　4,000万円 × 4 ％ ＝ 160万円

　④ 所得税・住民税合計

　　② ＋ ③ ＝ 568万4,000円

　⑤ 新マイホームの取得費：8,000万円

⑵　**居住用財産の買換えの特例を適用した場合**

　① 収入金額：1億円 − 8,000万円 ＝ 2,000万円

　② 取得費、譲渡費用：

　　$(2,500万円＋500万円) \times \dfrac{①}{1億円} ＝ 600万円$

　③ 譲渡益　① − ② ＝ 1,400万円

　④ 所得税

　　1,400万円 × 15.315％ ＝ 214万4,100円

　⑤ 住民税

　　1,400万円 × 5 ％ ＝ 70万円

　⑥ 所得税・住民税合計

　　④ ＋ ⑤ ＝ 284万4,100円

　⑦ 新マイホームの取得費：

　　$(2,500万円＋500万円) \times \dfrac{買換資産の取得価額\quad 8,000万円}{譲渡資産の譲渡価額\quad 1億円} ＝ 2,400万円$

譲渡損失と税金

POINT 土地建物等を譲渡して譲渡損失が生じた場合、ほかの土地建物等の譲渡益とは通算できますが、土地建物等の譲渡益以外の所得との損益通算はできません。

1. 内部通算と損益通算

　土地建物等を譲渡して譲渡損失が生じた場合に、ほかの土地建物等の譲渡益とは通算できますが、土地建物等の譲渡益以外の所得との損益通算はできません。

> 　たとえば、給与所得1,000万円の給与所得者が以前に3,500万円で購入した土地を2,000万円で譲渡し譲渡損失1,500万円が生じた場合には、譲渡損失の1,500万円は給与所得1,000万円から差し引くことはできません。
> 　ただし、後述する一定の居住用財産に関しては、損益通算および損失の繰越控除制度があります。

2. なかったものとされる譲渡損失

　資産の譲渡による所得であっても、自己、その配偶者、その他の親族が生活に通常必要な動産等を譲渡する場合、所得税は課税されませんが、その代わり損失が生じても、その損失はなかったものとされ、他の所得から差し引くことはできません。

　また、資産を個人に対して時価の2分の1未満で譲渡した場合の損失等についても（なかったものとして）、他の所得から差し引くことはできません。なお、この場合、低額で譲り受けた者に贈与税が課税されることがあります。

3. 居住用財産の買換え等の場合の譲渡損失の損益通算および繰越控除

　個人が1998年1月1日から2025年12月31日までの間に居住用財産を譲渡し、かつ、新たに居住用財産を取得して、その取得の日から翌年12月31日までの間にその者が居住した場合、または居住する見込みである場合において、その居住用財産の譲渡により損失が生じたとき、一定の要件を満たせば、その譲渡損失は損益通算および翌年以後3年間（合計所得金額が3,000万円以下の年に限られる）に繰り越して控除することができます。

⑴ **適用要件**

① 譲渡資産……譲渡した資産は、個人が所有していた家屋土地等でその譲渡した年の1月1日において所有期間が5年を超えるもののうち、その個人の居住用のもの。

② 買換資産……新たに取得した資産は、譲渡した年の前年1月1日から翌年12月31日までの間に、その個人が居住する家屋（50㎡以上）、土地等で一定のもの。

③ 買換資産に住宅借入金等の残高があること……繰越控除の適用を受けようとする年の年末において、その買換資産の取得に係る一定の住宅借入金等（借入期間10年以上）の残高があること。

⑵ **対象となる譲渡損失**

その譲渡した居住用財産のうち土地等については、500㎡を超える部分に相当する譲渡損失は居住用財産の譲渡損失の繰越控除の対象とはなりません。また、親族等に譲渡したものも除かれます。

⑶ **住宅借入金等特別控除との関係**

この特例と新たに取得した住宅の「住宅借入金等特別控除」は併用することができます。

[計算例]

給与所得1,000万円のサラリーマンがマイホームの買換えをし、その譲渡損失が4,500万円の場合

（譲渡した年）1,000万円－4,500万円＝▲3,500万円→繰越し

　∴給与所得の源泉所得税は全額が還付されます。

（2年目）　　1,000万円－3,500万円＝▲2,500万円→繰越し

　∴給与所得の源泉所得税は全額が還付されます。

（3年目）　　1,000万円－2,500万円＝▲1,500万円→繰越し

　∴給与所得の源泉所得税は全額が還付されます。

（4年目）　　1,000万円－1,500万円＝▲500万円→切捨て

　∴給与所得の源泉所得税は全額が還付されます。

4. 特定居住用財産の譲渡損失の損益通算および繰越控除

個人が2004年1月1日から2025年12月31日までの間に居住用財産を譲渡した場合において、その居住用財産を譲渡したことにより損失が生じた場合は、買換資産を取得しない場合でも、一定の要件を満たせばその譲渡損失は他の所得と損益通算を行い、通算しきれない譲渡損失は翌年以後3年間（合計所得金額が3,000万円以下の年に限られる）に繰り越して控除することができます。

(1) **適用要件**

① 譲渡資産……譲渡した資産は、個人が所有していた土地家屋等でその譲渡した年の1月1日において所有期間が5年を超えるもののうち、その個人の居住用のもの。

② 譲渡資産に住宅借入金等の残高があること……譲渡契約の前日において、その譲渡資産の取得に係る一定の住宅借入金等（借入期間10年以上）の残高があること。

(2) **対象となる譲渡損失**

損益通算および繰越控除の対象となる譲渡損失の金額は、その譲渡資産の取得に係る借入金等の残高から譲渡対価の額を控除した残額が限度となります。また、親族等に譲渡したものは除かれます。

|計算例|

取得費4,500万円のマイホーム（住宅ローンの残高4,000万円）を3,000万円で譲渡した場合

① 譲渡損失：3,000万円－取得費4,500万円＝▲1,500万円

② 限度額：住宅ローン残高4,000万円－譲渡対価3,000万円＝1,000万円

③ 損益通算の対象となる損失

譲渡損失：1,500万円＞限度額：1,000万円

∴損益通算の対象となる損失：1,000万円

5. 申告要件

前記 **3.** と **4.** の特例の適用を受ける場合には、譲渡損失の明細書などを添付して確定申告する必要があります。

14 不動産譲渡の計算例

POINT 不動産譲渡については、居住用財産の譲渡の特例の適用があると、一般の譲渡に比べ税負担が大きく軽減されます。

計算例（復興特別所得税を考慮して計算）

1. 一般譲渡の計算例

下記のような非居住用の土地を譲渡（長期譲渡）した場合の所得税、住民税は次のように計算されます。

譲渡価額：1億2,000万円

取 得 費：5,000万円

譲渡費用：366万円

所有期間：20年

① 譲渡所得

1億2,000万円 −（5,000万円＋366万円）＝6,634万円

② 所得税

6,634万円×15.315％＝1,015万9,900円（百円未満切捨て）

③ 住民税

6,634万円× 5 ％＝331万7,000円

④ 所得税・住民税合計

②＋③＝1,347万6,900円

2. 居住用財産を譲渡した場合の3,000万円特別控除の計算例

上記 **1.** で譲渡した土地が居住用の場合は、所得税、住民税は次のように計算されます。なお、所有期間10年超のため、居住用軽減税率が適用されます。

① 譲渡所得

1億2,000万円 −（5,000万円＋366万円）− 3,000万円 ＝ 3,634万円

② 所得税

3,634万円×10.21％＝371万300円（百円未満切捨て）

③ 住民税

3,634万円× 4 ％＝145万3,600円

④　所得税・住民税合計

②+③＝516万3,900円

長期譲渡所得の所得税・住民税負担額　　　　　　　　　　（単位：万円、%）

特別控除前譲渡所得	一般長期譲渡 （所有期間5年超）	負担率	居住用譲渡 （所有期間5年超 10年以下）	負担率	居住用軽減税率 （所有期間10年超）	負担率
1,000	203.15	20.3%	0.00	0.0%	0.00	0.0%
2,000	406.30	20.3%	0.00	0.0%	0.00	0.0%
3,000	609.45	20.3%	0.00	0.0%	0.00	0.0%
4,000	812.60	20.3%	203.15	5.1%	142.10	3.6%
5,000	1,015.75	20.3%	406.30	8.1%	284.20	5.7%
6,000	1,218.90	20.3%	609.45	10.2%	426.30	7.1%
7,000	1,422.05	20.3%	812.60	11.6%	568.40	8.1%
8,000	1,625.20	20.3%	1,015.75	12.7%	710.50	8.9%
9,000	1,828.35	20.3%	1,218.90	13.5%	852.60	9.5%
10,000	2,031.50	20.3%	1,422.05	14.2%	1,055.75	10.6%
15,000	3,047.25	20.3%	2,437.80	16.3%	2,071.50	13.8%
20,000	4,063.00	20.3%	3,453.55	17.3%	3,087.25	15.4%
30,000	6,094.50	20.3%	5,485.05	18.3%	5,118.75	17.1%
40,000	8,126.00	20.3%	7,516.55	18.8%	7,150.25	17.9%
50,000	10,157.50	20.3%	9,548.05	19.1%	9,181.75	18.4%
100,000	20,315.00	20.3%	19,705.55	19.7%	19,339.25	19.3%

※復興特別所得税を考慮して計算

15 譲渡所得の特例

POINT 不動産を譲渡した場合は、各種の特例をうまく活用することが大切です。また、複数の特例が使える場合などは、要件を確認し、どの特例を使うか、併用できるかを事前によく検討しましょう。

1. 優良住宅地等のための譲渡

その年の1月1日現在の所有期間が5年を超える土地等を譲渡した場合に、その譲渡が、①国、地方公共団体等への譲渡、②都市再生機構等が行う住宅建設、宅地造成のための譲渡、③収用等の譲渡などの優良住宅地等のための譲渡である場合は、譲渡所得の税率が軽減されます。ただし、5,000万円特別控除の特例や、代替資産の取得による課税の繰延べの特例等を適用した場合は、適用できません。

なお、2013年から2037年までは、所得税に2.1%の復興特別所得税が加算されます（合計税率は表の下段）。

譲渡所得	所得税	住民税	合計
2,000万円以下の部分 （復興特別所得税考慮）	10%（10.21%）	4%	14%（14.21%）
2,000万円超の部分 （復興特別所得税考慮）	15%（15.315%）	5%	20%（20.315%）

2. 収用による譲渡

土地収用法等により土地建物等を譲渡した場合には、「5,000万円特別控除の特例」または「代替資産の取得による課税の繰延べの特例」を適用することができます。

5,000万円特別控除の特例を選択すると、その譲渡益が5,000万円までは課税されません。また、代替資産の取得による課税の繰延べの特例を選択すると、同種の代替資産の取得に充てた補償金にも課税されません。この特例は課税の繰延べで、今回の課税を延期するもので、次に売却した場合や償却費の計算を行う場合に税金を支払うことになります。

3. 事業用資産の買換えの特例

事業用の特定区域内の土地建物等を譲渡して一定期間内に特定地域内にある土地等

の特定の資産を取得し、1年以内に事業に使用した場合は、この「事業用資産の買換えの特例」により、原則として80％（一定のものは90％、75％、60％）の課税が繰り延べられます。この特例は譲渡資産と買換資産の組み合わせにより数種類ありますが、それぞれ厳格な要件が定められています。

4. 等価交換（立体買換え）

　等価交換方式は、土地所有者が土地を提供して、その上にデベロッパー、住宅メーカー等が建物を建築するものです。完成後、土地所有者は提供した土地の時価に見合う分だけ建てられた建物を区分所有できるという方式で、土地所有者は金銭的な負担がありません。等価交換をした場合も、所得税法では原則として、所有していた土地をいったん時価で譲渡し、その譲渡代金で建物の区分所有を購入したものとして、所得税・住民税が課税されます。

　ただし、「既成市街地等内にある土地等の中高層耐火建築物等の建設のための買換えの特例」の適用がある場合には、譲渡税はゼロ、もしくは大幅に軽減されます。また、この特例は課税が繰り延べられます。

5. 交　　換

　土地と土地を交換した場合や、建物と建物を交換した場合も、所得税法では原則として、所有していた土地や建物をいったん時価で譲渡し、その譲渡代金で次の土地や建物を購入したものとして、所得税、住民税が課税されます。

　ただし、「固定資産の交換の特例」により、次の要件を満たす場合は、所得税や住民税はかかりません。この特例は課税の繰延べの特例です。

〈特例の要件〉
① それぞれ1年以上所有していた固定資産の交換であること（販売用資産は不可）
② 交換する資産は同じ種類であること（土地と土地の交換、建物と建物の交換）
③ 同じ用途に使うこと
④ 時価の差額が20％以内など

　なお、20％以内の時価の差額について、交換差金を受けた場合はその交換差金については譲渡所得とされます。

6. 2009年および2010年中に土地等を取得した場合の1,000万円特別控除

　2008年後半からの急激な不況に伴う土地取引件数の減少を抑え、地価の下落を下支えしたいという趣旨から、2009年および2010年中の土地需要を喚起するため、個人または法人が、2009年1月1日から2010年12月31日までの間に国内にある土地等を取得し、長期所有（譲渡した年の1月1日において所有期間5年超）した後に譲渡した場

合、当該譲渡に係る譲渡所得の金額から1,000万円を控除することができます。この特別控除は土地等の種別については特に制限されていないので、住宅用や事業用を問わず、遊休地であっても対象となります。

7. 低未利用土地等の譲渡の100万円特別控除

　2020年7月1日から2025年12月31日までの間に、個人がその年1月1日において、所有期間が5年を超える都市計画区域内にある低未利用土地等（市区町村の長の確認がされたもの）を譲渡（その個人の配偶者その他一定の特別の関係がある者に対して譲渡するものを除く）した場合（譲渡後の低未利用土地等の利用について市区町村の長の確認がされた場合に限る）、その年中の低未利用土地等の譲渡に係る長期譲渡所得の金額から100万円を控除することができます。ただし、適用を受けようとする低未利用土地等と一筆の土地から分筆された土地等につき、その年の前年または前々年において、この特例の適用を受けている場合には、その低未利用土地等について適用できません。

　なお、建物等を含めた譲渡対価の額が500万円以下であることが要件とされていますが、2023年度税制改正により、2023年1月1日以後の譲渡から、次の区域内の低未利用土地等を譲渡する場合の譲渡対価の上限が800万円以下に引き上げられました。

　・市街化区域または区域区分に関する都市計画が定められていない都市計画区域
　　（用途地域が定められている区域に限る）
　・所有者不明土地の利用の円滑化等に関する特別措置法に規定する所有者不明土地
　　対策計画を作成した市町村の区域

　また、譲渡後の利用要件に係る用途から、いわゆるコインパーキングが除外されました。

Ⅱ

相続・贈与に関する税金

1 贈与と贈与税

POINT

当事者間で贈与の意思がなくても、贈与税がかかることがあります。新築住宅の資金を父親が負担したのに、息子の名前で登記した場合や、息子が父親からお金を借りて「あるとき払いの催促なし」や「出世払い」にしたというような場合は、贈与とみなされます。

1. 贈　　与

　個人が個人から財産の贈与を受けた場合、財産の贈与を受けた個人に贈与税がかかります。贈与税は財産の贈与を受けた場合に限らず、次のような場合にも課税されます。

> ①　借金を免除や肩代わりしてもらった場合
> ②　著しく低い金額で財産を取得した場合
> ③　保険料を自分以外の人が負担していた生命保険の満期金を受け取った場合
> ④　保険料を被相続人や自分以外の人が負担していた生命保険の死亡保険金を受け取った場合
> ⑤　その他経済的な利益を受けた場合

2. 贈与税がかからないケース

　贈与により財産を取得しても、次のような場合に贈与税は課税されません。

> ①　扶養義務者から生活費や教育費として贈与されたもののうち、通常必要なもの
> ②　社交上必要な香典、祝金、見舞金等
> ③　離婚に際しての財産分与、その他
> ④　法人から贈与された場合（一時所得として所得税が課税される）

3. 注　意　点

①　相続税の申告の際に、子供や配偶者名義の預金が、亡くなった父親（夫）のものではないかとトラブルになることがあります。つまり、子供名義の預金でも、それが以前に父親から贈与されたものなのか、それとも単なる子供の名義を借りただけのものなのかということです。単なる名義を借りただけということであれば、その

子供名義の預金は亡くなった父親のものとして、相続税の対象となります。

　贈与とは他人に無償で財産を与える契約で、贈与する者（贈与者）と贈与を受ける者（受贈者）の合意が必要です。贈与した際に、預金通帳も印鑑も父親がもっているという状況では、贈与したことにはならないため、贈与契約書などを作成して父親の口座から子供の口座へ贈与する金額を振り込み、通帳も印鑑も子供が管理し、なるべく110万円を超える贈与をして、贈与税の申告を税務署に提出しておきます。

② 「現金1,100万円を10年に分けて贈与する」のと「1年目110万円を贈与、2年目110万円を贈与、3年目110万円を贈与…10年たったら1,100万円贈与していた」というのでは、話が違ってきます。前者のケースでは、「最初の年に1,100万円の贈与があった」と認定され、高い贈与税を納めることになります。贈与することが、その年に決まったという事実を説明できるように、毎年贈与契約書などを作成する、毎年贈与の時期をずらす、金額を変える、贈与する物を変えるなどしておくと、無用のトラブルを避けられます。

③ 住宅新築資金を父親が負担したのに、子供の名前で登記した場合や、子供名義で登記された家屋に父親が増改築をしたようなケースは贈与とみなされ、贈与税が課税されます。

　また、マイホームの購入資金に充てるために、子供が父親からお金を借りた際、「あるとき払いの催促なし」や「出世払い」にしたというような場合は、贈与とみなされます。親子間でも金銭消費貸借契約書を取り交わし、きちんと毎月返済し、返済を銀行振込みにするなどしておくと、無用のトラブルを避けられます。

④ 相続開始前一定期間内に行われた贈与は、相続税の対象となります（「Ⅱ.⑪相続税のかかる財産と債務参照」）。

⑤ 親子間で土地の貸し借りをする場合に、通常は権利金を支払う地域で権利金のやり取りがなくても、地代が無償または固定資産税相当額以下（使用貸借の場合）の場合、贈与とはみなされません。しかし、権利金を支払わずに、通常の地代を支払っていると、借地権が贈与されたとみなされ、贈与税が課税されます。

贈与税の計算・申告と納税

贈与税は超過累進税率で課税され、贈与された金額が増加すると税率も高くなります。早くから贈与を始めて、少額ずつを長期間にわたって贈与するのがポイントです。

1. 贈与税の計算

　贈与税は個人が1月1日から12月31日までの1年間に贈与された財産の合計額から基礎控除額の110万円を控除して、これに税率を乗じて計算します。なお、2015年1月1日より贈与税の税率は、一般贈与財産と特例贈与財産に区分されました。

　具体的には、18歳以上の者が1年間に父から現金400万円、母から現金200万円の贈与を受けると、贈与税は68万円となります。

> 課税価格
> 　（400万円＋200万円）－基礎控除110万円＝490万円
> 贈与税額
> 　490万円×20％－30万円＝68万円

　たとえば、この贈与が150万円ずつ4年間の贈与であれば、贈与税は16万円で、100万円ずつ6年間の贈与であれば、贈与税は0円となります（連年贈与に注意）。なるべく少額を長い年数をかけて贈与することが、贈与税軽減のポイントです。

　また、相続時精算課税制度の適用を受けた場合や、配偶者に居住用不動産等を贈与した場合には、贈与税額が軽減される特例があります。

贈与税の速算表　　贈与税額＝（A）×（B）－（C）

基礎控除額および配偶者控除後の課税価格（A）	特例贈与財産※（特例税率）		一般贈与財産※（一般税率）	
	税率（B）	控除額（C）	税率（B）	控除額（C）
200万円以下	10%	－	10%	－
200万円超　　300万円以下	15%	10万円	15%	10万円
300万円超　　400万円以下			20%	25万円
400万円超　　600万円以下	20%	30万円	30%	65万円
600万円超　1,000万円以下	30%	90万円	40%	125万円
1,000万円超　1,500万円以下	40%	190万円	45%	175万円
1,500万円超　3,000万円以下	45%	265万円	50%	250万円
3,000万円超　4,500万円以下	50%	415万円	55%	400万円
4,500万円超	55%	640万円		

※特例贈与財産……贈与年の1月1日で18歳以上の者が直系尊属から贈与を受けた財産
※一般贈与財産……特例贈与財産以外の贈与財産

2. 贈与税の申告

　贈与を受けた場合で、その年の1月1日から12月31日までの間に贈与された財産の合計額が基礎控除の110万円を超える場合は、贈与を受けた年の翌年2月1日から3月15日までの間に、その者の住所地を所轄する税務署に贈与税の申告書を提出します。

　なお、贈与税の配偶者控除や相続時精算課税の適用を受けるためには、納める贈与税がない場合でも申告の必要があります。

3. 納　　税

(1) 原　　則

　贈与税も所得税などと同様に原則として金銭で一時に、贈与を受けた年の翌年3月15日までに納付します。

(2) 延　　納

　贈与を受けた年の翌年3月15日までに金銭で納付することが困難な場合は、延納申請書を提出し担保を提供すると、最長5年の年賦延納が認められます。

　なお、贈与税には物納は認められていません。

3 贈与税の配偶者控除

POINT

婚姻期間が20年以上の配偶者へ居住用不動産や居住用不動産の購入資金を贈与した場合には、基礎控除を含めて2,110万円までは贈与税は課税されません。ただし、登録免許税、不動産取得税などは課税されます。

1. 適用要件

贈与税の配偶者控除は、①同一世代間の贈与であること、②贈与の認識が概して希薄であること、③夫の死亡後の妻の生活保障の意図で行われることなどの理由から、課税価格から2,000万円を配偶者控除として控除することができます。

（適用要件）

① 婚姻期間が20年以上の配偶者からの贈与であること

② 居住用不動産（居住用の土地、借地権、家屋）または、居住用不動産の購入のための金銭の贈与であること

③ 前年以前にこの特例を受けていないこと（同一の配偶者からの贈与は一生に1度に限り適用を受けられる）

④ 居住用不動産は、贈与を受けた年の翌年3月15日までに居住し、かつ、その後も居住する見込みであること

⑤ 居住用不動産の購入のための金銭の場合は、その金銭の贈与を受けた年の翌年3月15日までに居住用不動産の取得に充て、その取得した居住用不動産に3月15日までに居住し、かつ、その後も居住する見込みであること

⑥ 配偶者控除の適用を受ける旨およびその控除額の明細書を記載した贈与税の申告書に所定の書類を添付して提出すること

（算式）

$$課税価格 = \frac{贈与財産}{の合計額} - \frac{配偶者控除額}{（最高2,000万円）} - \frac{基礎控除額}{（110万円）}$$

2. 手　続

　この特例は贈与税がゼロであっても、配偶者控除の適用を受ける旨およびその控除額の明細等を記載した贈与税の申告書に、次の書類を添付して提出しなければなりません。

---

①　財産の贈与を受けた日から10日を経過した日以後に作成された戸籍謄本、または抄本および戸籍の附票の写し

②　居住用不動産を取得したことを証する書類（登記事項証明書等）

---

3. 一定期間内に贈与配偶者が死亡した場合

　被相続人の死亡前一定期間内（3年から7年）にその被相続人から生前贈与を受けていた場合は、その贈与財産を、相続財産に加えて相続税の計算をする制度（Ⅱ.⑪相続税のかかる財産と債務参照）がありますが、贈与税の配偶者控除の適用を受けている場合で、配偶者控除額2,000万円以下の部分については相続財産に加算する必要はありません。

4. 建物より土地のほうが有利

　贈与税の評価額が同じ居住用の土地と居住用の建物の贈与の場合は、通常、土地の贈与のほうが有利です。それは、贈与したときの評価額が同じでも、その後、長期的に建物は徐々に実質的な価値が下がるからです。

　ただし、将来売却するような場合を考えると建物も一部贈与したほうが有利です。これは、居住用財産を譲渡した場合の3,000万円特別控除が夫、妻の両者で使えるからです。

4 相続時精算課税制度

POINT 相続時精算課税制度の適用を受ければ、2,500万円までの贈与について、贈与税は課税されません。ただし、相続時には"精算"することになります。

相続時精算課税制度は、原則として60歳以上の父母または祖父母から、18歳以上の子または孫に対し、財産を贈与した場合において選択できる贈与税の制度です。

本制度を選択した受贈者は、贈与時には贈与財産に対する贈与税を支払い、その後贈与者の相続時に、その贈与財産とその他の相続財産を合計した価額を基に計算した相続税額から、既に支払った贈与税額を精算します。

1. 適用対象者

	2023年4月1日以後の贈与
贈与者	60歳以上の父母または祖父母（住宅取得等資金は贈与者の年齢要件なし）
受贈者	18歳以上の子または孫（代襲相続人含む）

※年齢は贈与年の1月1日で判定する

2. 適用手続

「相続時精算課税制度」を選択する受贈者は、その選択する最初の贈与を受けた翌年2月1日から3月15日までの間に所轄税務署長に対して、その旨の届出を贈与税の申告書に添付します。この選択は、受贈者である子または孫が各々、贈与者である父母または祖父母ごとに選択できます。ただし、最初の贈与の際に届出をすると、相続時までこの制度が継続して適用されることになります。

3. 適用対象財産等

贈与財産の種類、金額、贈与回数に制限はありません。

4. 贈与税額の計算

相続時精算課税を選択した受贈者（精算課税適用者）は、この制度に係る贈与者（特定贈与者）からの贈与財産について、他の贈与財産と区分して各年の特定贈与者からの贈与財産の合計額を基に計算した贈与税を支払います。なお、相続時精算課税

の使い勝手向上の観点から、2023年度税制改正によって、暦年課税の基礎控除とは別途、年間110万円の基礎控除が適用できることとなりました。

(1)　2023年までの贈与

　本制度を選択した贈与財産の価額から、複数年にわたり利用できる特別控除額（累計2,500万円）を控除後の金額に、一律20％の税率を乗じて算出します。基礎控除（年間110万円）は適用できないので、少額の贈与でも贈与税の申告が必須でした。

> （贈与額A－特別控除額（累計2,500万円））×20％＝贈与税（税額ゼロでも申告必須）

(2)　2024年からの贈与　（基礎控除110万円の創設）

　暦年課税の基礎控除とは別途、年間110万円の基礎控除を控除し、さらに複数年にわたって利用できる特別控除額（累計2,500万円）を控除後の金額に、一律20％の税率を乗じて算出します。贈与額が年間110万円の基礎控除以下であれば、贈与税の申告は不要です。

> 贈与額－基礎控除110万円＝B（B≦0なら申告不要）

> （B－特別控除額（累計2,500万円））×20％＝贈与税（B＞0なら税額ゼロでも申告必要）

5.　相続税額の計算

　精算課税適用者は、特定贈与者の相続時に、それまでの贈与財産と相続財産を合算して、その合算額にかかる相続税額を計算し、その相続税額から既に支払った贈与税額を控除します。その際、相続税額から控除しきれない贈与税額は還付を受けることができます。

　なお、合算する贈与財産は、基礎控除前の贈与時の相続税評価額（上記贈与税の計算における「A」の金額）とされていますが、2023年度税制改正により、次の2点の改正が行われました。

　(1)　2024年1月1日以後の贈与について、相続財産に合算する贈与財産の価額は、基礎控除（年間110万円）を控除後の金額（上記贈与税の計算における「B」の金額）とされます。

　(2)　相続時精算課税による贈与により取得した一定の土地または建物が、2024年1月1日以後の災害によって一定の被害を受けた場合には、相続財産に合算する贈与財産の価額は、その災害によって被害を受けた部分に相当する額を控除した残額とされます。

5 直系尊属から住宅取得等資金の贈与を受けた場合の贈与税の非課税制度

POINT

子が父母や祖父母などから2023年中に住宅取得等資金の贈与を受けた場合、一般に1,000万円までは非課税となります。これにより非課税とされた金額は、贈与者の相続開始時に相続税の課税価格に加算する必要はありません。

1. 住宅取得等資金の贈与税の非課税の概要

2022年1月1日から2026年12月31日までの間に、住宅取得等資金を直系尊属からの贈与により取得した場合には、次の金額まで贈与税が非課税となります。

耐震・省エネまたはバリアフリーの住宅用家屋		左記以外の住宅用家屋	
被災者以外	東日本大震災の被災者	被災者以外	東日本大震災の被災者
1,000万円	1,500万円	500万円	1,000万円

※東日本大震災の被災者とは、東日本大震災により住宅用家屋が滅失等をした者（当該住宅用家屋が原発警戒区域内に所在する者を含む）をいいます。

この特例は、暦年課税と相続時精算課税のいずれの場合でも適用できます。

たとえば、被災者以外の人が耐震住宅の取得資金の贈与を受けた場合、暦年課税であれば、基礎控除110万円と合わせて最大1,110万円までの贈与なら、贈与税はかかりません。相続時精算課税であれば、特別控除額2,500万円と合わせて最大3,500万円までの贈与なら、贈与税はかかりません。

2. 受贈者・贈与者

居住無制限納税義務者（贈与時点で日本に住所がある者）または非居住無制限納税義務者（贈与時点で日本に住所がないが、贈与者または受贈者のいずれかが過去10年以内に日本に住所がある者等）に該当する個人で、贈与年の1月1日において18歳以上である者が対象になります。また、贈与年の合計所得金額が2,000万円以下の者に

限られます。

　贈与者は受贈者の直系尊属に限られます。具体的には、父母、祖父母、曾祖父母などです（配偶者の父母等は対象になりません）。

3. 適用対象となる住宅用家屋等の取得等

　次の要件を満たす日本国内にある家屋をいいます。

①　家屋の床面積が50㎡以上（合計所得金額が1,000万円以下の者は40㎡以上）240㎡以下（東日本大震災の被災者については240㎡の上限なし）で、その2分の1以上がもっぱら居住用であること

②　中古住宅については、新耐震基準に適合している住宅用家屋（登記簿上の建築日付が1982年1月1日以降の家屋については、新耐震基準に適合している住宅用家屋とみなす）であること

③　増改築等の場合、工事費用が100万円以上であること

4. 住宅取得等資金の範囲等

　住宅取得等資金とは、受贈者が自己の居住の用に供する上記要件を満たす家屋を新築、もしくは取得、または自己の居住の用に供している家屋の一定の増改築等の対価に充てるための金銭をいいます。

　なお、その家屋の新築、もしくは取得、または増改築等とともにするその家屋の敷地の用に供される土地や借地権など（以下「土地等」）の取得資金や、住宅用家屋の新築（住宅取得等資金の贈与を受けた日の属する年の翌年3月15日までに行われたものに限る）に先行して行う、その敷地の用に供される土地等の取得資金も対象になります。

　ただし、受贈者の一定の親族など、特別の関係のある者との請負契約その他の契約に基づく新築もしくは増改築等またはこれらの者からの取得の対価に充てるものは、非課税の特例の対象となる住宅取得等資金には含まれません。

　この特例を適用するためには、贈与年の翌年3月15日までに住宅用家屋等の取得等をし、原則として同日までに居住の用に供さなければなりません。また、贈与を受けた年の翌年2月1日から3月15日までの間に、非課税制度の適用を受ける旨を記載した贈与税の申告書に一定の書類を添付して、納税地の所轄税務署に提出する必要があります。

6 教育資金の一括贈与に係る 贈与税の非課税制度

POINT 父母や祖父母から教育資金の一括贈与を受けた場合には、最大1,500万円まで非課税になります。

1. 制度の概要

2013年4月1日から2026年3月31日までの間に、個人（30歳未満に限る。以下「受贈者」）が、教育資金に充てるため、金融機関等との一定の契約（教育資金管理契約）に基づき、受贈者の直系尊属（父母・祖父母など）から①信託受益権を付与された場合、②書面による贈与により取得した金銭を、銀行等に預入をした場合、または③書面による贈与により取得した金銭等で、証券会社等で有価証券を購入した場合（以下、これら①～③の場合を「教育資金口座の開設等」とする）には、これらの信託受益権または金銭等の価額のうち、1,500万円までの金額に相当する部分の価額については、贈与税が非課税となります。

なお、2019年度税制改正により、2019年4月1日以後に信託等により取得する信託受益権等に係る贈与については、信託等をする日の属する年の前年の受贈者の合計所得金額が1,000万円を超える場合には、その信託等により取得した信託受益権等について、本措置の適用を受けることができないこととされました。

2. 教育資金口座の開設等

この非課税制度の適用を受けるためには、教育資金口座の開設等を行ったうえで、教育資金非課税申告書を、その口座の開設等を行った金融機関等の営業所等を経由して、信託や預入などをする日までに、受贈者の納税地の所轄税務署長に提出しなければなりません。

3. 教育資金口座からの払出しおよび教育資金の支払

教育資金口座からの払出しおよび教育資金の支払を行った場合には、その支払に充てた金銭に係る領収書などその事実を証する書類等を、次の①または②の提出期限までに、教育資金口座の開設等をした金融機関等の営業所等に提出しなければなりません。

　　ただし、領収書等に記載された支払金額が 1 万円以下で、かつ、その年中における合計支払金額が24万円に達するまでのものについては、領収書等に代えて支払先・支払金額等の明細を記載した書類を提出することができることとされています。

　　また、提出する領収書等については、書面による提出に代えて電磁的方法により提供することができることとされています。

①　教育資金を支払った後にその実際に支払った金額を教育資金口座から払い出す方法を選択した場合

　　領収書等に記載された支払年月日から 1 年を経過する日

②　①以外の方法を選択した場合

　　領収書等に記載された支払年月日の属する年の翌年 3 月15日

4. 教育資金管理契約の終了

　　教育資金管理契約は、次の①～③の事由に該当したときに終了します。

①　受贈者が30歳に達したこと

②　受贈者が死亡したこと

③　信託財産等の価額がゼロとなった場合において終了の合意があったこと

　　なお、2019年度税制改正により、2019年 7 月 1 日以後に受贈者が30歳に達しても、その達した日に下記イ. ロ. のいずれかに該当すれば、教育資金管理契約は終了しないこととされました。その後は、その年において下記イ. ロ. のいずれかに該当する期間がなかった場合、その年の12月31日、またはその受贈者が40歳に達する日のいずれか早い日に、教育資金管理契約が終了するものとされます。

イ. その受贈者が学校等に在学している場合

ロ. その受贈者が教育訓練給付金の支給対象となる教育訓練を受講している場合

5. 終了時における贈与税の課税

　　受贈者が死亡したこと以外により、教育資金管理契約が終了した場合に、非課税拠出額[※1]から教育資金支出額[※2]（学校等以外に支払う金銭については、500万円を限度）を控除した残額（以下「管理残額」という）があるときは、その残額が受贈者の教育資金管理契約が終了した日の属する年の贈与税の課税価格に算入されます。したがって、その年の贈与税の課税価格の合計額が基礎控除額を超える場合には、贈与税の申告期限までに贈与税の申告を行う必要があります。

　　この場合に適用する贈与税率は、特例税率（Ⅱ.②贈与税の計算・申告と納税参照）を適用できましたが、2023年度税制改正により、2023年 4 月 1 日以後に取得する信託受益権に係る贈与税については、受贈者の年齢等に関わらず一般税率を適用することとされました。なお、受贈者が死亡して教育資金口座に係る契約が終了した場合は、残額があっても贈与税は課税されません。

※1　非課税拠出額：教育資金非課税申告書または追加教育資金非課税申告書にこの制度の適用を受けるものとして記載された金額を合計した金額（1,500万円を限度）。

※2　教育資金支出額：金融機関等の営業所等において、教育資金として支払われた事実が領収書等により確認され、かつ、記録された金額を合計した金額。

6. 贈与者が死亡した場合

　教育資金管理契約の終了前に贈与者が死亡した場合の取り扱いについては、教育資金に係る信託受益権等の取得時期によって異なります。

⑴　**2019年3月31日までに信託等により取得した信託受益権等の価額**

　贈与者の死亡に係る相続税の課税価格の計算上、加算する必要はありません。

⑵　**2019年4月1日から2021年3月31日までに信託等により取得した信託受益権等の価額**

　その死亡の日における管理残額のうち、贈与者からその死亡前3年以内に信託等により取得した信託受益権等の価額に対応する金額を、贈与者の死亡に係る相続税の課税価格の計算上加算します（相続税の2割加算は対象外）。ただし、贈与者の死亡の日において次のいずれかに該当する場合には、相続税の課税価格の計算上加算する必要はありません。

　　①　当該受贈者が23歳未満である場合

　　②　当該受贈者が学校等に在学している場合

　　③　当該受贈者が教育訓練給付金の支給対象となる教育訓練を受講している場合

⑶　**2021年4月1日から2023年3月31日までに信託等により取得した信託受益権等の価額**

　贈与者の死亡の日までの年数にかかわらず、管理残額を贈与者の相続税の課税価格の計算上加算します。さらに加算された金額に対する相続税額については、相続税の2割加算の対象になります。ただし、贈与者の死亡の日において上記⑵①②③のいずれかに該当する場合は、相続税の課税価格の計算上加算する必要はありません。

⑷　**2023年4月1日以後に信託等により取得した信託受益権等の価額**

　基本的に上記⑶と同様ですが、贈与者の死亡に係る相続税の課税価格が5億円を超えるときは、上記⑵①②③に該当しても加算対象外とはならず、管理残額を贈与者の死亡に係る相続税の課税価格に加算します。

　上記⑵から⑷の場合において、相続税の課税価格に加算された管理残額は、前記 **5. 終了時における贈与税の課税** において教育資金支出額とみなされ、贈与税の課税対象になりません。

7. 教育資金とは

　　①　学校等に対して直接支払われる次のような金銭

　　　イ．入学金、授業料、入園料、保育料、施設設備費または入学（園）試験の検定

　料など

　ロ．学用品の購入費や修学旅行費や学校給食費など、学校等における教育に伴って必要な費用など

　　※学校等：学校教育法で定められた幼稚園、小・中学校、高等学校、大学（院）、専修学校、各種学校、一定の外国の教育施設、認定こども園または保育所など

②　学校等以外に対して直接支払われる次のような金銭で、社会通念上相当と認められるもの

　⒜　役務提供または指導を行う者（学習塾や水泳教室など）に直接支払われるもの

　イ．教育（学習塾、そろばんなど）に関する役務の提供の対価や施設の使用料など

　ロ．スポーツ（水泳、野球など）または文化芸術に関する活動（ピアノ、絵画など）その他教養の向上のための活動に係る指導への対価など

　ハ．上記イ．の役務の提供または上記ロ．の指導で使用する物品の購入に要する金銭

　⒝　⒜以外（物品の販売店など）に支払われるもの

　イ．上記①ロに充てるための金銭であって、学校等が必要と認めたもの

　ロ．通学定期代、留学渡航費等（2015年以降）

　なお、2019年度税制改正により、2019年7月1日以後に支払われるものから、学校等以外の者に支払われる金銭で受贈者が23歳に達した日の翌日以後に支払われるもののうち、教育に関する役務提供の対価、スポーツ・文化芸術に関する活動等に係る指導の対価、これらの役務提供または指導に係る物品の購入費および施設の利用料は教育資金の範囲から除外されます。

　ただし、教育訓練給付金の支給対象となる教育訓練を受講するための費用は除外されません。

7 結婚・子育て資金の一括贈与に係る贈与税の非課税制度

POINT　父母や祖父母から結婚・子育て資金の一括贈与を受けた場合には、最大1,000万円まで非課税になります。

1. 制度の概要

　2015年4月1日から2025年3月31日までの間に、個人（18歳（2022年3月31日以前は20歳）以上50歳未満の者に限る。以下「受贈者」）の結婚・子育て資金に充てるため、金融機関等との一定の契約（結婚・子育て資金管理契約）に基づき、受贈者の直系尊属（父母・祖父母など。以下「贈与者」）から①信託受益権を付与された場合、②書面による贈与により取得した金銭を銀行等に預入をした場合または③書面による贈与により取得した金銭等で証券会社等で有価証券を購入した場合（以下「結婚・子育て資金口座の開設等」）には、これらの信託受益権または金銭等の価額のうち受贈者1人につき1,000万円（結婚に際して支出する費用については300万円を限度）までの金額に相当する部分の価額については、贈与税が非課税となります。

　なお、2019年度税制改正により、2019年4月1日以後に信託等により取得する信託受益権等に係る贈与については、信託等をする日の属する年の前年の受贈者の合計所得金額が1,000万円を超える場合には、その信託等により取得した信託受益権等について、本措置の適用を受けることができないこととされました。

2. 結婚・子育て資金口座の開設

　この非課税制度の適用を受けるためには、結婚・子育て資金口座の開設等を行ったうえで、結婚・子育て資金非課税申告書をその口座の開設等を行った金融機関等の営業所等を経由して、信託や預入などをする日（通常は結婚・子育て資金口座の開設等の日）までに、受贈者の納税地の所轄税務署長に提出しなければなりません。

3. 結婚・子育て資金口座からの払出しおよび結婚・子育て資金の支払

　結婚・子育て資金口座からの払出しおよび結婚・子育て資金の支払を行った場合には、結婚・子育て資金口座の開設等の時に選択した結婚・子育て資金口座の払出方法に応じ、その支払に充てた金銭に係る領収書などその支払の事実を証する書類を、次

の①または②の提出期限までに、その金融機関等の営業所等に提出しなければなりません。

①　結婚・子育て資金を支払った後にその実際に支払った金額を口座から払い出す方法を選択した場合

　　領収書等に記載された支払年月日から1年を経過する日

②　①以外の方法を選択した場合

　　領収書等に記載された支払年月日の属する年の翌年3月15日

4. 結婚・子育て資金管理契約の終了

次に掲げる事由に該当した場合には、結婚・子育て資金管理契約は終了します。

①　受贈者が50歳に達した場合

②　受贈者が死亡した場合

③　信託財産等の価額がゼロとなった場合において終了の合意があったとき

5. 終了時における贈与税の課税

受贈者が死亡したこと以外により、結婚・子育て資金口座に係る契約が終了した場合に、非課税拠出額[※1]から結婚・子育て資金支出額[※2]を控除した残額（以下「管理残額」）があるときは、その残額が受贈者の結婚・子育て資金管理契約が終了した日の属する年の贈与税の課税価格に算入されます。

したがって、その年の贈与税の課税価格の合計額が基礎控除額を超えるなどの場合には、贈与税の申告期限までに贈与税の申告を行う必要があります。

この場合に適用する贈与税率は、特例税率（Ⅱ.②贈与税の計算・申告と納税参照）を適用できましたが、2023年度税制改正により、2023年4月1日以後に取得する信託受益権に係る贈与税については、受贈者の年齢等に関わらず一般税率を適用することとされました。

なお、受贈者が死亡して結婚・子育て資金管理契約が終了した場合には、残額があっても贈与税は課税されません。

※1　非課税拠出額：結婚・子育て資金非課税申告書または追加結婚・子育て資金非課税申告書にこの制度の適用を受けるものとして記載された金額の合計額（1,000万円を限度）。

※2　結婚・子育て資金支出額：金融機関等の営業所等において、結婚・子育て資金として支払われた事実が領収書等により確認され、かつ、記録された金額を合計した金額。

6. 贈与者が死亡した場合

契約期間中に贈与者が死亡した場合、死亡日における管理残額は、受贈者が贈与者から相続または遺贈により取得したものとみなされ、その贈与者の死亡に係る相続税の課税価格に加算されます。

この場合、管理残額に対応する相続税額については相続税額の2割加算の対象外とされていましたが、2021年度税制改正により、2021年4月1日以後に信託等により取得した信託受益権等にかかる管理残額については、相続税額の2割加算の対象とされることになりました。

　なお、相続税の課税価格に加算された管理残額は、前記 **5. 終了時における贈与税の課税** において結婚・子育て資金支出額とみなされ、贈与税の課税対象になりません。

7. 結婚・子育て資金とは

① 結婚に際して支払う次のような金銭（300万円限度）
　イ．挙式費用、衣装代等の婚礼（結婚披露）費用（婚姻の日の1年前の日以後に支払われるもの）
　ロ．家賃、敷金等の新居費用、転居費用（一定の期間内に支払われるもの）
② 妊娠、出産および育児に要する次のような金銭
　イ．不妊治療・妊婦健診に要する費用（薬局に支払う医薬品代（処方箋に基づくもの）を含む）
　ロ．分べん費等・産後ケアに要する費用
　ハ．子の医療費、幼稚園・保育所等の保育料（ベビーシッター代を含む）など

別表：贈与者死亡時の課税

信託受益権等取得時期 （贈与時期）	教育資金		結婚・子育て資金	
	管理残額を 相続財産に加算	相続税額の 2割加算	管理残額を 相続財産に加算	相続税額の 2割加算
2019年3月以前	加算しない	対象外	加算する	対象外
2019年4月以後 2021年3月以前	死亡前3年以内に限り加算[※1]			
2021年4月以後 2023年3月以前	加算する[※1]	対象		対象
2023年4月以後	加算する[※2]			

※1　下記①②③のいずれかに該当すれば加算対象外
※2　相続税の課税価格が5億円以下の場合に限り、下記①②③のいずれかに該当すれば加算対象外
　①　当該受贈者が23歳未満である場合
　②　当該受贈者が学校等に在学している場合
　③　当該受贈者が教育訓練給付金の支給対象となる教育訓練を受講している場合

（参考）一括贈与に係る非課税措置比較表

	教育資金	結婚・子育て資金
期　限	2026年3月31日まで	2025年3月31日まで
受贈者	30歳未満の個人	18歳（2022年3月31日以前は20歳）以上50歳未満の個人
	前年の合計所得金額1,000万円以下	
贈与者	受贈者の直系尊属	
限度額	受贈者1人につき1,500万円（学校等以外500万円）	受贈者1人につき1,000万円（結婚費用300万円）
使　途	教育資金	結婚・子育て資金
終了事由	①受贈者が30歳に達した場合（ただし、受贈者が学校等に在学している場合や、一定の教育訓練を受講している場合は、40歳まで延長可能）②受贈者が死亡した場合③信託財産等の価額がゼロになり、終了の合意があった場合	①受贈者が50歳に達した場合②受贈者が死亡した場合③信託財産等の価額がゼロになり、終了の合意があった場合
終了時の課税（終了事由①③）	残額に贈与税の課税	
受贈者死亡時の課税（終了事由②）	残額があっても課税なし	
贈与者死亡時の課税	別表のとおり	
他の規定との併用	・暦年課税の基礎控除（110万円）：可能 ・相続時精算課税の特別控除（2,500万円）：可能 ・相続時精算課税の基礎控除（110万円）：可能 ・住宅取得等資金贈与の非課税（最大1,500万円）：可能	
これら相互間の併用	可能	

相続と相続人

相続人には、被相続人の配偶者および一定の血族関係者がなります。

民法では、相続人の範囲と順位が定められており、これを法定相続人といいます。

1. 相　続

相続とは、人の死亡により、その死亡者（被相続人）が所有していた不動産などの財産や借入金などの債務を相続人に承継することをいいます。

2. 相 続 人

相続人には配偶者相続人と血族相続人の2種類があります。

(1) 配偶者相続人

被相続人の配偶者は血族相続人がいようといまいと、常に相続人となります。この配偶者とは、法律上の婚姻をしている者をいい、内縁関係にある者は含まれません。

(2) 血族相続人

血族相続人は、被相続人の①子、②父母や祖父母、③兄弟姉妹です。

① 子（血族相続人の第1順位）

被相続人に子がいる場合は、まず子と配偶者が相続人となります。たとえ父母や祖父母、兄弟姉妹がいたとしても、子と配偶者だけが相続人となります。

相続人となる子には、実子だけでなく養子も含まれ、正式な婚姻関係にない人との間に生まれた子であっても、認知されていれば相続人となります。

また、被相続人の死亡時点で胎児であった者も、その後に出生した場合は、被相続人の死亡時点で既に生まれていたものとみなされ、相続人となります。

被相続人よりも先に子が死亡している場合は、その子の子（孫）が相続人となります。さらに、孫も被相続人よりも先に死亡している場合は、その孫の子（曾孫）が相続人となります。これらの孫や曾孫のことを、代襲相続人といいます。

相続人は配偶者、長男、次男、長女

相続人は配偶者、次男、孫

②　父母や祖父母（血族相続人の第2順位）

　被相続人に子がいない場合は、父母や祖父母と配偶者が相続人となります。このとき、祖父母が相続人になれるのは、父母の両方が既に死亡しているケースです。

相続人は配偶者、父、母　　　　相続人は配偶者、母

③　兄弟姉妹（血族相続人の第3順位）

　被相続人に子も、父母や祖父母もいない場合は、兄弟姉妹と配偶者が相続人になります。

　被相続人よりも先に兄弟姉妹が死亡している場合は、その兄弟姉妹の子、つまり甥や姪が代襲相続人となります。しかし、甥や姪も被相続人よりも先に死亡しているケースでは、その甥や姪の子は、代襲相続人になれません。

相続人は配偶者、兄、妹　　　　　相続人は配偶者、妹、甥

相続のタイムスケジュール

POINT 被相続人の死亡日から相続税の申告期限までの期間は、10カ月です。その間にとるべき手続きや、相続人間で検討すべき事項は多数あります。

1. 相続発生後の申告手続きとスケジュール

被相続人の死亡から相続税の申告納税までのスケジュールは、右図のとおりです。

2. 相続の放棄と承認

相続人の相続に関する選択肢として、「単純承認」「限定承認」「相続放棄」の3つがあります。

(1) 単純承認

単純承認とは、被相続人のすべての財産・債務を相続することをいいます。相続人が何も手続きをとらない場合は、自動的に単純承認したことになります。

(2) 限定承認

限定承認とは、被相続人から相続により取得した財産を限度として、債務を相続することをいいます。限定承認の際は、被相続人の死亡後3カ月以内に相続人全員で、家庭裁判所に申述しなければなりません。

(3) 相続放棄

相続放棄とは、被相続人の財産・債務をいっさい相続しないことをいいます。この場合、相続人が被相続人の死亡後3カ月以内に、家庭裁判所に申述しなければなりません（相続人1人でも手続きが可能）。

3. 所得税の申告と納税（準確定申告）

被相続人の死亡した年の1月1日から死亡日までに得た所得は、死亡日から4カ月以内に、死亡時の納税地の税務署に対し、所得税の申告および納税をしなければなりません。これを準確定申告といいます。

4. 相続税の申告と納税

被相続人の死亡日から10カ月以内に、税務署に相続税の申告および納税をしなければなりません。

また、納税の特例（延納、物納）申請手続きについても、同日までに行います。

相続のタイムスケジュール

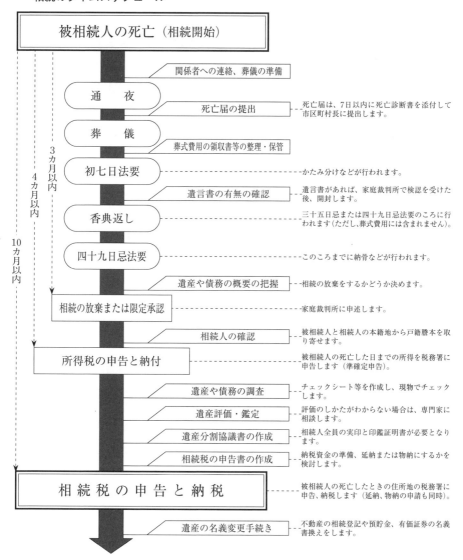

相続分と遺産分割

POINT 　遺産分割は相続人全員の話し合いで自由に決めることができます。その遺産分割を行う場合の目安となるのが相続分であり、相続人の相続すべき割合を示しています。

1. 遺言書がある場合

　被相続人の残した遺言書に基づき遺産分割をする場合、公正証書遺言以外の遺言書については、封印のあるものでも封印のないものでも、すべて家庭裁判所に提出して検認という手続きをとらなければなりません（2020年7月10日に開始された「法務局における自筆証書遺言の保管制度」により、遺言書保管所に保管されている自筆証書遺言は検認不要）。さらに、封印のあるものについては、家庭裁判所に出頭した相続人などのもとで開封することになります。

　遺言書の検認・開封手続きを終えた後、遺言の内容に従って遺産分割を行います。その遺言書に遺言執行者が指定されている場合や、相続人が遺言執行者を選任した場合は、遺言執行者が遺産分割の手続きを行います。

2. 協議分割

　遺言書がない場合や、遺言書があったとしてもその遺言書の内容に納得できない場合は、相続人全員で協議をして遺産分割を行います。この協議分割の1つの目安となるのが相続分です。相続分はあくまで目安であり、この相続分に従わなくても問題はありません。

⑴　相 続 分

　協議分割の目安となる相続分は、次ページの表のとおりです。

⑵　遺産分割の方法

　① 現物分割……現物分割は、たとえば長男には土地と建物を、長女には預貯金と株式を……といったように、個々の財産を各相続人に配分する方法です。

　② 換価分割……換価分割は、現物分割が困難な場合や遺産を分割することによって遺産の価値が減少するような場合に、遺産を売却してその売却代金を相続人に配分する方法です。

　③ 代償分割……代償分割は、現物分割が困難な場合や遺産を分割することによって遺産の価値が減少するような場合に、遺産の全部または大部分を特定の相続人

相続分

相続人	相続分	法定相続分			
		配偶者	子	父母	兄弟姉妹
配偶者がいる場合	子	1／2	1／2	0	0
	父母（子がいない）	2／3	—	1／3	0
	兄弟姉妹（子、孫、父母、祖父母がいない）	3／4	—	—	1／4
	配偶者だけ	1	—	—	—
配偶者がいない場合	子	—	1	0	0
	父母（子がいない）	—	—	1	0
	兄弟姉妹だけ	—	—	—	1

※子、父母、兄弟姉妹が複数いる場合は、各自の相続分は均等割。ただし、父母のいずれか一方を同じくする兄弟姉妹の相続分は、父母とも同じ兄弟姉妹の2分の1

　　が取得し、その相続人が他の相続人に代償金を支払う分割の方法です。

⑶　**遺産分割協議書**

　遺産分割協議が調った場合は、後のトラブル防止のためにもその内容を文書化しておくべきでしょう。その遺産分割協議書に相続人全員で署名押印すれば協議が成立したことになり、遺産分割協議書は完成します。

3.　協議分割ができない場合

　遺産分割の協議が相続人間でまとまらない場合は、家庭裁判所に申し立て、調停または審判で分割することになります。

4.　遺　留　分

　被相続人が兄弟姉妹以外の相続人に残すべき最少限度の財産を遺留分といいます。遺留分は、直系尊属だけが相続人の場合には相続財産の3分の1、その他の場合には相続財産の2分の1となっています。

　なお、一定の取引相場のない株式等については、遺留分の特例があります。

相続税のかかる財産と債務

POINT

相続税のかかる財産には、本来の相続財産とみなし相続財産があります。これらの財産のうち一定のものを非課税財産とし、相続税の課税対象から除かれます。また、相続税は正味財産に対して課税されるものであり、不動産や預貯金などのプラスの財産から借入金や未払税金などのマイナスの財産を控除して、相続税を計算します。

1. 本来の相続財産

相続税がかかる財産としてまず挙げられるのは、被相続人から相続や遺贈（遺言による財産承継）によって取得した財産です。ここでいう財産とは、金銭に見積もることができる経済的価値がある全てのものをいいます。

具体的には、土地、家屋、立木、事業用財産、有価証券、家庭用財産、貴金属、宝石、書画骨董、預貯金、現金などです。不動産について登記されていないものでも、本来の相続財産となります。

2. みなし相続財産

みなし相続財産は、被相続人が死亡したときに所有していた財産ではありませんが、相続税の計算上、相続財産とみなして相続税を課税します。このみなし相続財産にはいくつかの種類がありますが、主なものとして次の2つが挙げられます。

(1) 生命保険金

被相続人が自分を被保険者として生命保険をかけていた場合、保険金受取人となっている人は、保険会社から保険金を受け取ります。この保険金は被相続人の財産ではありませんが、被相続人が保険会社に保険料を負担していたため、保険金が支払われたものです。そこで、この生命保険金を被相続人の財産とみなし、相続税の課税対象としています。

(2) 死亡退職金

遺族が被相続人の生前勤務していた会社から、死亡退職により退職金を支給されることがあります。この退職金は、被相続人が生きていれば、本人が会社から直接支給されたものです。そこで、この死亡退職金を被相続人の財産とみなし、相続税の課税

対象としています。

　相続税が課税される死亡退職金は、被相続人の死亡後3年以内に支給することが確定したものであり、3年を超えて支給が確定したものは、所得税の課税対象となります。

3. 非課税財産

　本来の相続財産やみなし相続財産は、原則として全て相続税の課税対象となります。しかし、それらの財産のなかには社会政策的な見地、国民感情などから、相続税の課税対象とすることが適当ではない財産もあります。そこで、いくつかの財産を相続税の非課税財産とし、相続税の課税対象から除いています。

(1) 墓地、仏壇、仏具など

　墓地、仏壇、仏具などは日常礼拝の対象となっており、国民感情等の観点から、相続税の非課税財産としています。

(2) 生命保険金の非課税枠

　被相続人の死亡により、相続人が生命保険金を取得した場合は、次の非課税枠までの金額について、相続税の課税対象から控除します。

$$非課税枠＝500万円×法定相続人の数$$

　この法定相続人の数のなかに、被相続人の養子がいる場合は、養子の数を次のように数えます。

　　　実子がいる場合　　→　　1人まで

　　　実子がいない場合　→　　2人まで

　なお、法定相続人とは、相続の放棄があった場合にも、その放棄がなかったものとした場合の相続人をいいます。

(3) 死亡退職金の非課税枠

　生命保険金の非課税枠とは別枠で、死亡退職金の非課税枠を設けています。その中身は、生命保険金の非課税枠と同様です。

(4) 相続財産の寄附

　相続などにより取得した財産の全部または一部を相続税の申告期限（被相続人の死亡後10カ月以内）までに国、都道府県、市町村または日本赤十字社、学校法人、社会福祉法人などの特定の公益法人に寄附した場合は、その寄附した財産は相続税の課税対象から除きます。

4. 債務控除

　相続税は正味財産に対して課税されるものであるため、被相続人が残した借入金などのマイナスの財産は相続財産から差し引くことになります。債務として相続財産か

ら差し引くことができるものは、被相続人の死亡時点で支払うことが確定しているものに限ります。具体的には次のとおりです。

控除できるもの	控除できないもの
・銀行借入金 ・不動産などを購入した際の未払金 ・入院費などの未払医療費 ・所得税、住民税、固定資産税などの未払税金 ・個人事業を行っていた場合の事業上の債務　　　　　　　　　など	・お墓や仏壇などを購入した際の未払金 ・保証債務（主たる債務者が弁済不能の場合は控除できる） ・遺言執行費用 ・税理士に対する相続税申告費用　　　　　　　　　　　　　など

　また、葬式費用も相続財産から差し引くことができます。葬式費用は、被相続人の債務ではありませんが、相続に伴い必然的に生ずる費用であり、通常、相続財産から支払われるものと考えられることから、相続財産からの控除が認められているものです。具体的には次のとおりです。

控除できるもの	控除できないもの
・葬式、埋葬、火葬、納骨の会葬に要した費用 ・お寺へのお布施、戒名料 ・その他、通常葬式に係る費用 ・死体の捜査、運搬費用　　など	・香典返しの費用 ・墓碑などの買入費や借入料 ・法要費用 ・死体の解剖に要した費用 　　　　　　　　　　　　　など

5. 生前贈与財産の加算

(1) 暦年課税制度による生前贈与

　相続などによって財産を取得した人が、被相続人の死亡前一定期間内にその被相続人から生前贈与を受けていた場合は、その贈与財産を、相続財産に加えて相続税の計算をします。この場合に加算する金額は贈与時の相続税評価額となります。これは、あくまで相続などによって財産を取得した人だけの取り扱いであり、たとえば、相続人でも受遺者でもない孫が、被相続人の死亡前一定期間内に生前贈与を受けていたとしても、その孫が生前贈与を受けた財産を相続財産に加える必要はありません。

　加算対象期間は死亡前3年以内でしたが、2023年度税制改正により4年間延長され、死亡前7年以内になりました。なお、改正後の適用を受けるのは2024年1月1日以後の贈与に限られるため、7年分すべて加算対象になるのは2031年1月1日以後に相続が開始した場合となります。また、延長された4年間（死亡前3年超）で加算対象となる贈与から、総額100万円まで相続財産に加算しない措置が設けられました。

これを相続開始時期ごとにまとめると、下表のようになります。

相続開始時期	加算対象期間	死亡前3年超の100万円控除
2026年12月31日以前	死亡前3年以内の贈与	対象期間なし
2027年1月1日以後 2030年12月31日まで	2024年1月1日以後の贈与	あり
2031年1月1日以後	死亡前7年以内の贈与	あり

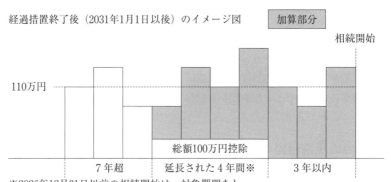

経過措置終了後（2031年1月1日以後）のイメージ図　　加算部分

※2026年12月31日以前の相続開始は、対象期間なし。
　2027年1月1日から2030年12月31日までの相続開始は、2024年1月1日から相続開始
　日まで対象

　なお、この加算対象となる贈与財産に贈与税が課税されている場合には、同一物に対する相続税と贈与税の二重課税を避けるため、すでに課された贈与税額は相続税から控除することができます。ただし、相続税から控除しきれない贈与税相当額があっても、還付を受けることはできません。

⑵　**相続時精算課税制度**による生前贈与

　相続時精算課税制度の適用を受けた贈与のうち、住宅取得等資金や教育資金など一定のもの以外については、贈与時期（7年以内）を問わず、原則としての贈与時の相続税評価額で相続財産に加算されます。ただし、2023年度税制改正により、次の2点の改正が行われました。

①　2024年1月1日以後の贈与について相続財産に合算する贈与財産の価額は、基礎控除額（年間110万円）を控除後の金額とされます。

②　相続時精算課税による贈与により取得した一定の土地または建物が、2024年1月1日以後の災害によって一定の被害を受けた場合には、相続財産に合算する贈与財産の価額は、その災害によって被害を受けた部分に相当する額を控除した残額とされます。

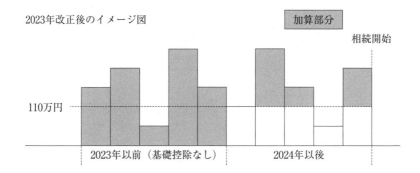

2023年改正後のイメージ図 加算部分

相続開始

110万円

2023年以前（基礎控除なし） 2024年以後

　なお、この加算対象となる贈与財産に贈与税が課税されている場合には、同一物に対する相続税と贈与税の二重課税を避けるため、すでに課された贈与税額は相続税から控除することができ、相続税から控除しきれない贈与税相当額については、還付を受けることができます。

6. 相続税の課税価格の計算

　相続税の課税価格とは、相続税のかかる財産から債務を控除した金額のことをいいます。相続した財産はもちろんですが、遺贈によって取得した場合を含めて、各人の課税価格を計算します。

　各人の課税価格を合計して「課税価格の合計額」を計算します。

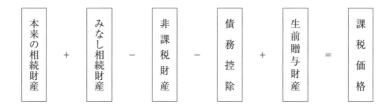

本来の相続財産　＋　みなし相続財産　－　非課税財産　－　債務控除　＋　生前贈与財産　＝　課税価格

12 相続税の計算

POINT 相続税の課税価格合計額が基礎控除額を超えた場合に相続税が課税されます。相続税は、まず全体でいくらになるのかを計算し、その後、財産取得者ごとに納付税額を計算します。

1. 相続税がかかるか、かからないか

各財産取得者ごとに計算した課税価格を合計し、その金額（課税価格合計額）が基礎控除額以下の場合、相続税は課税されず、課税価格合計額が基礎控除額を超える場合に、相続税が課税されます。基礎控除額は次のとおりです。

$$基礎控除額 = 3,000万円 + 600万円 × 法定相続人の数^{※}$$

※上記算式における法定相続人の数とは、相続の放棄があった場合にも、その放棄がなかったものとした場合の相続人の数をいいます。また、この相続人の数のなかに、被相続人の養子がいる場合には、養子の数を次のように数えます。
　　　・実子がいる場合 ⟶ 1人まで　　・実子がいない場合 ⟶ 2人まで

2. 相続税の総額

相続税の総額は、相続などにより財産を取得した人全員で負担する合計税額です。課税価格合計額から基礎控除額を差し引いて課税遺産総額を求め、その課税遺産総額を法定相続人が法定相続分どおりに分けたと仮定して各人の税金を計算し、それを合計した金額が相続税の総額となります。ここでいう相続人や相続分とは、生命保険金の非課税枠や基礎控除額と同様に、相続の養子の取扱いを考慮したものです。

3. 各財産取得者の納付税額

(1) 各人の相続税額

相続税の総額を、各財産取得者に対して、その取得した財産の割合に応じて配分します。

$$相続税の総額 × \frac{各人の課税価格}{課税価格合計額} = 各人の相続税額$$

(2) 相続税額の加算・減算

各人の相続税額に相続税の納税者ごとの個別事情などを考慮し、相続税額の加算・

減算をして、税務署に納める相続税額が決まります。

① **相続税の２割加算**

被相続人の配偶者、子（代襲相続人を含む）、父母以外の人は、相続税を20％割増で納めます。なお、孫や曾孫を養子にしている場合、その孫や曾孫が代襲相続人でなければ、２割加算の対象になります。

② **贈与税額の控除**

生前贈与加算（Ⅱ.⑪相続税のかかる財産と債務参照）の対象になった贈与財産に贈与税が課税されている場合は、その課税された贈与税を相続税の計算上控除することができます。なお、相続税額から控除しきれない贈与税額がある場合、暦年課税制度による贈与税額は還付を受けることができませんが、相続時精算課税制度による贈与税額は還付を受けることができます（還付申告が必要）。

③ **配偶者の特例**

被相続人の配偶者は、次の金額（実際の取得額が限度）まで相続財産を取得しても相続税が課税されません。

・課税価格合計額×配偶者の法定相続分　┐
　　　　　　　　　　　　　　　　　　　├ いずれか多い金額
・１億6,000万円　　　　　　　　　　　┘

この特例では、たとえ配偶者の税金がゼロであっても、相続税の申告書を提出しなければなりません。また、相続税の申告期限までに配偶者の取得する財産が確定していない場合は、配偶者もいったん相続税を納めることになります。ただし、遺産の全部または一部が未分割のため、申告時に「申告期限後３年以内の分割見込書」を提出し、その後、相続税の申告期限から３年以内に配偶者の取得する財産が確定した場合は、この特例を受けて納めた相続税を返還してもらうことができます。

④ **未成年者控除**

法定相続人である未成年者は、次の金額が相続税から控除されます。

> 10万円×（18歳－その者の年齢）

⑤ **障害者控除**

法定相続人である障害者は、次の金額が相続税から控除されます。

> 10万円（特別障害者は20万円）×（85歳－その者の年齢）

なお、未成年者控除額や障害者控除額が、その本人の相続税額より大きいため控除額の全額が引き切れない場合には、その引き切れない部分の金額をその者の扶養義務者（配偶者、直系血族および兄弟姉妹のほか、３親等内の親族のうち一定の者）の相続税額から差し引きます。また、その者が今回の相続以前の相続においても同控除を受けているときは、控除額が制限されることがあります。

⑥　**相次相続控除**

　被相続人の死亡前10年以内に開始した相続により、今回の被相続人が財産を取得して相続税を納めている場合には、その相続税のうち一定の金額を今回の相続税から控除します。

⑦　**外国税額控除**

　相続などにより外国にある財産を取得し、その財産について、外国の相続税に相当する税金が課税されている場合には、その金額を日本の相続税から控除します。

| 計算例 |　次の設例の場合、各人の納付する相続税額を求めなさい。

１．2024年４月１日に死亡した被相続人甲の親族関係図は、次のとおりである。

　なお、2024年４月１日の時点では、長男Ａは９歳で、長女Ｂは７歳であった。また、長男Ａは障害者である。

２．被相続人の財産の取得者と取得
　　金額は次のとおりである。

　⑴　現金預金　　　３億7,500万円
　　　（相続税評価額）
　　　配偶者乙　　　１億9,500万円
　　　長男Ａ　　　　8,000万円
　　　長女Ｂ　　　　6,000万円
　　　兄Ｃ（遺贈）　4,000万円

父（以前に死亡）━━━━母（以前に死亡）
　　　　　┃
　兄Ｃ　　被相続人甲━━配偶者乙
　　　　　　　┃
　　　　長男Ａ　　長女Ｂ

　⑵　死亡保険金
　　　配偶者乙　　　4,000万円
　　　なお、この生命保険の保険料は被相続人が負担していた。

　⑶　死亡退職金
　　　配偶者乙　　　2,000万円

３．被相続人の債務・葬式費用の500万円は、配偶者乙が負担した。

４．相続時精算課税制度は選択していない。

| 解答 |

１．課税価格の計算

　　配偶者乙　　　１億9,500万円＋（4,000万円－非課税1,500万円）＋（2,000万円－非課税
　　　　　　　　　1,500万円）－債務控除500万円＝２億2,000万円
　　長男Ａ　　　　8,000万円
　　長女Ｂ　　　　6,000万円
　　兄Ｃ（遺贈）　4,000万円
　　〔課税価格の合計４億円〕

２．遺産に係る基礎控除額

　　3,000万円＋600万円×３人＝4,800万円

３．課税遺産総額

　　４億円－4,800万円＝３億5,200万円

4．相続税の総額（下記速算表参照）

(1)配偶者乙　　3億5,200万円×1／2＝1億7,600万円

　　　　　　　　1億7,600万円×40％－1,700万円＝5,340万円

(2)長男A　　　3億5,200万円×1／2×1／2＝8,800万円

　　　　　　　　　8,800万円×30％－700万円＝1,940万円

(3)長女B　　　3億5,200万円×1／2×1／2＝8,800万円

　　　　　　　　　8,800万円×30％－700万円＝1,940万円

(4)相続税の総額　　(1)＋(2)＋(3)＝9,220万円

5．各人の算出税額

配偶者乙　　9,220万円×2億2,000万円／4億円＝5,071万円

長男A　　　9,220万円×8,000万円／4億円＝1,844万円

長女B　　　9,220万円×6,000万円／4億円＝1,383万円

兄C　　　　9,220万円×4,000万円／4億円＝　922万円

6．各人の納付する相続税額

配偶者乙　　5,071万円－配偶者の税額軽減額(※)4,610万円＝461万円

> ※配偶者の税額軽減額
> ①4億円×法定相続分1／2＝2億円＞1億6,000万円　　∴大きいほう2億円
> ②乙の課税価格2億2,000万円＞2億円　　　　　　　　∴小さいほう2億円
> ③軽減額9,220万円×2億円／4億円＝4,610万円

長男A　　　1,844万円－未成年者控除90万円－障害者控除760万円＝994万円

長女B　　　1,383万円－未成年者控除110万円＝1,273万円

兄C　　　　922万円×2割加算1.2倍＝1,106.4万円

相続税の速算表

相続税の総額の基となる税額＝（A）×（B）－（C）

法定相続分に応ずる取得金額 （A）		税率（B）	控除額（C）
	1,000万円以下	10％	―
1,000万円超	3,000万円以下	15％	50万円
3,000万円超	5,000万円以下	20％	200万円
5,000万円超	1億円以下	30％	700万円
1億円超	2億円以下	40％	1,700万円
2億円超	3億円以下	45％	2,700万円
3億円超	6億円以下	50％	4,200万円
6億円超		55％	7,200万円

相続税の納税（延納）

POINT 相続税は、現金一括納付が原則です。しかし、現金一括納付が困難な場合は、一定の要件のもとに延納制度が設けられています。

1. 適用要件

延納制度は相続税を分割により納付する方法であり、次の①から④の要件を満たした場合に認められる制度です。

① 納付額が10万円を超えること

② 納期限までに現金で一時納付が困難であること

③ 担保を提供すること（ただし、延納税額が100万円以下で、かつ延納期間が3年以下の場合は不要）

④ 納期限までに延納申請書を提出すること

2. 延納期間と利子税

延納が認められた場合は、その納税者の取得した相続財産のうち不動産等の占める割合により延納期間が決まっています。また、相続税を分割払いすることによる利息相当額として利子税を相続税と併せて納付することになります。

課税相続財産のうち、不動産等の占める割合	区　　分	延納期間（最高）	通常の利子税
75％以上	不動産等の価額に対応する税額	20年	年3.6％
	その他の財産の価額に対応する税額	10年	年5.4％
50％以上75％未満	不動産等の価額に対応する税額	15年	年3.6％
	その他の財産の価額に対応する税額	10年	年5.4％
50％未満	一般の延納相続税額	5年	年6.0％

※特例基準割合（財務大臣が告示する割合＋0.5％で計算され、2024年は0.9％）が年7.3％未満の場合、特例により利子税率は次のとおりとなる。

$$通常の利子税率 \times \frac{特例基準割合}{年7.3\%}$$

14 相続税の納税（物納）

POINT 相続税を延納によっても現金で納付することが困難な場合には、一定の要件のもとに物納制度が設けられています。

1. 物納が認められる場合

物納制度は相続した財産で相続税を納付する方法であり、次の①と②の要件を満たした場合に認められる制度です。

① 相続税を納期限までに現金納付および延納によっても現金で納付することが困難であること

② 納期限までに物納申請書、登記事項証明書、地積測量図、境界確認書などを提出すること

なお、資力の状況変化等により、延納による納付が困難となった場合は、申告期限から10年以内に限り物納への変更が認められます。

2. 物納できる財産

物納できる財産は、納税者が相続などにより取得した財産で、国内にあるもののうち、次にあげる財産に限られています。また、物納できる財産のなかでも優先順位があります（第1順位：国債、地方債、不動産、船舶、上場株式等、第2順位：非上場株式等、第3順位：動産。なお、2017年度税制改正により、株式・社債・証券投資信託等の受益証券・投資証券等のうち上場されているもの等が第1順位に変更されました）。

これらの財産でも、質権、抵当権その他の担保権の目的となっている財産や所有権の帰属などについて係争中の財産など、国が管理処分するのに不適当な財産は物納が認められません。

3. 物納財産の収納価額

物納財産の収納価額（国が引き取る価額）は、原則として相続税の申告書に記載された価額（相続税評価額）です。ただし、物納財産が国に収納されるまでに財産の状況に著しい変化があった場合は、収納価額の見直しが行われ収納時の現況により、収納価額が決められます。

15 相続財産の登記等

POINT 相続後、故人の名義となっている財産の名義変更をします。

　被相続人の死亡後、相続人間で遺産分割の協議が調い、遺産分割協議書を作成し、その遺産分割協議書に署名押印しただけでは、遺産の名義は被相続人のまま変わりません。したがって、遺産分割協議書に基づき、各財産の名義変更の手続を進めることになります。

　このうち不動産の名義変更（相続登記）は、今まで義務ではなかったので、何もせずに放置されているケース（いわゆる所有者不明土地）も少なくありませんでした。しかし、法改正により、2024年4月1日（施行日）から相続登記が義務化され、施行日前に発生した相続にも適用されます。原則として、相続開始から3年以内（施行日前に開始した相続には経過措置あり）に相続登記をする必要があり、これを怠ると10万円以下の過料が科されます。

　相続に伴う主な財産の名義変更の手続に通常必要な書類は、次のとおりです。

	手続窓口	提出書類
不動産	法務局 （登記所）	土地・家屋所有権移転登記申請書 戸籍謄本／住民票／印鑑証明書（相続人） 除籍謄本／戸籍の附票／除住民票（被相続人） 固定資産課税台帳／登録証明書
株　式	証券会社	株主名義書換請求書 （証券会社に相続である旨を告げる） 戸籍謄本／（除籍者を含む）
自動車	陸運事務所	移転登記申請書／有効な自動車検査証記入申請書 戸籍謄本（除籍者を含む） 自動車損害賠償責任保険証明書 相続人全員の同意書／印鑑証明書
預貯金	預貯金先 銀行 （ゆうちょ銀行等）	依頼書／遺産分割協議書／戸籍謄本（除籍者を含む） 相続人全員の印鑑証明書 （家庭裁判所の調停または審判で相続が決まった場合） ↓ 調停調書または裁判所の謄本
電話	電話局	加入承継書／住民票／戸籍謄本（除籍者を含む）
電気 ガス 水道	最寄りの各営業所	特になし

16 相続財産の売却と譲渡所得税等

> **POINT**
>
> 相続財産を相続開始の日から相続税の申告期限後3年以内に売却した場合は、譲渡所得税等が軽減されます。

1. 相続税の取得費加算

　相続などにより取得した財産を相続開始の日から相続税の申告期限後3年以内に売却した場合は、その相続について課税されたその者の相続税のうち一定の金額を、譲渡所得の計算上、取得費に加算します。この相続税を取得費に加算することで、譲渡所得が減少、またはゼロになることもあり、結果として譲渡所得税等の負担が軽減され、売却による手取額が増えます。これを相続税の取得費加算といい、次の算式により計算した金額を譲渡所得の計算上、取得費に加算します。

　なお、「相続空き家の特別控除の特例」（Ⅰ.⑪相続空き家の特別控除の特例参照）とは選択適用となり、併用はできません。

$$
加算額 = 確定相続税額 \times \frac{譲渡した資産の相続税評価額}{相続税の課税価格（債務控除前）}
$$

〈譲渡所得〉

		譲渡価額	
取得費	譲渡費用	取得費加算額	（譲渡所得）

2. 代償分割に注意

　代償分割により代償金を支払って取得した相続財産を譲渡した場合、加算額計算式分子の「譲渡した資産の相続税評価額」は、次の算式により調整した金額になります。結果として取得費加算額が少なくなり、譲渡所得が増加するので、相続財産を譲渡する予定があるときの代償分割の利用については、注意が必要です。

$$
\begin{array}{l} 調整後の \\ 分子の金額 \end{array} = \begin{array}{l} 譲渡した資産の \\ 相続税評価額 \end{array} - 支払代償金 \times \frac{譲渡した資産の相続税評価額}{相続税の課税価格（債務控除前）+ 支払代償金}
$$

土地の評価

> 宅地は路線価方式または倍率方式により評価します。田、畑、山林、原野等は倍率方式または宅地比準方式により評価します。

1. 土地評価の区分

　土地はその地目（宅地、田、畑、山林、原野等）別に評価します。また、その地目は相続開始日の現況によって判定します。したがって、登記簿上の地目が畑であっても、家屋の敷地となっている土地は宅地として評価します。

2. 土地の面積

　土地の面積は、原則として相続開始日の実際の面積によります。ただし、課税上弊害のない場合は、登記簿（課税台帳）上の面積で税務申告をしても差し支えありません。

3. 宅地の評価

⑴　**評価単位**

　宅地の評価は1筆ごとに評価をするのではなく、一体で利用されている1画地の宅地ごとに評価することになっています。

⑵　**評価方式**

　宅地の評価は、次の2つの方式のいずれかの方式によって評価します。

①　市街地的形態を形成する地域……路線価方式

②　①以外の地域……倍率方式

⑶　**路線価方式**

　宅地に接する道路に付された路線価を基に、その宅地の面積を乗じて計算した価額によって評価する方式です。

$$路線価（1\text{㎡当たり}）× 面　積$$

　この路線価は、宅地の価額がおおむね同一と認められる一連の宅地が面している道路ごとに設定されています。したがって、路線価は個々の宅地の状況（奥行距離および間口距離、形状など）を個別に検討していないため、奥行価格補正、側方路線影響加算、不整形地補正などの画地修正をした価額により評価額が決まります。

⑷　倍率方式

　その宅地の固定資産税評価額に国税局長が定める倍率を乗じて計算した価額によって評価する方式です。

$$
\boxed{\text{固定資産税評価額　×　倍　率}}
$$

4. 農地の評価

⑴　評価単位

　田および畑の評価は１筆ごとに評価をするのではなく、１枚の農地（耕作している１区画の農地）ごとに評価することになっています。

⑵　評価区分と評価方式

　農地の評価は、農地を次の４つに分類し、その区分に従って、次の評価方式により評価します。

① 　純農地……倍率方式

② 　中間農地……倍率方式

③ 　市街地周辺農地……宅地比準方式または倍率方式

④ 　市街地農地……宅地比準方式または倍率方式

⑶　純農地および中間農地

　倍率方式により評価します。

⑷　市街地周辺農地

　市街地農地であるとした場合の評価額に80％を乗じて計算した価額によって評価します。

⑸　市街地農地

　市街地農地は、その農地が宅地であるとした場合の価額から農地を宅地に転用するために係る造成費を控除して評価します。

$$
\left(\begin{array}{l} \text{その農地が宅地であるとした} \\ \text{場合の価額（１㎡当たり）} \end{array} - \text{造成費（１㎡当たり）} \right) \times \text{面　積}
$$

　なお、倍率方式で評価する地域もあるので、注意が必要です。

5. その他の土地

　その他の土地は、現況の地目ごとに倍率方式、または宅地比準方式により評価します。

18 宅地や家屋を貸している場合の評価

> **POINT**　宅地や家屋を貸している場合の宅地の評価額は、自用地としての評価額から一定の価額を控除して評価します。

1. 貸宅地

借地権の設定されている宅地（貸宅地）の評価額は、その宅地の自用地（自ら使用している土地）としての評価額から借地権の評価額を控除して評価します。

> 自用地評価額×（1−借地権割合）

2. 借地権

建物の所有を目的として宅地を賃借する権利（借地権）の評価額は、その宅地の自用地としての評価額にその宅地に係る借地権割合を乗じて計算した金額によって評価します。

> 自用地評価額×借地権割合

3. 貸家建付地

貸家の敷地として利用されている宅地（貸家建付地）の評価額は、その宅地の自用地としての評価額から、その自用地としての評価額にその宅地に係る借地権割合と、その貸家に係る借家権割合および賃貸割合を乗じた価額を控除して評価します。

> 自用地評価額×（1−借地権割合×借家権割合×賃貸割合）

[計算例]

賃貸アパートの敷地の評価

地積：300㎡、路線価：40万円、借地権割合：60％、借家権割合：30％、賃貸割合：100％

① 自用地評価額　　　300㎡×40万円＝1億2,000万円

② 貸家建付地　　　　1億2,000万円×（1−0.6×0.3×100％）＝9,840万円

　　なお、賃貸割合とは、課税時期に現実に貸し付けられている部分の割合をいい、次の算式により求めます。

$$賃貸割合 = \frac{（A）のうち課税時期において賃貸されている各独立部分の床面積の合計}{その家屋の各独立部分の床面積の合計（A）}$$

　　ただし、一時的な空室については、賃貸されているものとして、分子に含めて差し支えありません。

4.　定期借地権の設定されている宅地（底地）

　　定期借地権の設定されている宅地（底地）の評価額は、原則として、自用地としての評価額から設定されている定期借地権の価額を控除して評価します。

$$自用地評価額 - 定期借地権の価額$$

　　ただし、原則により評価した価額より、自用地評価額に次の割合を乗じて計算した金額を自用地価額から控除した金額のほうが低い場合は、その低い金額で評価します。

$$自用地評価額 × 一定割合^※$$

※残存期間が15年を超える場合は80％、その他残存期間に応じて85％、90％、95％となります。

　　なお、一般定期借地権の設定されている宅地は、自用地評価額から一定の方法で計算した一般定期借地権の価額を控除して計算します。

5.　定期借地権

①　原則法……定期借地権の評価額は、相続開始日において借地人に帰属する経済的利益とその存続期間を基に評価します。

②　簡便法……定期借地権の評価額は、課税上弊害のない限り、次の算式により計算した金額で評価します。

$$課税時期における自用地評価額 × \frac{経済的利益の額}{設定時の時価（定期借地権割合）} × 逓減率$$

6.　使用貸借

　　無償で宅地の貸借（使用貸借）が行われた場合の宅地の評価は、その宅地の使用貸借に係る使用権の価額はゼロです。したがって、使用貸借により貸し付けている宅地の評価額は、自用地としての評価額となります。

19 小規模宅地等の課税価格の計算の特例

POINT

被相続人等が事業用または居住用に供していた宅地等のうち一定のもの（200㎡または330㎡、400㎡まで）について、宅地等の評価額を50%または80%減額する特例です。

1. 対象宅地等

被相続人等（被相続人または被相続人と生計を一にしていた被相続人の親族をいう）の事業（不動産貸付業や駐車場業を含む）の用、もしくは居住の用に供されていた宅地等で建物や構築物の敷地の用に供されるもののうち一定の部分について、納税者が選択した宅地等に適用されます。

計算例

(1)自宅の敷地を配偶者が取得（400㎡、自用地評価額1億2,000万円）

$$1億2,000万円 - 1億2,000万円 \times \frac{330㎡}{400㎡} \times 80\% = 4,080万円$$

(2)アパートの敷地（400㎡、貸家建付地評価額9,840万円）

$$9,840万円 - 9,840万円 \times \frac{200㎡}{400㎡} \times 50\% = 7,380万円$$

2. 手続

この特例の適用を受けるためには、相続税の申告期限までに、特例の対象となる宅地等について、遺言や遺産分割により取得者が確定していることが必要です。ただし、遺産の全部または一部が未分割のため、申告時に「申告期限後3年以内の分割見込書」を提出し、その後、相続税の申告期限から3年以内に特例の対象となる宅地等の取得者が確定した場合は、この特例を受けて、納めた相続税を返還してもらうことができます。なお、この特例については、税額がゼロとなる場合でも相続税の申告が必要となります。

3. 減額割合

前記1および2の要件を満たした宅地等については、表のとおり、50%または80%

の減額割合が適用されます。

小規模宅地等の対象面積および減額割合

区分	相続開始直前の状況	要　件		対象面積および減額割合
事業用	被相続人の事業用（不動産貸付を除く）	【特定事業用宅地等】 ・申告期限までに親族が取得し、申告期限までその事業（相続開始前3年以内に事業を開始した宅地等で一定のものを除く）を営んでいる場合		400㎡まで80%
		その他（例：申告期限前に事業廃止・売却など）		適用なし
	生計一親族の事業用（不動産貸付を除く）	【特定事業用宅地等】 ・申告期限までにその生計一親族が取得し、申告期限までその事業（相続開始前3年以内に事業を開始した宅地等で一定のものを除く）を営んでいる場合		400㎡まで80%
		その他（例：申告期限前に事業廃止・売却など）		適用なし
居住用	被相続人の居住用	【特定居住用宅地等】 ・配偶者が取得した場合（居住廃止・売却しても可） ・同居親族が取得し、申告期限まで引き続き居住し、かつ保有している場合 ・配偶者または同居相続人がいない場合において、その宅地等を取得した親族が、相続開始前3年以内に国内にあるその者またはその者の配偶者・3親等内親族等所有の家屋に居住したことがなく、かつ、申告期限まで引き続きその宅地等を保有している場合		330㎡まで80%
		その他（例：同居親族が申告期限前に居住廃止・売却など）		適用なし
	生計一親族の居住用	【特定居住用宅地等】 ・生計一親族が取得し、申告期限まで引き続き居住し、かつ保有している場合		330㎡まで80%
		その他（例：生計一親族が申告期限前に居住廃止・売却など）		適用なし
同族会社の事業用（不動産貸付を除く）		【特定同族会社事業用宅地等】 ・被相続人等の持株割合が50%超の同族会社の事業用宅地等を、申告期限までに親族（申告期限において役員であるものに限る）が取得し、その同族会社が申告期限まで事業を営んでいる場合		400㎡まで80%
		【貸付事業用宅地等】 上記には該当しないが同族会社への賃貸は継続 （例：取得した親族が役員に就任しないなど）		200㎡まで50%
		その他（例：申告期限前に売却など）		適用なし
不動産貸付用	被相続人の貸付用	【貸付事業用宅地等】 ・申告期限までに親族が取得し、申告期限までその貸付事業（相続開始前3年以内に貸付を開始した宅地等を除く）を営んでいる場合		200㎡まで50%
		その他（例：申告期限前に貸付事業廃止・売却など）		適用なし
	生計一親族の貸付用	【貸付事業用宅地等】 ・申告期限までにその生計一親族が取得し、申告期限までその貸付事業を営んでいる場合		200㎡まで50%
		その他（例：申告期限前に貸付事業廃止・売却など）		適用なし

※旧郵政公社に貸し付けられていた特定郵便局の敷地のうち一定のものは、特定事業用宅地等に該当するものとして取り扱われます。

※一棟の建物が居住用、事業用、貸付用、その他複数の用途に供されている場合、その建物の敷地については利用区分ごとに上記適否を判定します。

※相続人が共同で居住用、事業用、貸付用の宅地等を相続した場合、その建物の敷地については取得者ごとに上記適否を判定します。

※特定居住用宅地等は、主として居住の用に供されていた一の宅地等に限られます。

※特定居住用宅地等について、被相続人が老人ホームに入所していた場合でも①要介護認定・要支援認定などを受けており、②事業用または他の者の居住用でないときは適用が受けられます。

4. 節税対策防止のための改正

① 特定居住用宅地等（2018年度税制改正）

　配偶者または同居親族がいない場合、2018年4月1日以後に開始した相続については、特例対象者の範囲から、次に掲げる者を除外することとされました。

イ．相続開始前3年以内に、その者の3親等内の親族またはその者と特別の関係のある法人が所有する国内にある家屋に居住したことがある者

ロ．相続開始時において居住の用に供していた家屋を過去に所有していたことがある者

② 貸付事業用宅地等（2018年度税制改正）

　2018年4月1日以後に開始した相続については、貸付事業用宅地等の範囲から、相続開始前3年以内に貸付事業の用に供された宅地等を除外することとされました。ただし、次のいずれかに該当するものは除外対象とならず、適用が受けられます。

イ．相続開始前3年を超えて事業的規模で貸付事業を行っている者がその貸付事業の用に供している宅地等

ロ．2018年3月31日以前から貸付事業の用に供されている宅地等

③ 特定事業用宅地等（2019年度税制改正）

　2019年4月1日以後の相続については、特定事業用宅地等の範囲から、相続開始前3年以内に事業の用に供された宅地等を除外することとされました。ただし、次のいずれかに該当するものは除外対象とならず、適用が受けられます。

イ．2019年3月31日以前から事業の用に供されている宅地等

ロ．その宅地等の上で事業の用に供されている減価償却資産の価額が、その宅地等の相続時の価額の15％以上である場合

　また、2019年度に新設された「個人事業者の事業用資産に係る相続税の納税猶予」の適用を受ける場合には、特定事業用宅地等について小規模宅地等の課税価格の計算の特例の適用を受けることができないこととされました。

医業継続のための相続税の納税猶予制度

POINT

「持分の定めのある医療法人（認定医療法人）の出資持分」を相続等により取得した場合にその出資持分に対応する相続税額について、一定の場合にはその納税が猶予され、出資持分のすべてを放棄した場合には猶予税額が免除されます。

1. 相 続 税

⑴ 概　　要

　相続人が「持分の定めのある医療法人の出資持分」を相続または遺贈により取得した場合において、その医療法人が相続税の申告期限において認定医療法人であるときは、担保の提供を条件に、当該相続人が納付すべき相続税額のうち、当該認定医療法人の持分に係る課税価格に対応する相続税額については、移行計画の期間満了までその納税が猶予され、移行期間内に当該相続人が持分のすべてを放棄した場合には、猶予税額が免除されます。

　なお、認定医療法人とは、良質な医療を提供する体制の確立を図るための医療法等の一部を改正する法律に規定される移行計画について、2026年12月31日までに厚生労働大臣の認定を受けた医療法人をいいます。

⑵ 猶予税額の計算

① 　通常の相続税額の計算を行い、出資持分を取得した相続人の相続税額を算出します。

② 　出資持分を取得した相続人以外の者の取得財産は不変としたうえで、当該相続人が出資持分のみを相続したものとして相続税額の計算を行い、当該相続人の相続税額を算出し、その金額を猶予税額とします。

③ 　上記①の相続税額から上記②の猶予税額を控除した金額を、出資持分を取得した相続人の納付税額とします。

⑶ 猶予税額の納付

　移行期間内に持分の定めのない医療法人に移行しなかった場合、または認定の取消し、出資持分の払戻し等の事由が生じた場合には、猶予税額を納付します。また、基金拠出型医療法人に移行した場合には、出資持分のうち基金として拠出した部分に対

応する猶予税額についても納付します。

(4)　利子税の納付

　上記(3)により猶予税額の全部または一部を納付する場合には、相続税の申告期限からの期間に係る利子税を併せて納付することになります。

(5)　税額控除

　相続の開始から相続税の申告期限までの間に、出資持分のすべてを放棄した場合には、納税猶予は適用せず、前記(2)の計算により算出される猶予税額に相当する金額（基金として拠出した部分に対応する金額を除く）を、相続人の納付すべき相続税額から控除します。

(6)　適用時期

　2014年10月1日以後の相続または遺贈に係る相続について適用します。

2.　贈　与　税

(1)　概　　要

　持分の定めのある医療法人の出資者が出資持分を放棄したことにより、他の出資者の出資持分の価額が増加することについて、その増加額（経済的利益）に相当する額は贈与を受けたものとみなし、当該他の出資者に贈与税が課されます。この場合において、その医療法人が認定医療法人であるときは、担保の提供を条件に、当該他の出資者が納付すべき贈与税額のうち、当該経済的利益に係る課税価格に対応する贈与税額については、移行計画の期間満了までその納税が猶予され、移行期間内に当該他の出資者が出資持分のすべてを放棄した場合には、猶予税額が免除されます。

(2)　猶予税額の計算

①　上記(1)の経済的利益およびそれ以外の受贈財産について通常の贈与税額を算出します。

②　上記(1)の経済的利益のみについて贈与税額を算出し、その金額を猶予税額とします。

③　上記①の贈与税額から上記②の猶予税額を控除した金額を納付税額とします。

(3)　猶予税額の納付、利子税の納付および税額控除については、相続税と同様です。

(4)　適用時期

　2014年10月1日以後のみなし贈与に係る贈与について適用します。

個人事業者の事業用資産に係る相続税・贈与税の納税猶予

POINT

2019年度の税制改正で、個人事業者についても10年間の時限措置として事業承継税制が創設されました。これにより個人事業用の一定の資産に係る相続税については100%納税が猶予されます。

1. 相続税

(1) 概要

認定相続人が、2019年1月1日から2028年12月31日までの間に、相続等により特定事業用資産を取得し、事業を継続していく場合には、担保の提供を条件に、その認定相続人が納付すべき相続税額のうち、相続等により取得した特定事業用資産の課税価格に対応する相続税の全額について、その認定相続人の死亡の日等までその納税が猶予されます。

イ．「認定相続人」とは、承継計画に記載された後継者であって、中小企業における経営の承継の円滑化に関する法律の規定による認定を受けた者をいいます。

ロ．「特定事業用資産」とは、被相続人の事業（不動産貸付事業等を除く。以下同じ）の用に供されていた土地（面積400㎡までの部分に限る）、建物（床面積800㎡までの部分に限る）および建物以外の減価償却資産（固定資産税または営業用として自動車税もしくは軽自動車税の課税対象となっているものその他これらに準ずるものに限る）で青色申告書に添付される貸借対照表に計上されているものをいいます。なお、2021年度の税制改正により、事業用の乗用車（取得価額500万円以下の部分）が追加されました。

ハ．「承継計画」とは、認定経営革新等支援機関の指導および助言を受けて作成された特定事業用資産の承継前後の経営見通し等が記載された計画であって、2019年4月1日から2026年3月31日までの間に都道府県に提出されたものをいいます。

(2) 猶予税額および納付税額の計算

認定相続人以外の相続人の取得した財産は不変としたうえで、認定相続人の猶予税額および納付税額は次の算式により計算します。

① 特例を適用しない相続税額

通常どおり計算した相続税の総額のうち、認定相続人の課税価格に対応する相

続税額

② 猶予税額

　　認定相続人等以外の相続人等の取得財産は不変としたうえで、認定相続人が取得した財産が特定事業用資産のみであると仮定して計算した相続税の総額のうち、特定事業用資産から債務の額（住宅ローンや教育ローンなど明らかに事業用でない債務を除く）を控除した額に対応する相続税額

③ 納付税額

　　①－②＝認定相続人が申告期限までに納付する相続税額

(3) **猶予税額の免除**

① 全額免除

次の場合には、猶予税額の全額が免除されます。

イ．認定相続人が、その死亡の時まで、特定事業用資産を保有し、事業を継続した場合

ロ．認定相続人が一定の身体障害等に該当した場合

ハ．認定相続人について破産手続開始の決定があった場合

ニ．相続税の申告期限から5年経過後に、次の後継者へ特定事業用資産を贈与し、その後継者がその特定事業用資産について贈与税の納税猶予制度（後述）の適用を受ける場合

② 一部免除

　　次の場合には、非上場株式等についての相続税の納税猶予制度の特例に準じて、猶予税額の一部が免除されます。

イ．同族関係者以外の者へ特定事業用資産を一括して譲渡する場合

ロ．民事再生計画の認可決定等があった場合

ハ．経営環境の変化を示す一定の要件を満たす場合において、特定事業用資産の一括譲渡または特定事業用資産に係る事業の廃止をするとき

なお、上記①ハまたは②の場合には、過去5年間に認定相続人の青色事業専従者に支払われた給与等で、必要経費として認められない額は免除されません。

(4) **猶予税額の納付**

① 認定相続人が、特定事業用資産に係る事業を廃止した場合等には、猶予税額の全額を納付します。

② 認定相続人が、特定事業用資産の譲渡等をした場合には、その譲渡等をした部分に対応する猶予税額を納付します。

(5) **利子税の納付**

前記(4)により、猶予税額の全部または一部を納付する場合には、その納付税額について相続税の法定申告期限からの利子税を併せて納付します。

⑹　その　他
　　①　被相続人は相続開始前において、認定相続人は相続開始後において、それぞれ青色申告の承認を受けていなければなりません。
　　②　認定相続人は、相続税の申告期限から３年ごとに継続届出書を税務署長に提出しなければなりません。
　　③　認定相続人が、相続税の申告期限から５年経過後に特定事業用資産を現物出資し、会社を設立した場合には、当該認定相続人が当該会社の株式等を保有していることその他一定の要件を満たすときは、納税猶予を継続します。
　　④　この納税猶予の適用を受ける場合には、特定事業用宅地等について小規模宅地等についての相続税の課税価格の計算の特例の適用を受けることができません。

2.　贈　与　税

⑴　概　　要
　　認定受贈者（18歳（2022年３月31日以前の贈与については20歳）以上である者に限る。以下同じ）が、2019年１月１日から2028年12月31日までの間に、贈与により特定事業用資産を取得し、事業を継続していく場合には、担保の提供を条件に、その認定受贈者が納付すべき贈与税額のうち、贈与により取得した特定事業用資産の課税価格に対応する贈与税の全額が納税を猶予されます。
⑵　その　他
　　①　認定受贈者が贈与者の直系卑属である推定相続人以外の者であっても、その贈与者がその年１月１日において60歳以上である場合には、相続時精算課税の適用を受けることができます。
　　②　猶予税額の納付、免除等については、相続税の納税猶予制度と同様です。
　　③　贈与者の死亡時には、特定事業用資産（既に納付した猶予税額に対応する部分を除く）をその贈与者から相続等により取得したものとみなし、贈与時の時価により他の相続財産と合算して相続税を計算します。その際、都道府県の確認を受けた場合には、前述の相続税の納税猶予の適用を受けることができます。

Ⅱ　相続・贈与に関する税金

その他の財産の評価

家屋は固定資産税評価額で評価します。金融資産の評価の基本は時価です。

1. 家　　屋

⑴　自用家屋（自ら使用している家屋）

家屋を1棟ごとに、その家屋に付されている固定資産税評価額で評価します。

> 固定資産税評価額×1.0

⑵　貸　　家

家屋を賃貸している場合は、自用家屋の評価額から借家権の価額を控除します。

> 自用家屋の評価額×（1－借家権割合×賃貸割合）

2. 預 貯 金

⑴　普通預金等

普通預金やゆうちょ銀行の通常貯金などは、相続開始日における預金通帳の残高が評価額となります。

> 預入残高

⑵　定期預金等

定期預金やゆうちょ銀行の定額貯金などは、預入残高に相続開始日までの解約利率により計算した利子（源泉税額控除後）を加算して評価します。

> 預入残高 ＋（相続開始日までの利子の金額 － 利子に対する源泉税額）

3.　上場株式

　上場株式は、証券取引所で取引されている取引価格を基にして、次の4つの価額のうち最も低い価額によって評価します。

$$\left.\begin{array}{l}\text{相続開始日の終値}\\\text{相続開始月の毎日の終値の平均}\\\text{相続開始月の前月の毎日の終値の平均}\\\text{相続開始月の前々月の毎日の終値の平均}\end{array}\right\}\text{最低価額}$$

4.　公　社　債

(1)　利付公社債

　① 　上場・基準気配銘柄

　　市場価額を基に評価します。

$$\left(\text{最終価額}+\begin{array}{l}\text{課税時期における源泉所得税相}\\\text{当額控除後の既経過利息の額}\end{array}\right)\times\frac{\text{券面額}}{100\text{円}}$$

　② 　①以外

　　発行価額を基に評価します。

$$\left(\text{発行価額}+\begin{array}{l}\text{課税時期における源泉所得税相}\\\text{当額控除後の既経過利息の額}\end{array}\right)\times\frac{\text{券面額}}{100\text{円}}$$

(2)　割引公社債

　① 　上場・基準気配銘柄

　　市場価額を基に評価します。

$$\text{市場価額}\times\frac{\text{公社債の券面額}}{100\text{円}}$$

　② 　①以外

　　発行価額を基に評価します。

$$\left(\text{発行価額}+\left\{(\text{券面額}-\text{発行価額})\times\frac{\text{発行日から課税時期までの日数}}{\text{発行日から償還期限までの日数}}\right\}\right)\times\frac{\text{券面額}}{100\text{円}}$$

(3) 転換社債

転換社債は、利付公社債と同様の評価をします。ただし、発行会社の株式の価額が転換価格を超える場合は、株価を基に評価します。

> (1) 原 則
>   利付公社債の評価額
> (2) 発行会社の株式の価額＞転換価格
>   株式の価額 × $\dfrac{100円}{その転換社債の転換価格}$

5. 貸付信託の受益証券

貸付信託の受益証券は、受託者（信託銀行）が相続開始日において受益者（投資家）から買い取る場合の、その買取価額で評価します。

> 元本の額＋（既経過収益の額－既経過収益に対する源泉課税額）－買取割引料

6. 証券投資信託の受益証券

証券投資信託の受益証券は、相続開始日における基準価額を基に、次の区分に従って評価します。

(1) 日々決算型のもの（MMF 等）

> $\dfrac{1口当たりの}{基準価額}$ × 口数 ＋ 再投資されていない未収分配金① － ①につき源泉徴収されるべき所得税の額に相当する金額 － 信託財産留保額および解約手数料

(2) 上場されている株式投資信託

> 上場株式に準じて評価

(3) その他

> $\left(\dfrac{1口当たりの}{基準価額①} － ①につき源泉徴収されるべき所得税の額に相当する金額 － 信託財産留保額および解約手数料\right)$ × 口数

7. ゴルフ会員権

ゴルフ会員権は、その内容や形態により評価方式が区分されていますが、取引相場のあるゴルフ会員権の評価については取引価額の70％相当額で評価します。

> 通常の取引価額×70％＋取引価格に含まれない預託金等

8. 配偶者居住権等の評価額

2020年4月1日以後の相続から、配偶者居住権等の評価が新設されました。

(1)　配偶者居住権

$$\text{建物の相続税評価額} - \text{建物の相続税評価額} \times \frac{(\text{残存耐用年数} - \text{存続年数})}{\text{残存耐用年数}} \times \text{存続年数に応じた民法の法定利率による複利現価率}$$

※「残存耐用年数」とは、居住建物の所得税法に基づいて定められている耐用年数（住宅用）に1.5を乗じて計算した年数から居住建物の築後経過年数を控除した年数をいいます。
※「存続年数」とは、次に掲げる場合の区分に応じそれぞれ次に定める年数をいいます。
　イ　配偶者居住権の存続期間が配偶者の終身の間である場合：配偶者の平均余命年数
　ロ　イ以外の場合：遺産分割協議等により定められた配偶者居住権の存続期間の年数（配偶者の平均余命年数を上限）
※残存耐用年数または残存耐用年数から存続年数を控除した年数がゼロ以下となる場合には、上記計算式の「（残存耐用年数－存続年数）／残存耐用年数」は、ゼロとします。

(2)　配偶者居住権が設定された建物（以下、「居住建物」）の所有権

$$\text{建物の相続税評価額} - \text{配偶者居住権の価額（上記(1)）}$$

(3)　配偶者居住権に基づく居住建物の敷地の利用に関する権利（以下、「居住建物敷地利用権」）

$$\text{土地の相続税評価額} - \text{土地の相続税評価額} \times \text{存続年数に応じた民法の法定利率による複利現価率}$$

(4)　居住建物の敷地の所有権等

$$\text{土地の相続税評価額} - \text{居住建物敷地利用権の価額（上記(3)）}$$

9. 居住用の区分所有財産の評価方法の見直し

　2024年1月1日以後に相続、遺贈または贈与により取得した「居住用の区分所有財産」（いわゆる分譲マンション）の価額は、新たに定められた個別通達により評価します。これにより、いわゆる「タワマン節税」の効果が薄れることになりました。

　また、貸家や貸家建付地の評価、小規模宅地等の特例については、この個別通達適用後の価額を基に行います。

　ただし、次のいずれかに該当するものについては、この個別通達の適用はありません。

　・構造上、主として居住用以外のもの（事業用のテナント物件など）
　・区分建物の登記がされていないもの（一棟所有の賃貸マンションなど）
　・地階（登記簿上、「地下」と記載されているもの。以下同じ）を除く総階数が2以下のもの（総階数2以下の低層の集合住宅など）
　・一棟の区分所有建物に存する居住の用に供する専有部分一室の数が3以下であっ

て、その全てを区分所有者またはその親族の居住の用に供するもの（いわゆる二世帯住宅など）

・たな卸商品等に該当するもの

(注) 借地権付分譲マンションの敷地の用に供されている「貸宅地（底地）」の評価をする場合などにも、この個別通達の適用はありません。

新たな評価方法の概要は、次の通りです。

(1) **評価乖離率を求める**

$$評価乖離率 = A + B + C + D + 3.220$$

上記算式中の「A」「B」「C」および「D」は、それぞれ次によります。

「A」＝一棟の区分所有建物の築年数※×△0.033

※建築の時から課税時期までの期間（1年未満の端数は1年）

「B」＝一棟の区分所有建物の総階数指数※×0.239（小数点以下第4位切捨て）

※総階数（地階を含まない）を33で除した値（小数点以下第4位切捨て、1を超える場合は1）

「C」＝一室の区分所有権等に係る専有部分の所在階※×0.018

※専有部分がその一棟の区分所有建物の複数階にまたがる場合（いわゆるメゾネットタイプの場合）には、階数が低い方の階

なお、専有部分の所在階が地階である場合には、零階とし、Cの値は零

「D」＝一室の区分所有権等に係る敷地持分狭小度※×△1.195（小数点以下第4位を切上げ）

※敷地利用権の面積÷専有部分の面積（床面積）＝敷地持分狭小度（小数点以下第4位を切上げ）

(2) **評価水準を求める**

$$評価水準（評価乖離率の逆数）= 1 \div 評価乖離率$$

(3) **区分所有補正率を求める**

区　分	区分所有補正率
評価水準＜0.6	評価乖離率×0.6
0.6≦評価水準≦1	補正なし（従来の評価額で評価）
1＜評価水準	評価乖離率

(4) **評価額を求める**

$$区分所有財産（マンション）一室の評価額 = ① + ②$$

① 建物（区分所有権）の価額（固定資産税評価額×1.0×区分所有補正率）

② 敷地（敷地利用権）の価額（敷地全体の価額×共有持分割合×区分所有補正率）

計算例　甲氏は2024年 8 月29日に死亡しました。その甲氏が所有していた以下の財産について、相続税評価額を求めなさい（復興特別所得税は考慮しないものとする）。

(1)　家　　　屋

　固定資産税評価額：530万円、借家権割合：30％、賃貸割合：100％

　この家屋は賃貸契約により、他人Ａに貸し付けています。

　〈解答〉　　530万円×1.0×（ 1 −0.3×100％）＝371万円

(2)　定期預金

　　預入金額　　　1,500万円

　　死亡日までの解約利率による利子　15万円

　　利子に対する源泉税の税率　　　20％

　〈解答〉　　1,500万円＋15万円×（ 1 −0.2）＝1,512万円

(3)　Ｂ社株式（東京証券取引所プライム上場）

　　所有株式数　　　12,000株

　　2023年 8 月29日の終値　　　　　　850円

　　2023年 8 月の毎日の終値の平均額　830円

　　2023年 7 月の毎日の終値の平均額　870円

　　2023年 6 月の毎日の終値の平均額　900円

　〈解答〉　　830円×12,000株＝996万円

(4)　割引国債

　　券面金額　　　　　500万円

　　発行価額　　　　　　95円（100円当たり）

　　発行日から死亡日までの日数　　292日

　　発行日から償還日までの日数　　365日

　　市場価額　　　　　101円（100円当たり）

　〈解答〉

$$101円×\frac{500万円}{100円}＝505万円$$

(5)　貸付信託の受益証券

　　元本の額　　　　　200万円

　　既経過収益の額　　　60万円

　　既経過収益の額に対する源泉徴収税額　　12万円

　　買取割引料　　　2 万円

　〈解答〉　　200万円＋（60万円−12万円）− 2 万円＝246万円

相続と遺言

POINT　推定相続人が複数存在し、財産の分割がむずかしいと思われる場合は、推定される相続人同士の仲がよくても、元気なうちに遺言を書くことをおすすめします。また、遺言にはいくつか種類がありますが、専門家である公証人が作成する公正証書遺言とするのがよいでしょう。

1. 遺言のすすめ

　推定される相続人が「配偶者と子供1人」というような場合、遺産分割でトラブルになるということはあまりありませんが、子供が2人以上いてそれなりの財産がある場合は、兄弟の仲がよくても元気なうちに遺言を書いておくことをおすすめします。

　一家の大黒柱を失って助け合うべき兄弟が、弁護士を入れて裁判をするというケースもあります。また、「遺言があれば、違った結果になったのに……」ということがよくあります。「相続」が「争族」にならないようにしたいものです。

　遺言があれば、遺言に従って分割する、または遺言をベースに相続人の協議により分割することができます。

　特に、次のような場合は、必ず遺言を書いたほうがよいでしょう。

(1) 法定相続人以外の人に財産を遺贈したい場合

　遺言を残していない場合、相続財産は法定相続人以外の人に渡りません。たとえば、息子の嫁、娘婿、内縁の妻に財産を渡したくても、法律上は遺言がないと財産を渡せません。また、相続人がいない場合は、遺言がないと国のものになってしまいます。

(2) 特定の相続人に特定の相続財産をわたしたい場合

　たとえば、配偶者に自宅を渡したいとか、同族会社Aの株をA社の代表取締役である長男にわたしたいとか、アパートは長女と次女に渡したいというような場合には、遺言に書いておきます。

(3) 特定の相続人の相続分を他の相続人よりも多くしたい、または少なくしたい場合

　たとえば、長男は家を継いで親の面倒をよくみてくれたから余分に財産を渡したい場合や、長女は独身で病弱だから余分に財産を渡したいというような場合は、遺言に書いておきます。また、子供や父母がいない夫婦の夫が、マイホームのローン返済がやっと終わったというときに、遺言をせずに亡くなった場合には、夫の兄弟姉妹に4

分の1の相続分を要求されることも考えられるので、遺言は書いたほうがよいでしょう。

2. 遺言の種類

遺言には大きく分けて、普通方式の遺言と特別方式の遺言の2種類があります。特別方式の遺言は、死亡が危急に迫っているなどの普通方式の遺言ができない場合の遺言です。

普通方式の遺言には、次の3種類がありますが、遺言には法律的に厳格な要件が定められており、国の公的機関であり専門家である公証人に作成・保管してもらう公正証書遺言とすることをおすすめします。

① 自筆証書遺言……遺言者が、遺言の本文、日付、氏名を自筆で書き押印します。従来は、全文の自書が要件となっていましたが、民法改正により財産目録については自書しなくてもよくなり（2019年1月13日から）、また、法務局における補完制度（2020年7月10日から）も創設され、自筆証書遺言がさらに手軽で利用しやすくなりました。その半面、遺言作成の厳格な要件を満たしてないために法律的に無効となる可能性があります。

② 公正証書遺言……遺言者が、公証人に遺言の内容を口授して作成してもらい、署名押印して、公証人役場に原本を保管してもらいます。この方式は、費用がかかり、証人2人以上が立ち会うため内容を秘密にできませんが、専門家が作成し保管するため正確で安全です。

③ 秘密証書遺言……遺言者が、自筆証書遺言と同じような方式で遺言書を書き封筒に入れ封印し、公証人に証明してもらいます。自筆、作成日の記載は必要はないですが、なるべく自筆証書遺言の要件も満たすほうがよいでしょう。この方式は遺言の内容を秘密にしたまま確実な保管ができます。

Ⅱ 相続・贈与に関する税金

24 納税資金計画

POINT　まず、現状での相続税の概算を計算して、現状の財産で相続税を納税した場合に、次の世代に残したい財産が残せるかを検討してみましょう。

1. 納税資金計画のすすめ

　資産家は、相続があった場合に多額の相続税を国に納めなければなりません。

　ということは、相続税がかかるほどの財産がある人は、国に潜在的な借金をしていることと変わらないとも考えられます。借金をする場合には返済計画を立てるように、早めに相続税の納税資金計画を立ててみてはいかがでしょうか。

　まず、現状での財産で相続税を計算してみます。正確な計算は必要ありません。あくまでも目安の計算です。細かいことは無視して大まかに計算します。思ったより多額であったり、思ったより少額であったりするはずです。

　次に、算定した相続税額を現状の財産から納税する際に、①金銭で納められるかどうか、②延納（分割払い）した場合に、毎年の分納税額が納められるかどうか、③土地を売却して納めるような場合は、どこの土地がいくらくらいで売れそうか、④物納する場合は、どこの土地が物納できるかなどを検討してみます。また、⑤次の世代に残したい財産が納税後に残せるかどうかを検討してみます。

　このように、現状を分析するだけでもいろいろなことがわかってきます。

2. 納税が困難な場合など

　多額の相続税がかかる人は、土地の評価額が高い人か、オーナー会社の株式の評価額が高い人が多いようです。

　土地の評価額が高く多額の相続税がかかる人は、それに見合うような納税に充てられる現預金や上場株式を持っていないケースが多く、①土地を売却して納税するか、②土地そのもので物納するか、ということになります。

　土地を売却し納税を考える場合に、たいへんやっかいなものが貸地です。評価が高い割に売却がむずかしく、借主に買ってもらうにも借主も資金的に買えない、また、立ち退いてもらうにも多額の立退料を請求されるなどということがあります。対策としては、早めに①底地と借地権との交換をして完全な所有権とする、②地主と借地人が一緒に共同ビルを建てて有効活用する、③地主と借地人が一緒に土地を売却するなど、権利関係をすっきりさせたほうがよいでしょう。

　また、土地の物納を考える場合は、物納不適格財産は物納できません。物納できる財産に替えられないか（不適格要素を解消できないか）検討してみましょう。

　オーナー会社の株式の評価額が高く、多額の相続税がかかる人の場合は、オーナー会社の株式は簡単に売却するわけにもいかず、また、物納も非常にむずかしくなります。対策としては、会社からの死亡退職金の支給や、相続後の自社株の会社への売却、延納等を検討してみましょう。

　また、オーナー会社の株式を次の世代に贈与、または譲渡しておくことも併せて検討してみましょう。

3. 納税資金計画の次に

　ある程度、納税資金の計画が立ったら、次に遺産分割について考えます。推定される相続人が配偶者と子供１人という場合は、分割でトラブルになることはないでしょうが、子供が２人以上いるような場合は元気なうちに遺言を書いておきましょう。

4. 有効活用

　土地の有効活用は、納税資金計画や財産の分割対象とからめて考える必要があります。将来、物納しようとする土地に自宅を建てても無駄になってしまいます。実際にどうするかは、そのときの事情により変わることもありますが、計画性をもって一応の目安を立てることが非常に重要です。

25 贈与の活用

POINT　生前贈与は、できるだけ多くの子に、長期間にわたって行うことにより、税額軽減額も大きくなります。

1. 生前贈与のすすめ

　相続税と贈与税は、一般的に贈与税のほうが税率は高いといわれています。しかし、贈与は計画的に、何人でも、何度でもできますので、うまく活用すれば相続税よりも少ない税金で次の世代に財産を移すことができます。

　たとえば、夫が亡くなり（一次相続）相続人が配偶者と子供2人で課税財産が5億円の場合、配偶者が2分の1を相続すると、納める相続税は6,555万円になり、配偶者の相続（二次相続）の場合、納める相続税は4,920万円になり、合計すると1億1,475万円となります。

　この条件で、夫が10年間2人に110万円ずつ贈与した場合と、250万円ずつ贈与した場合の税額軽減額は、次のように計算されます。

⑴　子供2人に110万円ずつ10年間贈与

① 110万円にかかる贈与税は0円ですので、10年間に納める贈与税は0円となります。
② 当初5億円の課税財産が4億7,800万円（相続開始前7年以内の贈与はないものとする）となります。
　　5億円 −（110万円 × 2人 × 10年間）= 4億7,800万円
③ 一次相続で配偶者が2分の1を相続すると、納める相続税は6,087.5万円になり、二次相続で納める相続税は4,510万円になり、合計すると1億597.5万円となります。
④ 納める贈与税・相続税の合計は1億597.5万円となります。
⑤ 税額軽減額は877.5万円となります。
　　贈与前1億1,475万円 − 贈与後1億597.5万円 = 877.5万円

⑵　**子供 2 人に250万円ずつ10年間贈与**

---

① 　250万円にかかる贈与税は14万円ですので、10年間に納める贈与税は280万円となります。

　　（14万円× 2 人）×10年間＝280万円

② 　当初 5 億円の課税財産が 4 億5,000万円（相続開始前 7 年以内の贈与はないものとする）となります。

　　 5 億円－（250万円× 2 人×10年間）＝ 4 億5,000万円

③ 　一次相続で配偶者が 2 分の 1 を相続すると、納める相続税は5,492.5万円になり、二次相続で納める相続税は4,090万円になり、合計すると9,582.5万円となります。

④ 　納める贈与税・相続税の合計は9,862.5万円となります。

　　贈与税280万円＋相続税9,582.5万円＝9,862.5万円

⑤ 　税額軽減額は1,612.5万円となります。

　　贈与前 1 億1,475万円－贈与後9,862.5万円＝1,612.5万円

---

2. 注 意 点

　贈与税は贈与金額が増えると、急カーブで税率が高くなります。したがって、贈与は①長期間にわたって、②数多くの相手に行うほうが税金は少なく済みます。しかし、90歳を超えた大資産家が 2 人の子供に110万円ずつ贈与しても、大きな税額軽減にはなりません。相続税の税率と贈与税の税率を比較検討しながら早い段階から計画的に行うことが大切です。

　また、配偶者に贈与するよりは、次の世代や孫に贈与したほうが税金の計算上は有利です。配偶者は同世代でしょうから、配偶者の相続の場合には相続税の対象となってしまいます。

　そのほか、あとで税務トラブルとならないよう、土地・株式等の場合にはきちんと名義を換え、金銭での贈与の場合には贈与を受ける人の預金口座へ振り込み、通帳と印鑑は渡しておきます。

　なお、相続開始前 7 年以内の贈与は、相続税の計算に組み込まれます。また、連年贈与にも注意が必要です。

　相続時精算課税制度を選択した場合は、相続開始前 7 年以内の贈与に限らず相続財産に組み込まれるので、前述のような税額軽減効果はありませんでしたが、2023年度税制改正により、2024年以後の贈与については、基礎控除（年間110万円）を控除後の金額が相続財産に組み込まれ、基礎控除分は税額軽減効果が出るようになりました。

26 生命保険の活用

POINT 死亡保険金の非課税枠を有効に活用し、生命保険の内容をよく理解して、ライフプランにあった生命保険に加入しましょう。また、死亡保険金は現金で受け取れますので、遺族の生活保障のほかに、遺産分割の調整に使うことができます。

1. 保険の効果

(1) 生活の保障

　生命保険は一家の大黒柱を失った場合に、遺族の生活保障となります。残された配偶者が子供を抱えて働きに出るのは並大抵のことではありません。特に、小さな子供がいる場合には教育費も見込んでおく必要があります。

　生活保障のために生命保険に加入するという場合には、たとえば子供が大学を卒業するまでの教育費、生活費、配偶者の生涯の生活費などを計算します。また、子供が成長していくとその必要額は年々減ることになります。

　なお、生活保障という意味では、積立預金をしておくのもよいのですが、昨今の金利状況では預金残高の増加を望むことは困難となっています。その点、生命保険は加入した翌日から満額保障が付きます。

(2) 非課税枠の活用

　相続財産として生命保険金を受け取った場合には、「500万円×法定相続人」の非課税限度額があります。つまり、相続人が配偶者と子供2人であれば、1,500万円までは相続税がかかりません。

(3) 納税財源、分割の調整

　生命保険金は相続税の納税資金に活用することができます。なお、納税資金用として生命保険に加入する場合は、保障が生涯続く終身保険とするのがよいでしょう。また、定期的に相続税額の概算を計算し、納税の検討をします。

　なお、生命保険は遺産分割の調整として活用することもできます。たとえば、兄弟で2分の1ずつ遺産を分割しようと思っても、相続財産は種々雑多であり、なかなかうまく分割できないことも多いのですが、生命保険金は現金で受け取れるので、その調整に使うことができます。

2.　生命保険と税金

　　生命保険金を受け取った場合には、保険料の負担者（契約者）と被保険者と受取人との関係から、次のような税金がかかります。

---

①　保険料負担者と被保険者が同じ場合

　　一番よくある被保険者が保険料を負担する保険のタイプで、たとえば夫が死亡した場合、遺族に保険金が支払われる保険に加入して夫が保険料を支払うという形態です。

　　このタイプの場合、遺族が受け取った保険金は、相続財産とみなされて相続税の対象となります（500万円×法定相続人の非課税限度額あり）。

　　なお、生命保険金を指定受取人以外が受け取ると、指定受取人が保険金を実際の受取人に贈与したものとされますので注意が必要です。

②　保険料負担者と受取人が同じ場合

　　保険金の受取人が保険料を負担しているタイプで、たとえば夫が死亡した場合、妻に保険金が支払われる保険に加入して妻が保険料を支払うという形態です。

　　このタイプの場合、妻が受け取った保険金は所得税、住民税の対象になり、一時所得として、保険金から保険料と特別控除（50万円）を控除した2分の1に税金がかかります。相続税の税率が高い場合には、この一時所得の課税のほうが有利になります。

③　上記①、②以外

　　保険金の受取人以外の人が保険料を負担しているタイプで、たとえば夫が死亡した場合、子供に保険金が支払われる保険に加入して妻が保険料を支払うという形態です。

　　このタイプの場合、子供が受け取った保険金は贈与税の対象になります。

---

27 ▶ 土地の有効活用

POINT

土地の有効活用は、まず土地を次の世代に残したい土地、納税財源とする土地、有効活用して収益を生み出す土地の3種類に分けて整理します。それから、有効活用する土地について、どのような活用をしていくかを検討します。

1. 相続対策の手順

　相続対策を考える場合には、まず財産を評価して相続税を試算します。次に①納税財源の検討、②分割対策（遺言など）、③有効活用や税額軽減対策の順で検討します。

　土地の有効活用をする場合には、納税財源の検討と分割対策を踏まえて、次の世代に残したい土地、納税財源とする土地、有効活用して収益を生み出す土地の3種類に分けて整理します。それから、有効活用する土地について、どのように活用していくかを検討します。

　相続税の軽減、固定資産税の負担だけに目を向けていると、思わぬ失敗をします。

2. 有効活用法

　遊休地、低利用地の有効活用手段としては、次のような方法があります。

(1) 更地利用

　駐車場、資材置場等の更地のままでの活用で、見込める収入は少ないですが、投下資金が比較的少なく、明渡しも楽で事業リスクが少ない方法です。相続後に納税用財産として売却や物納がしやすい方法です。

　なお、立体駐車場の場合には、見込める収入が増えますが、その分投下資金が必要となり事業リスクが増えます。

(2) 定期借地権による貸地

　従来の貸地は1度貸すと半永久的に返還してもらえませんでしたが、定期借地権は期限がくれば必ず返還されます。ただし、短くても10年、通常50年程度は返還されません。

　更地利用よりは見込める収入が多く、また保証金等を預かり、投下資金が比較的少ない方法です。売却は現状ではむずかしく、物納もややむずかしいので、納税用財産には向きません。

(3)　アパート、賃貸マンション、テナントビル

　アパート、賃貸マンションの自力建設は、比較的多くの収入を見込めますが、投下資金も多く、通常建築費の全部または大部分を銀行借入れで調達する方法です。

　この方法の場合、建物は相続財産となりますが、評価額は固定資産税の評価額で計算され建築費の5割程度となり、さらに貸家の計算でその7割とされます。また、敷地の評価が、貸家建付地として更地の価格の7～8割程度となり相続税が下がります。

　ただし、相続税の納税用財産には向きません。

(4)　土地信託方式

　信託銀行と土地信託契約を結び、土地にテナントビル等を建築して活用してもらい、信託配当を受ける方式です。

　手間がかからず知識も不要ですが、信託銀行の土地の選定が厳しく、また自力建設よりも収入が少なくなります。この方法も相続税の軽減効果があります。

　ただし、相続税の納税用財産には向きません。

(5)　等価交換方式

　土地所有者が土地を提供し、その上にデベロッパーやハウスメーカー等が建物を建設します。完成後、土地所有者は提供した土地の時価に見合う分だけ建てられたマンションを区分所有できるという方式で、土地所有者は金銭的な負担がありません。この方法の場合にも、賃貸することにより相続税の軽減効果があります。

　ただし、相続税の納税用財産には向きません。

〈相続対策の手順〉

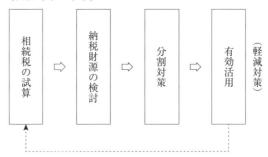

相続税の試算 ⇨ 納税財源の検討 ⇨ 分割対策 ⇨ 有効活用（軽減対策）

贈与税の早見表

年間 受贈額 (千円)	特例贈与財産のみ		一般贈与財産のみ	
	税額 (千円)	負担率(%)	税額 (千円)	負担率(%)
1,000	0	0.0	0	0.0
1,500	40	2.7	40	2.7
2,000	90	4.5	90	4.5
2,500	140	5.6	140	5.6
3,000	190	6.3	190	6.3
3,500	260	7.4	260	7.4
4,000	335	8.4	335	8.4
5,000	485	9.7	530	10.6
6,000	680	11.3	820	13.7
7,000	880	12.6	1,120	16.0
8,000	1,170	14.6	1,510	18.9
9,000	1,470	16.3	1,910	21.2
10,000	1,770	17.7	2,310	23.1
15,000	3,660	24.4	4,505	30.0
20,000	5,855	29.3	6,950	34.8
25,000	8,105	32.4	9,450	37.8
30,000	10,355	34.5	11,950	39.8
35,000	12,800	36.6	14,645	41.8
40,000	15,300	38.3	17,395	43.5
45,000	17,800	39.6	20,145	44.8
50,000	20,495	41.0	22,895	45.8
60,000	25,995	43.3	28,395	47.3
70,000	31,495	45.0	33,895	48.4
80,000	36,995	46.2	39,395	49.2
90,000	42,495	47.2	44,895	49.9
100,000	47,995	48.0	50,395	50.4

※負担率は小数点以下第2位四捨五入

相続税の早見表（相続人が子の場合）　　　　　　　　　（単位：万円）

課税価格	配偶者あり				配偶者なし			
	子1人	子2人	子3人	子4人	子1人	子2人	子3人	子4人
5,000	40	10	0	0	160	80	20	0
6,000	90	60	30	0	310	180	120	60
7,000	160	113	80	50	480	320	220	160
8,000	235	175	137	100	680	470	330	260
9,000	310	240	200	163	920	620	480	360
10,000	385	315	262	225	1,220	770	630	490
20,000	1,670	1,350	1,217	1,125	4,860	3,340	2,460	2,120
30,000	3,460	2,860	2,540	2,350	9,180	6,920	5,460	4,580
40,000	5,460	4,610	4,155	3,850	14,000	10,920	8,980	7,580
50,000	7,605	6,555	5,962	5,500	19,000	15,210	12,980	11,040
60,000	9,855	8,680	7,838	7,375	24,000	19,710	16,980	15,040
70,000	12,250	10,870	9,885	9,300	29,320	24,500	21,240	19,040
80,000	14,750	13,120	12,135	11,300	34,820	29,500	25,740	23,040
90,000	17,250	15,435	14,385	13,400	40,320	34,500	30,240	27,270
100,000	19,750	17,810	16,635	15,650	45,820	39,500	35,000	31,770
150,000	32,895	30,315	28,500	27,200	73,320	65,790	60,000	55,500
200,000	46,645	43,440	41,182	39,500	100,820	93,290	85,760	80,500
250,000	60,395	56,630	54,307	52,050	128,320	120,790	113,260	105,730
300,000	74,145	70,380	67,433	65,175	155,820	148,290	140,760	133,230
350,000	87,895	84,130	80,557	78,300	183,320	175,790	168,260	160,730
400,000	101,645	97,880	94,115	91,425	210,820	203,290	195,760	188,230
450,000	115,395	111,630	107,865	104,550	238,320	230,790	223,260	215,730
500,000	129,145	125,380	121,615	117,850	265,820	258,290	250,760	243,230

※配偶者の税額軽減を法定相続分まで適用する。
※未成年者控除・障害者控除・2割加算は適用していない。

相続税の速算表

相続税の総額の基となる税額＝（A）×（B）－（C）

法定相続分に応ずる取得金額 （A）	税率（B）	控除額（C）
1,000万円以下	10%	－
1,000万円超　3,000万円以下	15%	50万円
3,000万円超　5,000万円以下	20%	200万円
5,000万円超　　1億円以下	30%	700万円
1億円超　　　　2億円以下	40%	1,700万円
2億円超　　　　3億円以下	45%	2,700万円
3億円超　　　　6億円以下	50%	4,200万円
6億円超	55%	7,200万円

贈与税の速算表

贈与税額＝（A）×（B）－（C）

基礎控除額及び配偶者控除後 の課税価格（A）	特例贈与財産※		一般贈与財産※	
	税率（B）	控除額（C）	税率（B）	控除額（C）
200万円以下	10%	－	10%	－
200万円超　　300万円以下	15%	10万円	15%	10万円
300万円超　　400万円以下			20%	25万円
400万円超　　600万円以下	20%	30万円	30%	65万円
600万円超　1,000万円以下	30%	90万円	40%	125万円
1,000万円超　1,500万円以下	40%	190万円	45%	175万円
1,500万円超　3,000万円以下	45%	265万円	50%	250万円
3,000万円超　4,500万円以下	50%	415万円	55%	400万円
4,500万円超	55%	640万円		

※特例贈与財産…贈与年の1月1日で18歳以上の者が直系尊属から贈与を受けた財産
※一般贈与財産…特例贈与財産以外の贈与財産

Ⅲ

投資・金融商品と税金

預金利息と税金

POINT

公社債の利子や預貯金の利子は、従来ほとんどが源泉分離課税でしたが、金融所得一体課税により、2016年以降、特定公社債の利子等は、申告分離課税もしくは申告不要となっています。

1. 申告分離課税または確定申告不要制度

　2016年以降に支払を受ける、特定公社債の利子、上場新株予約権付社債の利子、公募公社債投資信託の収益の分配、公募公社債等運用投資信託の収益の分配については、原則として、所得税および復興特別所得税（以下「所得税等」）15.315％、住民税5％の申告分離課税となりました。これにより、上場株式等の譲渡損失と通算することが可能となっています（金融所得一体課税）。

　なお、これらの利子所得については支払いの際、所得税等（復興特別所得税を考慮した場合）15.315％と住民税5％が源泉徴収（天引き）されているので、確定申告をしないで源泉徴収のみで課税関係を完結させることを選択できます（確定申告不要制度）。上場株式等の譲渡損失と通算する必要がなければ、これにより申告する手間を省くことができます。

　なお、特定公社債とは、金融商品取引所に上場されている公社債、国債および地方債、外国の国債および地方債、2015年12月31日以前に発行された公社債、社債のうち一定のものをいいます。

2. 源泉分離課税

　特定公社債以外の公社債の利子※、預貯金の利子、合同運用信託の収益の分配、私募公社債投資信託の収益の分配については、従来通り、所得税等（復興特別所得税を考慮した場合）15.315％、住民税5％の源泉分離課税です。これらは源泉徴収のみで課税関係が終了し、確定申告を選択することはできません。

　※同族会社が発行した社債の利子で、その同族会社の判定の基礎となった株主等が
　　支払を受けるもの（少人数私募債の利子）は、総合課税の対象となります。

3. 障害者等の非課税制度

(1) 利用対象者

①　遺族基礎年金を受けることができる妻 ②　寡婦年金を受けることができる妻 ③　身体障害者手帳の交付を受けている人など

(2) マル優制度

　この制度は障害者等の少額貯蓄非課税制度といい、全店舗を通じて元本350万円までの①預貯金の利子、②金銭信託や貸付信託などの合同運用信託の収益分配金、③利付金融債や公債の利子、公社債投資信託、MMFなどの利子や収益分配金について、非課税とされます。

(3) マル特制度

　この制度は障害者等の少額公債非課税制度といい、マル優とは別枠で、元本350万円までの国内で発行された国債や地方債の利子について非課税とされます。

　これらの制度は、元本が350万円までは利子が非課税となりますが、元本が350万円を超えると、その元本の利子がすべて課税となります。

4. 財形貯蓄の利子の非課税制度

　この制度は勤労者の貯蓄奨励のため、55歳未満の勤労者が、財産形成住宅貯蓄契約や財産形成年金貯蓄契約に基づき、預け入れた預貯金等の利子について、非課税とされます。

　なお、財形住宅貯蓄や財形年金貯蓄以外の一般財形貯蓄は、原則どおり20%の課税となります。

名　　　称	非　課　税　限　度　額
障害者等の少額貯蓄 非課税制度（マル優）	預貯金等の利子について元本350万円まで
障害者等の少額公債 非課税制度（マル特）	国債・地方債等の利子について元本350万円まで
財形住宅貯蓄非課税制度 財形年金貯蓄非課税制度	両方合わせて550万円まで

2 金融類似商品と税金

POINT 税法上の利子所得に該当しなくても、預貯金の利子等と似たようなもの（利子とみなして課税されるもの）を金融類似商品といいます。

1. 割引債の償還差益

割引債を購入する場合、満期日に受け取る額面金額と購入金額の差額である償還差益については、雑所得という所得区分になり、2016年1月1日以後は、償還差益・譲渡益いずれも公社債の譲渡所得として、所得税等（復興特別所得税を考慮した場合）15.315％と住民税5％の申告分離課税となりました。

ただし、2015年12月31日までに発行された割引債で、その償還差益が発行時に18.378％の源泉分離課税の対象とされたものは、改正前と同じ取扱いとなります。

2. 一時払養老保険

一時払養老保険は、もともと契約者の老後資金の準備のための保険で、一時に保険料を支払うもので死亡保障と貯蓄機能を兼ね備えた保険です。

一時払養老保険の満期保険金や解約返戻金を受け取った場合、受取保険金等から支払保険料を控除した差益については、一時所得という所得区分になり、保険期間が5年以内のものや、5年以内に解約されたものは所得税等（復興特別所得税を考慮した場合）15.315％と住民税5％の源泉分離課税となります。

また、保険期間が5年を超えて満期を迎えたものや、5年を超えて解約されたものは、受取保険金等から支払保険料と特別控除の50万円を控除し、その2分の1が一時所得として総合課税されます。したがって、50万円以下の差益には税金がかからず、50万円を超えた差益についても、その超えた部分の半分しか課税されません。

なお、一時払養老保険の死亡保険金については、遺族が受け取っても所得税や住民税はかかりませんが、死亡保険金は相続財産とみなされ、相続税がかかります。この場合、死亡保険金については、法定相続人1人当たり500万円の非課税枠があります。

3. 金貯蓄口座

金貯蓄口座は、購入の段階で売戻価格が決めれられており、一定期間後に決められた価格で売り戻す仕組みで、利回りも確定しています。

金貯蓄口座の契約に定められた売戻金額から買入金額を控除した差益は、譲渡所得

という所得区分になり、所得税等（利子とみなして課税されるもの）15.315％と住民税5％の源泉分離課税となります。

4. 定期積金

定期積金の給付補てん金は、雑所得という所得区分になり、懸賞金付き定期積金の懸賞金も合わせて所得税等（復興特別所得税を考慮した場合）15.315％と住民税5％の源泉分離課税となります。

5. 抵当証券

抵当証券は、抵当証券法に基づき、抵当付債券を証券化したもので法務局が発行する有価証券です。抵当証券の利息については、利子所得ではなく雑所得という所得区分になり、所得税等（復興特別所得税を考慮した場合）15.315％と住民税5％の源泉分離課税となります。

6. 外貨預金

外貨預金は、円を外国通貨に替え米ドル、英ポンド、スイスフラン等の外貨建てで定期預金等に預け入れる預金で、円預金に比べかなり高い金利のものもあります。

外貨預金の利息は、一般の預貯金の利子と同様に利子所得という所得区分になり、所得税等15.315％と住民税5％が源泉分離課税されます。また、外貨預金の為替差益は雑所得という所得区分になり、一定のものは所得税等（復興特別所得税を考慮した場合）15.315％と住民税5％の源泉分離課税となります。

7. 友人にお金を貸した場合

友人にお金を貸して利息を受け取った場合のように、金融業者以外の人が金銭を貸し付けることにより受け取る利息による所得は、雑所得という所得区分になります。

この場合には源泉分離課税ではなく、原則として他の所得と総合して課税されます。

株式の売却と税金

1. 申告分離課税が原則

　株式等を売却した利益は、原則として、確定申告で株式等の売却損益以外の所得とは区分して（申告分離課税制度）、所得税および復興特別所得税15.315%と住民税 5 ％の合計20.315%が課税されます。

　株式等の売却益は、売却収入から株式等の取得費（購入代金等）と譲渡費用（売買手数料等）を差し引いて計算します。

　また、公社債の売却益は、通常、譲渡所得になります。2013年度税制改正により、2016年 1 月 1 日から公社債等が「特定公社債」と「一般公社債」に区分されました。特定公社債等の売却益については、特定公社債等の譲渡所得等として所得税等（復興特別所得税を考慮した場合）15.315%・住民税 5 ％の税率による申告分離課税の対象となり、損失が生じた場合には他の特定公社債等の譲渡所得等から控除できます。

　なお、ゼロクーポン債等については、その売却益は総合課税の譲渡所得とされます。

（株式等の譲渡所得）

税額＝（譲渡価額 − 取得費 − 譲渡費用）×20.315％　（所得税および復興特別所得税15.315%、住民税 5 ％）

（例）　180万円で購入したA株式（未上場株）を200万円で売却したとすると、確定申告をして売却益20万円に対して20.315%の 4 万630円の税金を納めます。

　なお、2003年 1 月 1 日以後に上場株式等を譲渡した損失で、その年の株式の譲渡益と相殺しきれなかった損失は、翌年以後 3 年間に損失を繰り越して、各年の株式等の譲渡所得から繰越控除することができる特例が上場株式等に限り設けられています。繰越控除するためには、所得税の確定申告が必要です。

2. 売却で損失が出た場合

　申告分離課税では、株式の売却収入が株式等の取得費と譲渡費用等の合計額よりも少なく売却して損失が出た場合は、他の株式等の売却益から差し引くことができます。ただし、株式等の売却損益以外の所得とは区分して課税され、給与所得、事業所得、不動産所得等の所得があっても差し引くことはできません。

　ただし、上場株式等の譲渡所得等の損失金額またはその年の前年以前3年内に生じた上場株式等の譲渡損失の金額（前年以前に既に控除したものを除く）について、申告分離課税を選択した上場株式等の配当から控除できる損益通算の特例があります。

> （例）　D株式の売却損100万円、E株式の売却益40万円、給与所得500万円とすると、D株式の売却損100万円はE株式の売却益40万円から引き、引ききれない売却損60万円は切り捨てられて、給与所得の500万円から引くことはできません。なお、D株式が上場株式等であれば、引ききれない売却損は確定申告をすれば翌年以後3年間繰り越すことができます。

3. 特定口座の申告不要制度

(1) 特定口座とは

　特定口座とは、証券会社1社につき1つ開設できる口座（複数の証券会社にそれぞれ1つずつ開設することは可能）をいい、特定口座内の上場株式等の売買については、証券会社が取得価額や売却損益を管理するため、自ら譲渡所得を計算する手間を省くことができます。この特定口座内の株式等の売買については、源泉徴収の有無を選択することができ、源泉徴収なしの場合は、証券会社から送付される年間取引報告書により自ら確定申告をすることになります。

　源泉徴収ありを選択した場合は、確定申告を省略することができます。源泉徴収ありを選択するためには、その年の最初の売却時までに「特定口座源泉徴収選択届出書」を提出する必要があります。

(2) 申告不要制度

　特定口座内の上場株式等の譲渡について、源泉徴収ありを選択した場合の取扱いは次のとおりです。

① 2014年以後

　証券会社が譲渡等のつど、年初からの通算所得金額の増減額の20.315％相当額（所得税および復興特別所得税15.315％・住民税5％）の源泉徴収または還付を行うとともに、年末において還付されていない源泉徴収税額を納付します。これにより所得税および復興特別所得税、住民税ともに申告不要とすることができます。

② 確定申告が必要な場合

　「上場株式等の譲渡損失の繰越控除」の適用を受けるためには確定申告が必要にな

ります。

4. NISA（非課税口座内の少額上場株式等に係る配当所得及び譲渡所得の非課税措置）

　この制度は満18歳以上（2022年までは20歳以上）の居住者等が1年につき1口座に限り非課税口座を開設でき、この非課税口座内の上場株式等に係る配当所得及び譲渡所得に係る所得税等と住民税が非課税となります。そのかわり、非課税口座内の譲渡損失はないものとみなされ損益通算できません。

　この NISA 制度が、資産所得倍増・貯蓄から投資への観点から、2023年度税制改正により抜本的に拡充されました。

　主な変更点は以下のとおりです。

① 　非課税保有期間を無期限化するとともに、口座開設期間について期限を無くし恒久的な措置とする。

② 　つみたて投資枠（従来の「つみたて NISA」）の年間投資上限を40万円から120万円に拡充する。

③ 　成長投資枠（従来の「一般 NISA」）の年間投資上限を120万円から240万円に拡充する。

④ 　つみたて投資枠と成長投資枠の併用を可能とする。

⑤ 　非課税保有限度額を新たに1,800万円と設定し、成長投資枠はその内1,200万円とする。

●2023年までの制度

	つみたて NISA	いずれかを選択	一般 NISA
年間の投資上限額	40万円		120万円
非課税保有期間	20年間		5年間
口座開設可能期間	2018年〜2037年		2014年〜2023年
投資対象商品	積立分散投資に適した一定の公募等株式投資信託（商品性について内閣総理大臣が告示で定める要件を満たしたものに限る）		上場株式・公募株式投資信託等
投資方法	契約に基づき、定期かつ継続的な方法で投資		制限なし

●2024年からの制度

	つみたて投資枠	併用可	成長投資枠
年間の投資上限額	120万円		240万円
非課税保有期間	制限なし（無期限化）		同左
非課税保有限度額 （総枠）	1,800万円　※簿価残高方式で管理（枠の再利用が可能）		
			1,200万円（内数）
口座開設可能期間	制限なし（恒久化）		同左
投資対象商品	積立分散投資に適した一定の公募等株式投資信託（商品性について内閣総理大臣が告示で定める要件を満たしたものに限る）		上場株式・公募株式投資信託等 ※安定的な資産形成につながる投資商品に絞り込む観点から、高レバレッジ投資信託などを対象から除外
投資方法	契約に基づき、定期かつ継続的な方法で投資		制限なし
旧制度との関係	2023年末までに旧制度の一般NISA・つみたてNISA制度において投資した商品は、新しい制度の外枠で、旧制度における非課税措置を適用		

※財務省発行「令和5年度税制改正（案）のポイント」を基に作成

5.　ジュニアNISA

　2016年分以後、ジュニアNISAが創設されました。この制度によれば、その年1月1日において18歳（2022年までは20歳）未満である者やその年に出生した者に限り未成年者口座を開設できることになり、この未成年者口座内の上場株式等に関しては、配当所得と譲渡所得の所得税および復興特別所得税、住民税が非課税となります。未成年者口座には、毎年80万円を上限に受け入れることができます。

　なお、ジュニアNISAは、2023年をもって新規の口座開設が終了となりました。

　また、未成年者口座内の上場株式等は、原則として、その子供がその年3月31日において18歳になる年まで払出しが制限され、この制限に違反した場合には、配当所得と譲渡所得に対する非課税措置は適用されず、課税対象になります。

4 株式の配当と税金

POINT

株式の配当等は20%の所得税が源泉徴収され、確定申告により総合課税されますが、少額配当であれば確定申告を省略することもできます。なお、一定の上場株式等の配当等は、金額にかかわらず確定申告を省略することもできます。

1. 原則は総合課税

　株式の配当等は原則として20.42%の所得税および復興特別所得税（以下、「所得税等」）が源泉徴収され、確定申告で所得税と住民税が総合課税（ほかの所得と合算して課税）されます。

　この場合、総合課税の所得税、住民税から配当控除が受けられます。この配当控除は、所得税は配当所得の10%、住民税は配当所得の2.8%となっています。ただし、課税総所得金額等が1,000万円を超える場合、その超える部分の配当所得は所得税5%、住民税1.4%となります。

　また、源泉徴収された20.42%の所得税等は確定申告で精算されます。

2. 少額配当の申告不要制度

　1銘柄につき1回の配当金額が「10万円×配当計算期間の月数÷12」以下の少額配当は、確定申告不要とすることができます。確定申告しない場合には結果的に20.42%の源泉所得税等で済みます。一定の上場株式等以外の株式等の配当については、所得税の確定申告をするしないにかかわらず、住民税が総合課税となります。

3. 上場株式等の配当の特例

　上場株式等の配当についても、原則として、総合課税されます。ただし、上場株式等の配当については各種の特例が設けられています。

(1) 源泉徴収税率の特例

　2014年分以後の一定の上場株式等の配当等については、原則として15.315%の所得税等と5%の住民税が源泉徴収されます。

(2) 申告不要の特例

　一定の上場株式等の配当等については、1回の支払金額にかかわらず申告不要を選択することができます。

(3)　申告分離選択課税制度

　一定の上場株式等の配当等については、総合課税に代えて申告分離課税を選択できることになります。申告分離課税を選択した場合の税率は、原則として20.315%（所得税等15.315%、住民税5%）となります。

　なお、申告分離課税を選択した上場株式等の配当等については、上場株式等の譲渡所得等の損失金額またはその年の前年以前3年以内に生じた上場株式等の譲渡損失の金額（前年以前に既に控除したものを除く）を控除することができます。

種類別課税関係のまとめ

種類・課税時期等	所得税等	住民税
一定の上場株式等※1	①源泉徴収税率（15.315%） ②課税方法（下記いずれかを選択） ・総合課税＆配当控除 ・申告不要（金額の制限なし） ・申告分離課税(15.315%)	①特別徴収税率（5%） ②課税方法（下記いずれかを選択） ・総合課税＆配当控除 ・申告不要（金額の制限なし） ・申告分離課税（5%）
上記以外の株式等（未上場株式など）	①源泉徴収税率（20.42%） ②課税方法 ・原則として総合課税＆配当控除 ・少額配当※2については申告不要の選択可	①特別徴収税率(特別徴収なし) ②課税方法 ・総合課税＆配当控除のみ

※1　発行済株式総数等の3%以上を有する大口株主が支払を受けるものを除く
※2　1銘柄1回「10万円×配当計算期間の月数÷12」以下の配当

(4)　申告方法の選択

　上場株式等の配当所得について、2022年分（住民税は2023年度分）まで、所得税等は総合課税を選択し、住民税は申告不要を選択するなど、所得税等と住民税で異なる課税方式を選択することができました。しかし、2022年度税制改正により、2023年分（住民税は2024年度分）以後は所得税等と住民税の課税方式を一致させることとされました。

　総合課税と申告不要、いずれの課税方式を選択したほうが有利になるかについては、次の表のようになります。なお、上場株式等の譲渡損失と損益通算する場合には、次表によらず、申告分離課税を選択することになります。

2023年分（住民税は2024年度分）以降の判定表

課税所得（万円以下）	総合課税を選択							申告不要を選択	判定
	所得税等			住民税			実負担合計 ③＋⑥		
	① 限界税率	② 配当控除	③ 実負担（①－②）×1.021	④ 税率	⑤ 配当控除	⑥ 実負担 ④－⑤			
195	5％	10％	0	10％	2.8％	7.2％	7.2％	所得税等住民税合計 20.315％	総合課税有利
330	10％		0				7.2％		
695	20％		10.21％				17.41％		
900	23％		13.273％				20.473％		申告不要有利
1,000	33％		23.483％				30.683％		
1,800			28.588％				37.188％		
4,000	40％	5％	35.735％		1.4％	8.6％	44.335％		
4,000超	45％		40.84％				49.44％		

4. 公募株式投資信託の税金

(1) 収益分配金

　普通分配金については、一定の上場株式等の配当金と同様の課税方法になります。元本払戻金（特別分配金）は信託財産の元本の払戻しであるため、個人投資家に支払われる場合は非課税です。

(2) 換　　金

　公募株式投資信託を中途換金する方法として、解約請求と買取請求があります。

　解約請求とは、投信委託会社に対して直接、信託契約の解約をすることです。買取請求とは、証券会社等に対して受益証券を買い取ってもらうことです。

　2008年度税制改正により、償還や解約により交付を受ける金銭等は、その全額を株式等の譲渡収入金額とみなし、上場株式等の譲渡所得と同様の課税方法となりました。

　したがって、買取りによる損益や、償還・解約による損益もすべて譲渡所得に該当し、他の株式等の譲渡損益と通算できます。

5. 国外転出をする場合の譲渡所得等の特例

　有価証券等の売却益が非課税とされている国に転出することにより、税負担を回避

する国際的な租税回避行為防止措置として、2015年7月1日以後に一定の者が国外転出をする場合や、同日以後贈与や相続等により、非居住者に有価証券が移転する場合に、有価証券等を譲渡したものとみなして課税する特例が創設されました。

　この制度によれば、国外転出（国内に住所および居所を有しないこととなることをいう）をする居住者が、所得税法に規定する有価証券等を有する場合には、その国外転出の時に、その有価証券等の譲渡をしたものとみなして、譲渡所得等の金額を計算します。

　対象となる者は、保有する有価証券等の金額の合計額が1億円以上で、国外転出の日前10年以内に国内に住所または居所を有していた期間（外国人が出入国管理および難民認定法別表第一の在留資格をもって在留していた期間を除きます）の合計が5年超である者です。

　なお、出国時に譲渡課税された有価証券等の譲渡をせず、5年以内に帰国した場合には、その譲渡課税を取り消して更正の請求をすることができる制度や、転出後5年間（延長すれば最長10年間）は納税猶予を受けられる制度があります。

　また、上記の条件を満たす者が保有する有価証券等が、贈与や相続等により非居住者に移転した場合にも、同様の課税が行われます。

Ⅲ　投資・金融商品と税金

金融商品と税金の概要（2016年以後）

商 品			収益の種類		所得区分	所得税・復興特別所得税	住民税
株式投資信託	公募	契約型 会社型 （オープンエンド）	収益分配金	普通分配金	配当	株式と同じ	株式と同じ
				元本払戻金	－	非課税	非課税
			解約償還差益		譲渡	株式と同じ	株式と同じ
			譲渡益		譲渡	株式と同じ	株式と同じ
		会社型 （クローズドエンド）	収益分配金		配当	株式と同じ 「配当控除なし」	株式と同じ 「配当控除なし」
			譲渡益		譲渡	株式と同じ	株式と同じ
	私募	契約型	収益分配金		配当	株式と同じ	株式と同じ
			譲渡益		譲渡	株式と同じ	株式と同じ
		会社型	収益分配金		配当	株式と同じ 「配当控除なし」	株式と同じ 「配当控除なし」
			譲渡益		譲渡	株式と同じ	株式と同じ
	特定株式投資信託 （ETF等）		収益分配金		配当	株式と同じ	株式と同じ
			譲渡益		譲渡	株式と同じ	株式と同じ
円預貯金・社内預金			利子		利子	15.315%源泉分離	5％源泉分離
金銭信託・貸付信託			収益分配金		利子	15.315%源泉分離	5％源泉分離
外貨預金	先物売予約あり		利子		利子	15.315%源泉分離	5％源泉分離
			為替差益		雑	15.315%源泉分離	5％源泉分離
	上記以外		利子		利子	15.315%源泉分離	5％源泉分離
			為替差益		雑	総合課税	総合課税
定期積金・相互掛金			給付補填金		雑	15.315%源泉分離	5％源泉分離
特定公社債等[3]			利子		利子	15.315%申告分離[1]	5％申告分離[1]
			償還差益		譲渡	15.315%申告分離[1]	5％申告分離[1]
			譲渡益		譲渡	15.315%申告分離	5％申告分離
一般公社債[4]			利子		利子	15.315%源泉分離[2]	5％源泉分離[2]
			償還差益		譲渡	15.315%申告分離[2]	5％申告分離[2]
			譲渡益		譲渡	15.315%申告分離	5％申告分離
金投資口座			譲渡益		譲渡	15.315%源泉分離	5％源泉分離
一時払養老保険	保険期間 5年以下等		保険差益		一時	15.315%源泉分離	5％源泉分離
	上記以外		保険差益		一時	総合課税	総合課税

源泉分離……源泉分離課税　　　申告分離……申告分離課税
※1　申告不要の選択可能
※2　同族会社の同族株主が支払を受けるものは総合課税
※3　特定公社債等とは、国債、地方債、外国国債、外国地方債、公募公社債、上場公社債、公募公社債投資信託の受益証券、証券投資信託以外の公募投資信託の受益証券、特定目的信託の社債的受益証券で公募のものなど。
※4　一般公社債とは、特定公社債等以外の公社債、私募公社債投資信託の受益証券、証券投資信託以外の私募投資信託の受益証券、特定目的信託の社債的受益証券で私募のものなど。
※5　2015年12月31日以前に発行された割引債で、その償還差益が発行時に源泉徴収の対象となったものについては、2015年までと同じ取扱い。
※6　総合課税の譲渡所得と一時所得については、それぞれ50万円の特別控除が受けられる。
※7　総合課税扱いのものは、原則として確定申告が必要であるが、給与所得者でほかに確定申告をする必要がない場合（年末調整で済む場合）であれば、給与以外の所得が20万円まで確定申告は不要である。

IV

その他の個人の税金

1 所得税の仕組みと確定申告、住民税

POINT 個人で所得のある人には所得税が課税されます。所得税は原則として、納税者が確定申告を行うことにより申告納税します。

1. 所得税の計算の仕組み

　所得税は個人の所得にかかる税金です。個人が商売をしたり、給与や退職金、年金等を受け取った場合や、不動産を売却して利益が出た場合などに課税されます。所得税の計算期間は、毎年1月1日から12月31日（1暦年間）と決まっています。

　個人は、毎年1暦年間のすべての所得から所得控除を差し引いた残りの課税所得金額に、原則として、超過累進税率を乗じて所得税を計算します。

　所得はその性質により10種類に区分され、各種の所得の金額は、所得税法で決められた計算方法で計算することになっています。

> 利子所得、配当所得、不動産所得、事業所得、給与所得、譲渡所得、一時所得、雑所得、山林所得、退職所得

　所得控除は全部で15種類あります。

　所得税の超過累進税率は、課税所得金額を7段階に分け、所得が多ければ多いほど税金が高くなるようになっています。

　たとえば、課税所得金額が1,000万円の場合の所得税は「1,000万円×33％－153万6,000円＝176万4,000円」（次ページ速算表参照）となります。また、課税所得金額に累進税率を乗じて計算した金額から、配当控除、住宅借入金等特別控除などの税額控除を控除します。

　所得税を算出するための計算式は、次のようになります。

> 所得税＝（各種所得の金額－所得控除額）×超過累進税率－税額控除

所得の種類と計算方法

種類	内容	所得金額の計算方法
利子所得	公社債、預貯金の利子等	所得金額＝収入金額
配当所得	株式の配当金等	収入金額 － その元本を取得するための負債の利子
不動産所得	家賃収入、地代収入等	総収入金額 － 必要経費
事業所得	農業、漁業、製造業、卸小売業、サービス業、その他の事業による所得	総収入金額 － 必要経費
給与所得	俸給、給料、賃金、賞与等	収入金額 － 給与所得控除額（特定支出額）
譲渡所得	資産（商品、山林などを除く）の譲渡による所得	総収入金額 － その資産の取得費および譲渡費用 － 特別控除額
一時所得	懸賞の賞金、生命保険の満期返戻金等一時的な所得	総収入金額 － 支出した金額 － 特別控除額
雑所得	貸付金利子、恩給、年金等、上記の所得以外の所得	$\left(\begin{array}{c}\text{公的年金等}\\\text{収入金額}\end{array} - \begin{array}{c}\text{公的年金等}\\\text{控除額}\end{array}\right) + \left(\begin{array}{c}\text{総収入}\\\text{金額}\end{array} - \begin{array}{c}\text{必要}\\\text{経費}\end{array}\right)$
山林所得	山林の伐採または譲渡による所得	総収入金額 － 必要経費 － 特別控除額
退職所得	退職手当、一時恩給等	（収入金額 － 退職所得控除額）$\times \dfrac{1}{2}$

所得税の速算表

課税所得金額		税率	控除額
	195万円以下	5 %	―
195万円超	330万円以下	10%	9 万7,500円
330万円超	695万円以下	20%	42万7,500円
695万円超	900万円以下	23%	63万6,000円
900万円超	1,800万円以下	33%	153万6,000円
1,800万円超	4,000万円以下	40%	279万6,000円
4,000万円超		45%	479万6,000円

住民税（所得割）の税率

課税所得金額	税率	控除額
一律	10%	―

2. 所得税の確定申告

　所得税は、納税者自らが所得金額や所得税額を計算し、納税するという申告納税方式を採用しています。その年に所得のあった個人は、納付すべき所得税額を確定するため、所得金額や税額を計算し、住所地の所轄税務署に申告をします。これを確定申告といいます。

　その年の所得に対する確定申告は、原則として、翌年の2月16日から3月15日の間に行います。また、確定申告により確定した所得税の納税も原則として3月15日までに行います。

　所得税の納税方法には、金融機関の預金口座から自動引落しされる振替納税制度があります。この制度を利用すると、所得税の預金口座からの引落しが3月15日ではなく、約1カ月後になります。納税資金の準備などを考えると、非常に便利な制度です。

　なお、給与所得者については、年末調整という確定申告に代わる制度があるため、大部分の人は確定申告が必要ありません。

3. 住 民 税

　住民税は、「均等割」「所得割」等があります。所得割の計算は、所得税の計算方法を準用しており、納税は翌年6月以後となります。

4. 総合課税と分離課税

　所得税は前記10種類の所得をすべて合算する総合課税が原則ですが、例外として総合せずに分離して課税する分離課税があります。

（主な分離課税）
① 　土地建物等の譲渡所得
② 　株式等の譲渡所得（上場株式等と非上場株式等で区分）
③ 　先物取引の雑所得
④ 　山林所得
⑤ 　退職所得
⑥ 　一定の上場株式等の配当所得（選択による）

5. 損益通算

　各所得のなかにマイナス（損失・赤字）があれば、その損失額を他の所得金額から差し引く損益通算という制度があります。

⑴　**損益通算の対象となるもの（下記⑵に該当するものを除く）**

①　不動産所得の損失

②　事業所得の損失

③　譲渡所得の損失

④　山林所得の損失

⑵　**損益通算の対象とならないもの**

①　非課税所得の損失

②　生活に通常必要でない資産（趣味・保養目的の不動産等）の損失

③　低額譲渡（時価の2分の1未満の譲渡）による損失

④　株式等の譲渡損失（申告分離課税を選択した一定の上場株式等について配当所得とは通算できる）

⑤　商品先物取引の雑所得の損失

⑥　不動産所得の損失のうち土地取得のための借入金利子に相当する損失

⑦　土地建物等の譲渡損失（一定の居住用財産の譲渡損失を除く）

6. 純損失の取扱い

　損益通算をしてもなお損失になる場合のことを、純損失といいます。

①　青色申告の場合……損益通算後の不動産・事業・山林・譲渡所得の損失に限り3年間の繰越しまたは繰戻還付を受けることができます。

②　白色申告の場合……変動所得や被災時の損失に限り3年間繰越しできます。

　①②について、特定非常災害による純損失について繰越期間が次のとおり5年間に延長されました。

●保有する事業用資産のうち、特定非常災害に指定された災害により生じた損失（特定被災事業用資産の損失）の割合が10％以上である場合

　青色申告者…純損失全てについて繰越期間が5年間に延長

　白色申告者…変動所得と被災時の損失による純損失について繰越期間が5年間に延長

●特定被災事業用資産の損失の割合が10％未満の場合

　青色申告者・白色申告者とも…特定被災事業用資産の損失による純損失に限り5年間に延長

③　居住用財産の買換え等の場合の譲渡損失の損益通算および繰越控除……個人が一定の居住用財産を譲渡（2004年1月1日から2025年12月31日までの譲渡）し、新たに借入金で一定の居住用財産を買い換えた場合、その譲渡資産の譲渡損失の

うちその年の他の所得から控除しきれない損失の金額は、一定要件のもと、翌年以後3年間繰り越すことが認められます。

④　特定居住用財産の譲渡損失の損益通算および繰越控除……個人が一定の居住用財産（住宅借入金等の金額がある場合に限る）を2004年1月1日から2025年12月31日までの間に譲渡し譲渡損失が生じた場合には、その譲渡損失（その譲渡資産に係る一定の住宅借入金等の金額からその譲渡資産の譲渡の対価の額を控除した残額を限度とする）のうちその年の他の所得から控除しきれない損失の金額は、一定の要件のもとに翌年以後3年間繰り越すことが認められています。

7. 所得控除の種類

所得控除には、次の15種類があります。

雑損控除、医療費控除、社会保険料控除、小規模企業共済等掛金控除、生命保険料控除、地震保険料控除、寄附金控除、障害者控除、寡婦控除、ひとり親控除、勤労学生控除、配偶者控除、配偶者特別控除、扶養控除、基礎控除

8. 税額控除

課税所得に税率を乗じて算出した税額から、配当控除や住宅借入金等特別控除などの税額控除ができます。

(1)　配当控除

納税者が内国法人から支払を受ける利益の配当、剰余金の分配、特定株式投資信託の収益の分配等の配当所得について、配当控除が受けられます。

（控除額）

配当所得が他の課税総所得の上積みになっているとして、課税総所得金額等のうち1,000万円以下の部分の配当所得に対して10%（住民税2.8%）、1,000万円超の配当所得の部分については5%（住民税1.4%）が税額控除されます。

(2)　住宅借入金等特別控除

住宅を新築したり、購入して住宅ローンを組んだ場合、また一定規模以上の増改築をしてローンを組んだ場合、毎年末のローン残高に応じて、その一定割合が税額控除されます（Ⅰ.⑲住宅借入金等特別控除参照）。

(3)　認定住宅の新築等に係る所得税額の特別控除

2025年12月31日までに、認定住宅を新築等した場合は、ローンの有無にかかわらず、標準的な性能強化費用相当額の10%相当額をその年分の所得税額から控除することができます（Ⅰ.⑲住宅借入金等特別控除参照）。

(4)　中古住宅の耐震改修工事または特定の改修工事に係る所得税額の特別控除

2025年12月31日までに、その者の居住の用に供する家屋について一定の耐震改修工事（併せて行う一定の耐久性向上改修工事を含む）または一定の省エネ改修工事（併

せて行う一定の耐久性向上改修工事を含む）、一定のバリアフリー改修工事、一定の三世代同居改修工事を行った場合は、一定の金額を所得税額から控除できます（Ⅰ. ④住宅借入金等特別控除参照）。

9. 復興特別所得税

2013年分から2037年分までの25年間について、基準所得税額（外国税額控除前の所得税額とし、附帯税を除く）に2.1％の復興特別所得税が上乗せされます。

※基準所得税額

非永住者以外の居住者	すべての所得に対する所得税額
非永住者	国内源泉所得および国外源泉所得のうち国内で支払われたものまたは国内に送金されたものに対する所得税額
非居住者	国内源泉所得に対する所得税額
内国法人	利子等および配当等などに対する所得税額
外国法人	国内源泉所得のうち利子等および配当等などに対する所得税額

10. 寄附金税制

⑴　所 得 税

①　所得控除

所得税における寄附金控除は所得控除に該当し、特定寄附金を支出した場合に認められる控除です。学校の入学に関して行う寄附金は控除の対象とはなりません。

寄附金控除を受けるためには、特定寄附金を受領した者の受領証など、所定の書類を確定申告書に添付または提示しなければなりません。ただし、所得税の確定申告を電子申告により行う場合は、証明書の添付等を省略することができます。

$$所得控除額＝\left(\begin{array}{c}「特定寄附金の額」と「総所得金額等の合\\計額×40％」のいずれか低いほうの金額\end{array}\right)－2,000円$$

②　税額控除

次に掲げる寄附金については、所得控除に代えて税額控除を選択することができます。

- ・認定特定非営利活動法人に対する一定の寄附金
- ・一定の公益社団法人、公益財団法人、学校法人、社会福祉法人および更生保護法人に対する寄附金

$$\begin{array}{c}税額控除額（所得\\税額の25％限度）\end{array}＝\left(\begin{array}{c}「対象寄附金の額」と「総所得金額等の合\\計額×40％」のいずれか低いほうの金額\end{array}－2,000円\right)×40％$$

(2) 住 民 税

　住民税における寄附金税制は、所得控除ではなく税額控除のみです。具体的には、次の①と②の合計額が住民税で税額控除されます。

① 寄附金控除

> 控除額＝(対象となる寄附金※－2,000円)×10%

※共同募金会または日本赤十字社の支部に対する寄附金および地方公共団体に対する寄附金に加え、2009年度分から所得税の寄附金控除の対象となる寄附金（国や政党等に対する寄附金を除く）のうち地方公共団体が条例により指定したものが対象になります。ただし、総所得金額等の30％が限度となります。

② ふるさと納税

> 控除額（個人住民税所得割額の20％限度）
> ＝(指定を受けた地方公共団体に対する寄附金－2,000円)×(90％－A)
> A＝その納税者の所得税の限界税率（0％から45％）×1.021

計算例

　課税総所得金額等600万円（所得税および復興特別所得税20.42％（20％×1.021）適用区分）のAさんが、地方公共団体にふるさと納税の対象となる10万円の寄附をした場合、個人住民税における税額控除の額はいくらになりますか。

① 寄附金控除

　6,000,000円×30％＝1,800,000円≧100,000円　　∴100,000円

　(100,000円－2,000円)×10％＝9,800円

② ふるさと納税

　(100,000円－2,000円)×(90％－20.42％)＝68,188円（個人住民税所得割額の20％が限度）

③ 合計額　①＋②＝77,988円

　上記のほか、所得税等の寄附金控除（所得控除）により次の税額が軽減される。

　(100,000円－2,000円)×20.42％＝20,011円

　結果として、所得税等、個人住民税合わせて97,999円（77,988円＋20,011円）軽減されることになります。

　なお、過度な返礼品競争に歯止めをかけるため、2019年度税制改正により、返礼品の返戻割合は寄附金額の3割以下で、地場産品であるなどの要件を満たしたものを総務大臣が指定し、指定を受けられないものはふるさと納税の対象にならないことになりました（2019年6月1日以後）。

　また、ふるさと納税の適用を受けるためには、原則として確定申告が必要ですが、確定申告を必要としない給与所得者について、寄附先が5カ所以下の場合には「ふるさと納税ワンストップ特例」が適用され、確定申告が不要となります。

11. 定額減税

　2024年6月より、所得税と住民税の定額減税が実施されます。

⑴　所 得 税

　給与所得者の場合は、6月以後最初に支払われる給与等について定額減税が行われます。6月で減税しきれない場合は、7月以降の給与等について順次減税していきます。

　控除対象者は、2024年分の合計所得金額が1,805万円（給与所得のみの人は給与収入2,000万円）以下の人で、定額減税額は次のとおりです。

　①　本人（居住者に限る）30,000円

　②　同一生計配偶者および扶養親族（居住者に限る）1人につき30,000円

　同一生計配偶者とは、控除対象者と生計を一にする配偶者（青色事業専従者を除く）のうち、合計所得金額が48万（給与所得のみの人は給与収入103万円）以下の人、扶養親族とは、控除対象者と生計を一にする親族（青色事業専従者を除く）のうち、合計所得金額が48万（給与所得のみの人は給与収入103万円）以下の人です。

　「給与所得者の扶養控除等（異動）申告書」に記載されている源泉控除対象配偶者や控除対象扶養親族とは、次のように対象者が異なりますので、対象者の再確認が必要です。

・本人の合計所得金額が900万円を超えていて源泉控除対象配偶者に該当しない場合でも、同一生計配偶者には該当するので、定額減税が受けられます。

・年齢が16歳未満で控除対象扶養親族に該当しない場合でも、扶養親族には該当するので、定額減税が受けられます。

⑵　住 民 税

　給与所得者の場合は、2024年6月分の特別徴収は行われず、定額減税後の年間の住民税額を11で割った金額が7月から翌年5月の11カ月で特別徴収されます。

　控除対象者は、2024年度分（所得税における2023年分）の合計所得金額が1,805万円（給与所得のみの人は給与収入2,000万円）以下の人で、定額減税額は次のとおりです。

　①　本人（居住者に限る）10,000円

　②　控除対象配偶者及び扶養親族（居住者に限る）1人につき10,000円

所得税計算の概要

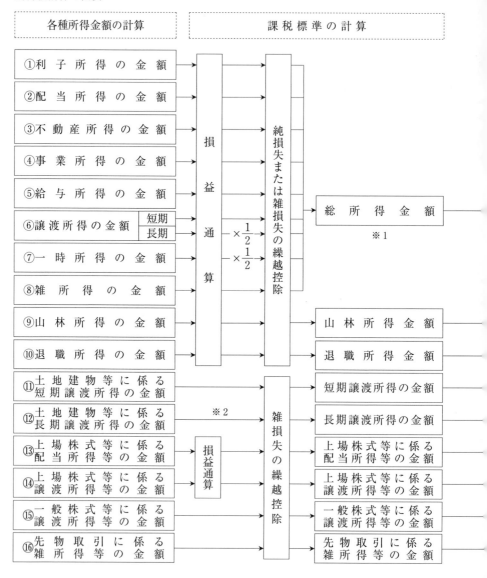

※1　源泉分離課税となる所得および確定申告不要を選択した所得は含まれない。
※2　居住用財産の譲渡損失等一定のものは損益通算の対象になる。
※3　⑨〜⑯は申告分離課税の所得である。

所得控除	課税所得金額の計算	税　額　計　算

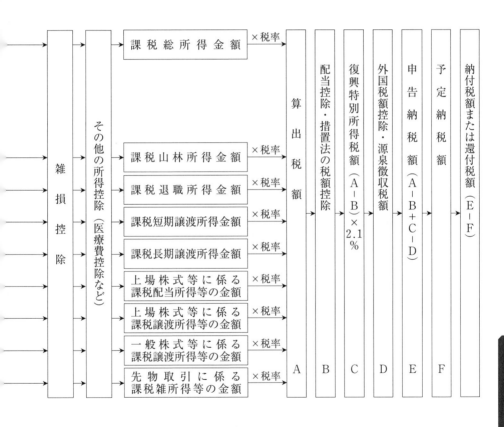

事業と税金

> 　個人で販売業や自由業など事業を行っている場合は、原則として確定申告が必要です。確定申告は特典が認められる青色申告が有利です。しかし、一定の帳簿の備え付けや記帳が必要となります。また、消費税についても、前々年の課税売上が1,000万円を超える場合は申告が必要です。1年遅れで住民税や事業税が課税されるので、注意しましょう。

1. 個人で事業を開業した際の留意点

　個人で事業を始めると、税務署に、開業後1カ月以内に「開業の届出書」を提出することになります。

　開業後は事業所得者として青色申告にするか白色申告にするか、減価償却の方法は定額法か定率法か、棚卸資産の評価方法はどうするかなど、税金のことを考えなければなりません。

　税金の計算上有利な選択をしようとする場合は、開業後、出るであろう利益を念頭に、さまざまな書類を提出する必要があります。

　この点については、事業所得者によってケースバイケースなので、税理士など専門家と相談し対処することをおすすめします。

2. 青色申告

　青色申告とは、事業所得や不動産所得のある人が、日々の取引を所定の帳簿（現金出納帳、売上帳、経費帳など）に記帳し、その帳簿に基づき事業所得や所得税を計算して申告することをいいます。

　青色申告をすると、税金計算上種々の特典が与えられます。たとえば、①青色申告特別控除（不動産所得の金額、事業所得の金額、山林所得の金額から順次控除し、この3つの所得以外からは控除できない）、②青色事業専従者給与（一定の要件を満たす家族従業員に支払った適正な給与を必要経費に算入できる）、③純損失の繰越し、繰戻し（所得が赤字となった際、その赤字を翌年以後原則として3年間繰り越して所得から差し引いたり、前年の税金の還付を受けたりする制度）などです。

　青色申告は「記帳が面倒だ」と敬遠される場合がありますが、白色申告の場合で

も、以前のような概算経費は認められなくなってきており、青色申告とそう変わらない手間がかかることから、多くの事業所得者が特典のある青色申告を選択しています。

　なお、青色申告を選択する場合、青色申告を行う年の3月15日（新規開業の際は、開業後2カ月以内）までに税務署に「青色申告承認申請書」を提出しなければなりません。

青色申告者の種類		青色申告特別控除額
正規の簿記で記帳など一定要件を満たす者	原則	55万円
	電子申告（e-Tax）または電子帳簿保存	65万円
簡易簿記で記帳など一定要件を満たす者		10万円
その他の青色申告者		

3. 事業所得と消費税

　消費税の計算において、事業上の収入は、開業医の社会保険診療報酬など一部の例外を除き消費税法上、課税売上に該当します。

　したがって、基準期間である前々年または前年1月1日から6月30日までの課税売上が1,000万円を超える場合、消費税を納める義務がありますので注意が必要です。

4. 個人事業と住民税、事業税

　事業所得者については、所得税の確定申告書を提出することにより、住民税（市町村民税と道府県民税の総称）と事業税が課税されます。

　住民税は、所得を得た翌年に課税され、6月、8月、10月、1月に納税します。

　また、事業税は、個人の行う事業で、第一種事業（物品販売業等の商工業、税率5％）、第二種事業（水産業等の原始産業、税率4％）、第三種事業（弁護士等の自由業、税率5％または3％）に該当する場合に課税されます。事業税については、事業主控除（年290万円）が差し引けます。事業税は、所得を得た翌年に課税され、8月、11月に納税します。

給与、退職金と税金

POINT

多くの給与所得者は、給与から税金が源泉徴収され、年末調整により所得税の納税は終了します。ただし、給与所得者のうち一定の要件に該当する者は確定申告をしなければなりません。また、所得税の還付を受けるために確定申告を行う場合があります。

1. 給与所得の計算方法

(1) 給与所得の金額

給料、賃金、賞与などは給与所得として課税されます。給与所得は年間の給料等の収入金額から給与所得者に認められている概算経費である給与所得控除額を差し引いて求めます。

〈給与所得控除額の速算表〉

給与収入Ⓐ		給与所得控除額
	162.5万円以下	55万円
162.5万円超	180万円以下	Ⓐ×40% − 10万円
180万円超	360万円以下	Ⓐ×30% + 8万円
360万円超	660万円以下	Ⓐ×20% + 44万円
660万円超	850万円以下	Ⓐ×10% +110万円
850万円超		195万円

(2) 所得金額調整控除

① 子ども、特別障害者等を有する者等の所得金額調整控除

その年の給与等の収入金額が850万円を超える場合でも、特別障害者に該当する者、23歳未満の扶養親族を有する者、特別障害者である同一生計配偶者や扶養親族を有する者は、給与所得控除額とは別に、次の金額を給与所得から控除できます。

〔給与等の収入金額（上限1,000万円）−850万円〕×10％ ＝ 控除額

② 給与所得と年金所得の双方を有する者の所得金額調整控除

　給与所得控除後の給与等の金額と公的年金等に係る雑所得の金額がある者で、その合計額が10万円を超える者については、給与所得控除額とは別に次の金額を給与所得から控除できます。

〔給与所得控除後の給与等の金額（上限10万円）＋公的年金等に係る雑所得の金額（上限10万円）〕－10万円 ＝ 控除額

2. 特定支出控除の特例

　給与所得については、原則として必要経費は認められていませんが、次の特定支出額が給与所得控除額の2分の1を超える場合、給与所得控除額に特定支出控除額を上乗せすることができます。

(1) 特定支出控除額（次の金額を給与所得控除額に加算）

$$特定支出控除額＝特定支出額－（給与所得控除額×1/2）$$

(2) 特定支出の範囲

- ・一般の通勤者として通常必要であると認められる通勤のための支出（通勤費）
- ・勤務する場所を離れて職務を遂行するための直接必要な旅行のために通常必要な支出（職務上の旅費）
- ・転勤に伴う転居のために通常必要であると認められる支出（転居費）
- ・職務に直接必要な技術や知識を得ることを目的として研修を受けるための支出（研修費）
- ・職務に直接必要な資格を取得するための支出（資格取得費）
- ・単身赴任などの場合で、その者の勤務地または居所と自宅の間の旅行のために通常必要な支出（帰宅旅費）
- ・職務と関連のある図書の購入費、職場で着用する衣服の衣服費、職務に通常必要な交際費（勤務必要経費、年間65万円を上限）

　なお、これらの特定支出は、いずれも給与の支払者やキャリアコンサルタントが証明したものに限られます。

　また、給与の支払者から補てんされる部分があり、かつ、その補てんされる部分に所得税が課税されていないときは、その補てんされる部分は特定支出から除かれます。

3. 源泉徴収制度と年末調整

　給与所得者は、毎月の給料やボーナスの支給を会社から受け取る際、所得税が天引きされます（源泉徴収制度）。この源泉徴収される所得税は、給与から社会保険料を控除した金額と、そのときの扶養親族などの状況により決定します。

ところが、年間を通して源泉徴収された所得税は、概算のためその給与所得者の正規の所得税とは一致しません。そこで、給与所得者がその年の最後の給与の支払を受ける際に、源泉徴収された所得税と正規の所得税の過不足を精算します。この手続を年末調整といいます。

4. 給与所得者で確定申告が必要な場合

多くの給与所得者は、年末調整により所得税の納税が終了するため確定申告の必要はありません。しかし、次のような場合には、確定申告をしなければなりません。
(1) 給与の年収が2,000万円を超える者
(2) 2カ所以上の会社から給与の支給を受けている者
(3) 給与所得以外の所得が20万円を超える者など

5. 確定申告により税金が還付される場合

確定申告の義務がない給与所得者でも、次のような場合には、確定申告をすることにより所得税の還付を受けることができます。
(1) 年の中途で会社を退職し、再就職していない場合
(2) 住宅を取得し、住宅借入金等特別控除が受けられる場合
(3) 多額の医療費を支払った場合や災害または盗難にあった場合
(4) 特定支出の控除を受ける場合など

6. 退職所得に対する税金

(1) 原則（勤続年数 5 年超の場合）

会社を退職（死亡の場合を除く）し、退職金や功労金の支給を受けた場合には所得税、住民税が課税されます。退職所得は、次の算式で計算します。

$$退職所得＝（退職金－退職所得控除額）×1/2$$

退職所得控除額は、勤続年数に応じて増加するようになっています。

勤続年数	退職所得控除額
20年以下	40万円×勤続年数（最低80万円）
20 年 超	800万円＋70万円×（勤続年数－20年）

※勤続年数の 1 年未満の端数は切上げ

退職所得は税金の計算上、他の所得とは合算せず、退職所得単独で累進税率の適用を受けるため、税金の負担が軽くなります。

また、退職金の支給を受ける際、会社に対し「退職所得の受給に関する申告書」を

提出すれば、ほぼ正確に計算された所得税、住民税が天引きされ、原則として、退職金についての確定申告は必要なくなります。なお、損益通算、所得控除、税額控除を退職所得で受けるためには確定申告が必要となります。

〔計算例（復興特別所得税を考慮しています）〕
　来月に29年3カ月勤務した会社を退職します。退職給与規程により算定すると退職金は2,000万円となりますが、所得税および住民税、手取額はいくらでしょうか。なお、「退職所得の受給に関する申告書」を提出する予定です。
① 退職所得控除額
　29年3カ月　→　30年（1年未満切上げ）
　800万円＋70万円×（30年−20年）＝1,500万円
② 退職所得
　（2,000万円−1,500万円）×1/2＝250万円
③ 税金
　所得税　　　　：250万円×10％−97,500円＝152,500円
　復興特別所得税：152,500円×2.1％≒3,202円
　住民税　　　　：250万円×10％＝250,000円
　合計　　　　　：152,500円＋3,202円＋250,000円＝405,702円
④ 手取額
　2,000万円−405,702円＝19,594,298円

⑵　**勤続年数5年以下の場合の制限**
　退職所得は長期にわたる勤務の結果が一挙に実現するものであることを考慮し、税負担の平準化のために2分の1課税が行われますが、近年の退職給付の支給実績を踏まえ、勤続年数5年以下の短期の退職金については、2分の1課税が制限されます。
① 特定役員等の場合

$$退職所得＝退職金−退職所得控除額$$

② 特定役員等以外（従業員等）の場合
　イ．（退職金−退職所得控除額）≦300万円の場合

$$退職所得＝（退職金−退職所得控除額）×1/2$$

　ロ．（退職金−退職所得控除額）＞300万円の場合

$$退職所得＝（退職金−退職所得控除額）−150万円$$

ゴルフ会員権、絵画、金地金などの譲渡と税金

POINT

ゴルフ会員権、絵画、金地金などを譲渡し譲渡益が出た場合は、総合課税とされる譲渡所得として、給与所得などとともに所得税、住民税が課税されます。この場合、所有期間が5年を超えていれば税負担が軽くなります。

1. 資産の譲渡で総合課税とされるもの

資産の譲渡によって生じた所得のことを譲渡所得といいます。

土地（借地権を含む）や建物、株式を譲渡した場合の所得も譲渡所得に該当しますが、これらは政策的な見地から、他の所得とは分離して税金が計算される仕組み（分離課税）がとられています。

これに対し、ゴルフ会員権、絵画、金地金、書画骨董、宝石などを譲渡した場合には、所得税の基本的な考え方である総合課税の方法により税金が課税されます。

2. 譲渡所得の計算方法

総合課税される譲渡所得は、譲渡した資産の所有期間の違いにより、次の算式で所得が計算されます。

> ① 短期譲渡（取得日から5年以内の譲渡）
> 　譲渡収入－（取得費＋譲渡費用）－特別控除額（50万円限度）
> ② 長期譲渡（取得日から5年超の譲渡）
> 　{譲渡収入－（取得費＋譲渡費用）－特別控除額（50万円の残額）}×1/2
> ※短期譲渡、長期譲渡両方ある場合の特別控除額は、まず短期譲渡から差し引き、トータル50万円が限度とされます。

これらの計算式からわかるように、譲渡益が出た場合、取得日から5年を超える譲渡（長期譲渡）は5年以内の譲渡（短期譲渡）に比べ、半分以下の税金ですむようになっています。

したがって、ゴルフ会員権や絵画などを売却し、譲渡益が出る場合は、取得してから何年目の売却かということが、税金の計算上、重要になります。

　なお、相続によって引き継いだ資産については、原則として被相続人（亡くなった方）の取得の日から計算することになります。

3. 譲渡損失が出た場合の損益通算

　総合課税される譲渡で譲渡損失が出た場合は、他の黒字の所得（給与所得や事業所得など）から差し引くことができます。この制度を損益通算といいます。

　たとえば、営業用の車両を譲渡して50万円の譲渡損失が出た場合、ほかに事業所得などが1,000万円あれば、差し引き950万円が課税対象になるということです。

　なお、ゴルフ会員権の譲渡損は、以前は損益通算の対象とされていましたが、2014年4月1日以後の譲渡から損益通算の対象から除かれました。

　また、譲渡損失が出ても損益通算の対象とならない資産があります。それは次のような資産です。

① 　貴金属、書画骨董、絵画その他鑑賞の目的となる盆栽や宝石などの動産
② 　ゴルフ会員権、リゾート会員権など
③ 　別荘など通常自己の居住の用に使っていない家屋

4. 総合譲渡で非課税とされるもの

　資産の譲渡により生じた所得であっても、家具、什器、衣服などの生活用動産や1個または1組の価格が30万円以下の貴金属、書画骨董、絵画などにかかるものについては、非課税とされ税金は課税されません。

　これは、このような資産を譲渡しても通常譲渡益は出ないと見込まれるからです。また、このような資産の譲渡損失は損益通算の対象としない旨の取扱いが、所得税法に定められています。

生命保険金と税金

生命保険は加入の仕方によって、かかる税金が変わります。保険料負担者（契約者）、被保険者、保険金受取人のパターンに応じ、相続税、所得税、贈与税が課税されます。

1. 死亡保険金にかかる税金

	保険料負担者（契約者）	被保険者	受取人	対象となる税金	扱い
死亡保険金	A	A	B	相続税	①
		B	A	所得税、住民税	②
			C	贈与税	③

① 保険料負担者と被保険者が同一の場合には、相続税の対象となります。

受取人が相続人の場合は、生命保険金の非課税規定が受けられます。

$$相続税の課税財産 = 死亡保険金 -（500万円 × 法定相続人の数）$$

なお、相続人以外の人および相続を放棄した人が受け取った場合は、非課税の規定は受けられません。

② 保険料負担者と受取人が同一で、被保険者が違う場合は、一時所得として所得税、住民税の対象となります。

次の算式により計算した金額が他の所得と総合して課税されます。

$$一時所得の金額 = \left(\begin{matrix} 死亡 \\ 保険金 \end{matrix} - \begin{matrix} 払込 \\ 保険料 \end{matrix} - \begin{matrix} 特別控除 \\ 50万円限度 \end{matrix} \right) \times \frac{1}{2}$$

③ 保険料負担者、被保険者、受取人がすべて違う場合は、保険料負担者（契約者）から受取人に贈与があったとして、贈与税が課税されます。

$$贈与税の課税価格 = \begin{matrix} 死亡 \\ 保険金 \end{matrix} - \begin{matrix} 基礎控除 \\ 110万円 \end{matrix}$$

贈与税は、他の税金に比べて、税率が高いので、このような保険金の受取方法は税金面からは不利になります。加入時には十分注意してください。

2. 満期保険金にかかる税金

	保険料負担者 （契約者）	被保険者	受取人	対象となる税金	扱い
満期保険金	A	だれでも	A	所得税、住民税	①
			A以外	贈与税	②

① 保険料負担者と受取人が同一の場合は、所得税、住民税の対象となります。

　㈑ 一時所得となる場合

　　満期保険金を一時金で受け取る場合は、一時所得となります。次の算式により計算した金額が他の所得と総合して課税されます。

$$
一時所得の金額 = \left(\begin{array}{c} 満\ 期 \\ 保険金 \end{array} - \begin{array}{c} 払\ 込 \\ 保険料 \end{array} - \begin{array}{c} 特\ 別\ 控\ 除 \\ 50万円限度 \end{array} \right) \times \frac{1}{2}
$$

　　なお、保険期間または解約期間が5年以下の一時払養老保険の満期保険金は、金融類似商品として、保険金受取時に20.315％の源泉分離課税が行われます。

　㈒ 雑所得となる場合

　　保険金を年金で受け取る場合は、雑所得となります。次の算式により計算した金額が雑所得として課税されます。

$$
雑所得 = 受取年金 - \begin{array}{c} 受取年金に対応する \\ 支\ 払\ 保\ 険\ 料 \end{array}
$$

② 保険料負担者と受取人が違う場合は、保険料負担者から受取人への贈与があったものとして、贈与税が課税されます。

$$
贈与税の課税価格 = \begin{array}{c} 満\ 期 \\ 保険金 \end{array} - \begin{array}{c} 基礎控除 \\ 110万円 \end{array}
$$

※ **1. 2.** について、所得税の課税対象となる場合は、2037年12月31日まで、併せて復興特別所得税もかかります。

1. 死亡保険金にかかる税金

計算例

　父を被保険者とし、私（20歳以上）を保険金受取人とする生命保険契約を締結し、保険料は父、母、私の3人で3分の1ずつ負担していました（保険料支払総額900万円）。
　先日、父の死亡により、6,000万円の保険金の支払を受けましたが、これに対する課税はどうなりますか。なお、相続人は母と私の2人だけです。

解答

① 父が負担していた保険料の部分……相続税の対象となります。

みなし相続財産6,000万円 $\times \dfrac{1}{3}$ ＝2,000万円

2,000万円－（500万円×2人）＝1,000万円…相続税の課税対象金額

② 私が負担していた保険料の部分……所得税、住民税の対象となります。

一時所得の総収入金額6,000万円 $\times \dfrac{1}{3}$ ＝2,000万円

私の負担した払込保険料900万円 $\times \dfrac{1}{3}$ ＝300万円

一時所得の金額（2,000万円－300万円－特別控除50万円）＝1,650万円

1,650万円 $\times \dfrac{1}{2}$ ＝825万円…所得税、住民税の課税対象金額

③ 母が負担していた保険料の部分……贈与税の対象となります。

みなし贈与財産6,000万円 $\times \dfrac{1}{3}$ ＝2,000万円

※贈与税

（2,000万円－110万円）×45％－265万円＝585.5万円

2. 満期保険金にかかる税金

計算例

　私の生命保険が満期になり、保険金1,000万円を受け取りました。保険料500万円は、父と私で半分ずつ負担していました。これに対する課税はどうなりますか。

解答

① 父が負担していた保険料の部分……贈与税の対象となります。

贈与税の課税対象金額1,000万円 $\times \dfrac{1}{2}$ ＝500万円

※贈与税

（500万円－110万円）×15％－10万円＝48.5万円

② 私が負担していた保険料の部分……所得税、住民税の対象となります。

一時所得の総収入金額1,000万円 $\times \dfrac{1}{2} = 500$万円

私の負担した払込保険料500万円 $\times \dfrac{1}{2} = 250$万円

一時所得の金額（500万円 － 250万円 － 特別控除50万円）＝ 200万円

200万円 $\times \dfrac{1}{2} = 100$万円……所得税、住民税の課税対象金額

計算例

私は、60歳となった今年から個人年金保険の年金を受け取っています。受取年金額は年間100万円で受取期間は10年間、支払保険料の総額は800万円です。この場合の課税はどうなりますか。

解答

所得税、住民税の対象となります。

$$100万円 - 100万円 \times \frac{\overset{\text{（受取年金に対応する支払保険料）}}{800万円}}{100万円 \times 10年間} = 20万円 \text{（雑所得の金額）}$$

6 年金と税金

POINT

年金には、国民年金や厚生年金保険などの公的年金のほかに厚生年金基金から給付される年金や退職年金などの企業年金、生命保険会社などが取り扱う個人年金があります。これらの年金は、雑所得として、所得税、住民税が課税されます。

しかし、その所得の計算方法は、公的年金や企業年金（「公的年金等」）と個人年金で大きな違いがあります。

1. 公的年金等の所得計算

公的年金等に係る雑所得は、1年間の公的年金等の全収入から公的年金等控除額を差し引いて計算します。なお、公的年金等に係る雑所得は、他の所得と合算され、総合課税の対象となります。

> 1年間の公的年金等の全収入 − 公的年金等控除額 = 公的年金等に係る雑所得

公的年金等控除額は、年金の受給者の年齢が65歳以上か65歳未満かで異なり、次の表のようになります。

〈所得税における公的年金等控除額〉

公的年金等の収入金額 A	公的年金等控除額		
	公的年金等に係る雑所得以外の所得に係る合計所得金額		
	1,000万円以下	1,000万円超 2,000万円以下	2,000万円超
130(330)万円以下	60(110)万円	50(100)万円	40(90)万円
130(330)万円超　410万円以下	A×25% +27.5万円	A×25% +17.5万円	A×25% +7.5万円
410万円超　　770万円以下	A×15% +68.5万円	A×15% +58.5万円	A×15% +48.5万円
770万円超　1,000万円以下	A×5% +145.5万円	A×5% +135.5万円	A×5% +125.5万円

| 1,000万円超 | 195.5万円 | 185.5万円 | 175.5万円 |

※上記表のカッコ内は65歳以上の者の取扱い

2. 公的年金等に係る雑所得と確定申告

　公的年金等の収入金額の合計額が400万円以下（複数から受給されている場合は、その合計額）であり、かつ、その公的年金等の全部が源泉徴収の対象となる場合において、公的年金等に係る雑所得以外の所得金額が20万円以下であるときは、所得税の確定申告は必要ありません。

　源泉徴収の対象とならない公的年金等がある場合や、公的年金等以外の所得金額が20万円を超える場合は、所得税の確定申告が必要になります。

　また、医療費など各種控除がある場合等は、確定申告をすることにより源泉徴収されている所得税の還付を受けることができます（義務ではない（任意））。

　ただし、所得税と住民税では取扱いが異なり、公的年金等に係る雑所得以外の所得金額があれば、それが20万円以下でも住民税では申告が必要になります。なお、所得税の確定申告をすれば、住民税の申告は不要（税務署から市区町村にデータが連携されます）で、住民税の納税は特別徴収（年金から天引き）されます。

　障害年金・遺族年金は、所得税等・住民税とも非課税です。

3. 個人年金の所得計算

　生命保険会社等の個人年金を受け取った場合の所得は雑所得に該当します。

　上述のように、個人年金は雑所得でありながら公的年金等とは別にその所得計算を行うことになります。具体的な計算式は、次のようになります。

---

① 　総収入金額　その年の年金収入

② 　必要経費　その年の年金収入 $\times \dfrac{支払保険料総額}{年金の支給総額見込額}$（小数点2位未満切上げ）

③ 　①－②＝個人年金に係る雑所得

　実際に確定申告する際には、生命保険会社などから総収入金額や必要経費に関する案内が送付される場合があります。それを参考に申告書に記入すると簡単です。

　このように計算された個人年金に係る雑所得は総合課税の対象とされます。

所得控除

POINT 所得税は個人の所得に係る税金であるため、税金の計算上、個人的事情を勘案するために所得控除の制度が設けられています。

1. 雑損控除

本人や生計を一にしているその配偶者、親族（総所得金額等の合計額が48万円以下の者）が所有している、住宅、家財、現金等、生活に通常必要な資産が、災害、盗難、横領によって損害を被った場合に控除の対象となります。なお、年末調整で適用を受けることができませんので、給与所得者も確定申告が必要になります。

（控除額）

損失の額は、「時価」または「取得価額から減価償却費累積額相当額を控除した金額」を基礎として計算し、保険金、損害賠償金等で補てんされる金額を差し引いた金額が控除の対象となります。

① 雑損失の額 − （合計所得金額×10％） ⎫
② 災害関連支出の額 − ５万円　　　　　　⎬ いずれか多いほうの金額

なお、雑損控除の額が合計所得金額から控除しきれない場合には、控除しきれない雑損失の額を翌年以後３年間繰り越すことができます。また、特定非常災害による雑損失については、繰越期間が５年間に延長されました。

2. 医療費控除

本人や生計を一にしているその配偶者、その他の親族の医療費を支払った場合には控除の対象となります。なお、年末調整で適用を受けることができないので、給与所得者も確定申告が必要になります。

（控除額）限度額200万円

（医療費の額 − 保険金等で補てんされる金額） − $\left(\begin{array}{l}\text{総所得金額等の合計額の５％ま}\\\text{たは10万円のいずれか低い金額}\end{array}\right)$

（医療費控除の特例）

特定健康診査・定期健康診断・がん検診・予防接種などを受けている納税者が、2017年１月１日から2026年12月31日までの間に一定のスイッチOTC医薬品（医療用から転用された医薬品）を購入した場合に、購入金額の合計額が１万2,000円を超えるときは、その超える部分の金額（上限88,000円）が所得控除されます。

　この特例は、通常の医療費控除とは選択適用となり、両方を併用することはできません。

　なお、通常の医療費控除、医療費控除の特例とも、確定申告書を提出する場合には、「医療費等の明細書」を提出することになります（領収書の提出等は不要）。

3. 社会保険料控除

　本人や生計を一にしているその配偶者、その他の親族が負担することになっている健康保険、厚生年金保険、雇用保険、国民健康保険、国民年金等の保険料を支払った場合、その全額が控除されます。

4. 小規模企業共済等掛金控除

　納税者が小規模企業共済等掛金を支払った場合は、小規模企業共済等掛金控除として、その支払った金額全部が控除されます。

　なお、小規模企業共済等掛金とは、①小規模企業共済法に規定する共済契約に基づく掛金、②確定拠出年金法に規定する個人型年金の加入者掛金、③心身障害者扶養共済制度に基づく掛金をいいます。

5. 生命保険料控除

　その年中に支払った生命保険料について、次の表の①により計算した額が控除されます。なお、2012年分（住民税は2013年度分）以後、新たに介護医療保険料の控除が創設され、2012年1月1日以後に締結した契約については、次の表の②により計算した額が控除されます。

　2012年分（住民税は2013年度分）以後についても、2011年12月31日以前契約分については表の①の控除額を継続して適用できますが、2012年1月1日以後契約分と併用する場合の適用限度額は、それぞれ所得税4万円、住民税2万8,000円になります。

生命保険料控除額

① 2011年12月31日以前契約分

・所得税

支払保険料等の区分	支払保険料等の金額	控除額
①一般の生命保険料だけの場合	2万5,000円以下	支払保険料等の全額
	2万5,000円超　5万円以下	支払保険料等×1/2＋1万2,500円
	5万円超　10万円以下	支払保険料等×1/4＋2万5,000円
	10万円超	一律5万円
②個人年金保険料だけの場合	上記①と同様の方法により求めた金額	
③上記①②両方ある場合	上記①と②の合計額（上限10万円）	

・住民税

支払保険料等の区分	支払保険料等の金額	控除額
①一般の生命保険料だけの場合	1万5,000円以下	支払保険料等の全額
	1万5,000円超　4万円以下	支払保険料等×1/2＋7,500円
	4万円超　7万円以下	支払保険料等×1/4＋1万7,500円
	7万円超	一律3万5,000円
②個人年金保険料だけの場合	上記①と同様の方法により求めた金額	
③上記①②両方ある場合	上記①と②の合計額（上限7万円）	

② 2012年1月1日以後契約分

・所得税

支払保険料等の区分	支払保険料等の金額	控除額
①一般の生命保険料だけの場合	2万円以下	支払保険料等の全額
	2万円超　4万円以下	支払保険料等×1/2＋1万円
	4万円超　8万円以下	支払保険料等×1/4＋2万円
	8万円超	一律4万円
②個人年金保険料だけの場合	上記①と同様の方法により求めた金額	
③介護医療保険料だけの場合	上記①と同様の方法により求めた金額	
④上記①〜③がある場合	上記①〜③の合計額（上限12万円）	

・住民税

支払保険料等の区分	支払保険料等の金額	控除額
①一般の生命保険料だけの場合	1万2,000円以下	支払保険料等の全額
	1万2,000円超3万2,000円以下	支払保険料等×1/2＋6,000円
	3万2,000円超5万6,000円以下	支払保険料等×1/4＋1万4,000円
	5万6,000円超	一律2万8,000円
②個人年金保険料だけの場合	上記①と同様の方法により求めた金額	
③介護医療保険料だけの場合	上記①と同様の方法により求めた金額	
④上記①～③がある場合	上記①～③の合計額（上限7万円）	

6. 地震保険料控除

　2006年度税制改正により、従来の損害保険料控除が改組され、地震保険料控除が創設されました。

　居住用家屋、生活用動産を保険目的とする地震保険契約の保険料等を支払った場合は、所得税で支払保険料等の全額（最高5万円）、住民税で支払保険料等の半額（最高2万5,000円）が所得金額から控除されます。

　なお、地震保険料控除の創設に伴い、従来の損害保険料控除は所得税で2006年分、住民税で2007年度分をもって適用できなくなりましたが、経過措置として、2006年12月31日までに締結した長期損害保険契約等（地震保険契約を除きます）は、その後も従来の損害保険料控除と同様に控除が適用できます。

　ただし、地震保険料控除と合わせて所得税5万円、住民税2万5,000円が限度になります。

Ⅳ　その他の個人の税金

地震保険料控除額（所得税、住民税）

		支払保険料	所得税における控除額
所得税	① 地震保険契約の場合	5万円以下	全額
		5万円超	5万円
	② 長期損害保険契約の場合※	1万円以下	全額
		1万円超2万円以下	支払保険料 $\times \dfrac{1}{2} + 5{,}000$ 円
		2万円超	1万5,000円
	③ ①と②の両方の場合		①と②の合計額（限度5万円）

		支払保険料	住民税における控除額
住民税	① 地震保険契約の場合	5万円以下	支払保険料 $\times \dfrac{1}{2}$
		5万円超	2万5,000円
	② 長期損害保険契約の場合※	5,000円以下	全額
		5,000円超1万5,000円以下	支払保険料 $\times \dfrac{1}{2} + 2{,}500$ 円
		1万5,000円超	1万円
	③ ①と②の両方の場合		①と②の合計額（限度2万5,000円）

※2006年12月31日までに契約を締結したものに限る。

7. 寄附金控除

(1) 原　　則

　本人が一定の寄附をした場合に控除が認められます。寄附金控除は所得税と住民税とでは取扱いが異なり、住民税では税額控除です。

　所得税の寄附金控除は、国、地方公共団体、社会福祉法人、日本赤十字社、認定NPO、政党などに対する寄附金が対象となります。なお、年末調整で適用を受けることができないので、給与所得者も確定申告が必要になります。

　(控除額)

　所得税：特定寄附金の額（総所得金額等の合計額の40％を限度）－2,000円

　なお、次に掲げる寄附金は、所得控除に代えて税額控除を選択することができます。

・認定特定非営利活動法人に対する一定の寄附金

・一定の公益社団法人、公益財団法人、学校法人、社会福祉法人および更生保護法人に対する寄附金

$$\text{税額控除額(所得}\atop\text{税額の25\%限度)}=\left(\genfrac{}{}{0pt}{}{\text{「対象寄附金の額」と「総所得金額等の合計}}{\text{額×40\%」のいずれか低いほうの金額}}-2,000\text{円}\right)×40\%$$

(2)　特定中小会社が発行した株式を取得した場合の課税の特例

　　次の要件を満たす特定中小会社に出資した金額について、800万円（2020年12月31日以前は1,000万円）を限度として寄附金控除を適用できます。

①　設立1年目の株式会社

　　中小企業者の新たな事業活動の促進に関する法律に規定する特定新規中小企業者

②　設立2年目または3年目の株式会社

　　特定新規中小企業者であって前事業年度および前々事業年度における営業活動によるキャッシュフローが赤字であるもの

8. 障害者控除

　　本人や控除対象配偶者、扶養親族が障害者である場合には、障害者一人につき次の金額が控除されます。なお、扶養親族または控除対象配偶者が同居特別障害者である場合には、控除額が加算されます。

	所得税	住民税
障害者	27万円	26万円
特別障害者	40万円	30万円
同居特別障害者	75万円	53万円

9. 寡婦控除

　　本人が寡婦の場合、27万円（住民税は26万円）が控除されます。

　　寡婦とは、次項「10. ひとり親」に該当せず、次のいずれかに当てはまる人です。その人と事実上婚姻関係と同様の事情にあると認められる一定の人がいる場合、対象とはなりません。

(1)　夫と離婚した後婚姻をしておらず、扶養親族がいる人で、合計所得金額が500万円以下の人

(2)　夫と死別した後婚姻をしていない人または夫の生死が明らかでない一定の人で、合計所得金額が500万円以下の人

10. ひとり親控除

　　本人がひとり親の場合、35万円（住民税は30万円）が控除されます。

ひとり親とは、婚姻をしていないこと、または配偶者の生死の明らかでない一定の人のうち、次の3つの要件のすべてに当てはまる人です。

⑴　その人と事実上婚姻関係と同様の事情にあると認められる一定の人がいないこと

⑵　生計を一にする子がいること

　この場合の子は、その年分の総所得金額等が48万円以下で、他の人の同一生計配偶者や扶養親族になっていない人に限られます。

⑶　合計所得金額が500万円以下であること

11. 勤労学生控除

　本人が勤労学生の場合には、27万円（住民税は26万円）が控除されます。なお、勤労学生とは、大学、高等専門学校、高等学校、専修学校等の学生、生徒などで、①合計所得金額75万円以下、②自己の勤労によらない所得（配当所得、不動産所得等）が10万円以下の者をいいます。

12. 配偶者控除

　合計所得金額1,000万円以下の納税者本人と生計を一にする合計所得金額48万円以下（パート収入のみの場合は収入金額103万円以下）の配偶者（控除対象配偶者）がいる場合は、次の金額が控除されます。

控除対象配偶者の区分	納税者本人の合計所得金額					
	900万円以下		900万円超 950万円以下		950万円超 1,000万円以下	
	所得税	住民税	所得税	住民税	所得税	住民税
一般の控除対象配偶者	38万円	33万円	26万円	22万円	13万円	11万円
老人控除対象配偶者(70歳以上)	48万円	38万円	32万円	26万円	16万円	13万円

13. 配偶者特別控除

　本人の合計所得金額が1,000万円以下の者で、配偶者控除の適用が受けられない生計を一にする配偶者がいる場合に、配偶者控除に代えて控除が受けられます。

配偶者の合計所得金額		納税者本人の合計所得金額					
		900万円以下		900万円超 950万円以下		950万円超 1,000万円以下	
超	以下	所得税	住民税	所得税	住民税	所得税	住民税
48万円	95万円	38万円	33万円	26万円	22万円	13万円	11万円
95万円	100万円	36万円	33万円	24万円	22万円	12万円	11万円
100万円	105万円	31万円	31万円	21万円	21万円	11万円	11万円
105万円	110万円	26万円	26万円	18万円	18万円	9万円	9万円
110万円	115万円	21万円	21万円	14万円	14万円	7万円	7万円
115万円	120万円	16万円	16万円	11万円	11万円	6万円	6万円
120万円	125万円	11万円	11万円	8万円	8万円	4万円	4万円
125万円	130万円	6万円	6万円	4万円	4万円	2万円	2万円
130万円	133万円	3万円	3万円	2万円	2万円	1万円	1万円
133万円		控除なし					

14. 扶養控除

　納税者本人と生計を一にする合計所得金額48万円以下の親族等（扶養親族）がいる場合には、次の金額が控除されます。

　なお、2023年分以後の所得税からは、国外親族に係る扶養控除については、次のイ．～ハ．を除く30歳以上70歳未満の者は適用されません。

　イ．留学により非居住者となった者

　ロ．障害者

　ハ．生活費または教育費の負担を38万円以上受けている者

扶養親族の種類			所得税	住民税
扶養親族	16歳未満		控除なし	控除なし
	16歳～18歳		38万円	33万円
特定扶養親族	19歳～22歳		63万円	45万円
一般扶養親族	23歳～69歳		38万円	33万円
老人扶養親族	70歳以上	一般	48万円	38万円
		同居老親	58万円	45万円

15. 基礎控除

本人の合計所得金額が2,500万円以下の場合、次の基礎控除が適用できます。

合計所得金額		所得税	住民税
	2,400万円以下	48万円	43万円
2,400万円超	2,450万円以下	32万円	29万円
2,450万円超	2,500万円以下	16万円	15万円
2,500万円超		0円	0円

16. 人的控除の判定時期

上記 **8. 障害者控除**から**14. 扶養控除**までの人的控除については、原則として、その年12月31日の現況により判定を行います。ただし、年の中途で死亡した場合は、死亡時の現況で判定します。

8 消費税等

POINT

消費税・地方消費税は、いわゆる間接税であり、事業者（商店主など）が負担する税金ではありません。最終消費者が負担する税金です。消費税等の申告納税は、税を預かる事業者が行います。事業者の消費税等の計算は、一般（原則）課税制度、簡易課税制度と免税事業者に区分されます。

1. 消費税等の本来の負担者は最終消費者

　消費税等は間接税であり、本来の負担者は最終消費者となりますが、消費税等の申告納税は、税金を預かる事業者（商店主など）が行います。商店主などの事業者は、預かった消費税等の納税ができるよう、運転資金などとは別にプールしておいたほうがよいでしょう。

2. 一般（原則）課税の対象となる事業者

　事業者は、商品等を売り上げる際に消費税等を預かります。税率は原則10％（消費税7.8％、地方消費税2.2％）で、飲食料品など（外食・酒類を除く）の軽減税率は8％（消費税6.24％、地方消費税1.76％）です。原則課税制度は、課税対象となる年間の売上で預かった消費税額から、課税対象となる年間の仕入れなどで支払った消費税額を差し引いた残りを税務署に納税することになります。なお、個人事業者の消費税等は、1月1日から12月31日の1年間で計算し、翌年3月31日までに申告納税することになります。

　また、2023年10月1日より、インボイス制度（適格請求書等保存方式）が導入されました。インボイス制度では、仕入税額控除するためには適格請求書発行事業者から交付を受けたインボイス（適格請求書）を保存する必要があります。なお、適格請求書発行事業者は、免税事業者以外の事業者で登録を受けた事業者です。したがって、免税事業者はインボイスを発行できず、免税事業者からの仕入などを行った事業者は、原則として仕入税額控除ができません。ただし、制度開始後6年間は、免税事業者からの課税仕入れについても、仕入税額相当額の一定割合（2023年10月から2026年9月までは80％、2026年10月から2029年9月までは50％）を仕入税額控除として控除できる経過措置が設けられています。

　なお、居住用賃貸建物の取得に係る消費税については、仕入税額控除制度の適用が

認められません。ただし、居住用賃貸建物のうち、住宅の貸付けに供しないことが明らかな部分については、仕入税額控除制度の対象とされます。

（消費税）
　　納付する消費税＝税抜き課税売上×7.8%[※]－税抜き課税仕入れ×7.8%[※]
（地方消費税）
　　納付する地方消費税＝納付する消費税×$\dfrac{22}{78}$

※軽減税率対象は6.24%

3.　簡易課税制度

　消費税を申告し納税する事業者にすれば、税金の手間はなるべく簡単なほうが事務手続が少なくて済みます。そこで、基準期間（2年前）における課税売上高が5,000万円以下のものは原則課税制度ではなく、納める税金を簡便な方法で計算することが認められています（簡易課税制度）。

　簡易課税制度を選んだ場合には、課税対象となる年間の売上高から直接納める税金を弾き出します。したがって、年間の仕入れの際に支払った消費税を帳簿から拾い出し、集計する必要はありません。

（消費税）
　　納付する消費税
　　＝税抜き課税売上×7.8%[※]－（税抜き課税売上×みなし仕入率×7.8%^{※1}）
（地方消費税）
　　納付する地方消費税＝納付する消費税×$\dfrac{22}{78}$

※軽減税率対象は6.24%

　みなし仕入率は業種により、卸売業90%、小売業80%、農林水産業・鉱業・建設業・製造業70%、飲食業等60%、運輸通信業・サービス業・金融保険業50%、不動産業40%です。

4.　免税事業者

　基準期間である前々年および前年1月1日から6月30日までの課税売上高が年間1,000万円以下の事業者は、消費税の納税義務が免除されています。つまり、申告納税が不要になるということです。

　ただし、大規模な設備投資を行い多額の消費税等を支払った場合には、消費税等の還付を受けることができますが、免税事業者は事前に「消費税課税事業者選択届出書」を提出して、申告する必要があります。

大規模な設備投資を行う際には、事前準備が大切です。なお、この届出書を提出して100万円以上の固定資産を取得した場合などは、少なくとも3年間、免税事業者に戻ることができません。

　また、課税事業者が簡易課税の適用を受けない課税期間中に、国内における高額資産（税抜き1,000万円以上の棚卸資産または調整対象固定資産）の課税仕入れを行った場合には、その取得があった課税期間を含む3年間は免税事業者となることはできず、簡易課税制度も選択できません。

5. 消費税が課税されない取引

　消費税は消費に対し課税されます。したがって、消費ではない土地の譲渡や貸付け、預金利子や保険金の受取りなどは非課税となります。また、政策的な配慮から、社会保険医療や助産、住宅の貸付け、学校の入学金・授業料なども非課税として取り扱われています。

6. インボイス制度の円滑な実施に向けた所要の措置

⑴　小規模事業者に関する税負担軽減措置

　2023年10月1日から2026年9月30日までの日の属する各課税期間（最大4年間）において、免税事業者が適格請求書発行事業者を選択した場合には、当面の税負担の軽減を図るため、納税額を売上に係る消費税額の2割に軽減する措置が設けられました。これにより、業種にかかわらず、収入を把握するだけで消費税の申告ができるので、簡易課税を選択するよりも事務負担は軽減できます。

⑵　売上高1億円以下等の事業者に関する事務負担軽減措置

　基準期間（前々事業年度1年間）における課税売上高が1億円以下または特定期間（前事業年度開始から6か月間）における課税売上高が5,000万円以下である事業者が、2023年10月1日から2029年9月30日までの間（インボイス開始から6年間）に行う1万円未満の課税仕入れについては、一定の事項が記載された帳簿のみの保存で、インボイスの保存が無くても仕入税額控除ができます。

⑶　少額な返還インボイスに関する事務負担軽減措置（期限なし）

　1万円未満の少額な値引きについては、返還インボイスの交付が免除されます。

9 その他、身のまわりの税金

POINT

　いまの日本には、所得税や消費税、相続税など約50種類の税金があります。ひと言で税金といっても、課税する側の違いにより国税もあれば地方税もあり、また、税金を負担する側の違いにより直接税もあれば間接税もあります。最後に、身のまわりの税金全般をみましょう。

1. バラエティーに富む身のまわりの税金

　私たちの身のまわりの税金は非常にバラエティーに富んでいます。これを一覧表にまとめると、次のようになります。

　なお、東京都は道府県税に相当する税を、東京都の特別区は市町村税に相当する税を課税していますが、法人に対する市町村税の一部は東京都が課税しています。

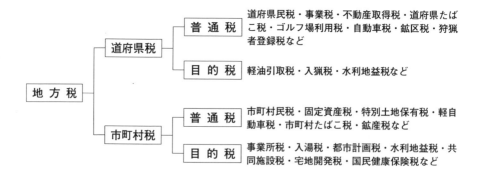

- **国　税**（内国税）
  - 所得税・法人税…所得にかかるもの
  - 相続税・贈与税…財産にかかるもの
  - 消費税・酒税・たばこ税・揮発油税・地方道路税・石油ガス税・航空機燃料税・石油税・電源開発促進税 … 消費にかかるもの
  - 取引所税・自動車重量税・登録免許税・印紙税・とん税・特別とん税 … 財の移転にかかるもの

- **地方税**
  - **道府県税**
    - **普通税**　道府県民税・事業税・不動産取得税・道府県たばこ税・ゴルフ場利用税・自動車税・鉱区税・狩猟者登録税など
    - **目的税**　軽油引取税・入猟税・水利地益税など
  - **市町村税**
    - **普通税**　市町村民税・固定資産税・特別土地保有税・軽自動車税・市町村たばこ税・鉱産税など
    - **目的税**　事業所税・入湯税・都市計画税・水利地益税・共同施設税・宅地開発税・国民健康保険税など

2. レジャーにかかる税金

　ゴルフを楽しむ場合も消費税がかかりますが、そのほかにゴルフ場利用税が課税されてきます。ゴルフ場利用税も道府県が課す税金で、その税率は1人1日800円（標準額、上限1,200円）が必要となります。余談ですが、温泉付きのゴルフ場ですと、そのほかに入湯税が1人一泊につき150円（日帰りは50円）が必要となります。

3. マイカーにかかる税金

　自動車を保有されている方もよき納税者です。自動車にかかわる税金をあげていくと次のようになります。

　消費税、自動車重量税、自動車税、自動車取得税、石油ガス税、軽油引取税、軽自動車税。

　消費税、自動車重量税、石油ガス税は国が課す国税です。これに対し、自動車税（毎年4月1日の所有者に課税されます。4月1日以後の取得の場合には、月割りで課税される）、自動車取得税は道府県税です。

　軽自動車税は、4月1日現在の軽自動車、スクーター、オートバイなどの所有者に対し市町村が課税するものです。ただし、自動車税のような月割り課税はされません。

4. 酒税、たばこ税

　お酒、たばこの嗜好品には、酒税や、都道府県・市町村たばこ税といった税金が課せられます。

法人編

V

法人の利益にかかる税金

1 取引から損益計算書まで

POINT 法人に課せられる法人税は、所得税と同様に所得金額（利益）に対して課せられる税金です。法人税の所得金額は、企業会計の当期純利益に、企業会計の「収益・費用」と法人税の「益金・損金」の異なる部分を調整して計算します。

1. 法 人 税

　法人に課せられる法人税は、所得税と同様に所得金額（利益）に対して課せられる税金です。

　所得税では、個人のその年の所得を利子所得、配当所得、事業所得、不動産所得、譲渡所得など10種類に区分してそれぞれの所得を計算し、配偶者控除、扶養控除、医療費控除などの所得控除額を控除して、所得税の税率を乗じて計算します。所得税の基本税率は、所得金額が大きくなるほど高くなる超過累進税率となっています。

　一方、法人税では、益金から損金を控除して、所得の種類に区分することなく、その事業年度の所得をすべて一括して計算します。また、法人税では、所得控除はありません。法人税の税率は、原則として所得金額に関係なく一定の割合とする比例税率となっています。

　なお、個人事業主は、自分自身に給料を支払って事業所得の必要経費にすることはできませんが、法人とその役員は別個の納税義務者ですから、法人がその役員に支払った役員給与、役員退職金は原則として法人の損金となります。役員がもらった役員給与、役員退職金は所得税、個人住民税の対象になります。

　個人の所得金額の計算期間は、各年の1月1日から12月31日までの暦年の1年間です。所得税は、翌年の2月16日から3月15日までに確定申告して、納税することになっています。法人の場合には、その法人の定款で決められた事業年度（通常は任意に決められた1年間）を計算期間として所得金額を計算します。法人税は、原則として事業年度終了の日の翌日から2カ月以内に確定申告して、納税することになっています。

2. 企業会計の当期純利益

　法人税の課税所得金額は益金（法人税法上の収益）から損金（法人税法上の費用）を控除すると計算できますが、実際には益金から損金を控除して計算するのではな

く、企業会計の損益計算書で計算した当期純利益に企業会計と法人税法の異なる部分を調整して、法人税の課税所得金額を計算します。

　企業会計では、損益計算書で収益から費用を控除して当期純利益を計算しますが、具体的には次のような手順で損益計算書が作成されます。

（企業会計の一巡）

取引 → 仕訳・伝票 → 総勘定元帳 → 試算表 → 決算 ⎰損益計算書
　　　　　　　　　　　　　　　　　　　　　　　　⎱貸借対照表

3. 収益と費用

企業会計の当期純利益は、収益から費用を控除して計算されます。

$$当期純利益＝収益－費用$$

　収益は利益を生み出す源泉となるもので、費用は収益を得るために犠牲となって支出するものです。

収益：売上高、受取手数料、受取家賃、受取利息、受取配当金、雑収入、有価証券売却
　　　益、固定資産売却益など

費用：売上原価、給与手当、賞与、退職金、法定福利費、福利厚生費、広告宣伝費、販売
　　　手数料、販売促進費、旅費交通費、通信費、交際接待費、会議費、支払手数料、諸会
　　　費、水道光熱費、賃借料、地代家賃、保険料、消耗品費、事務用品費、修繕費、租税公
　　　課、図書研修費、車両費、減価償却費、貸倒損失、雑費、支払利息、雑損失、有価証券
　　　評価損、有価証券売却損、固定資産売却損など

2 法人税のタイムスケジュール（決算から申告まで）

POINT 法人に課せられる法人税は、所得税と同様に所得金額に対して課せられる税金です。法人税は、原則として事業年度終了の日の翌日から2カ月以内に申告して、納税することになっています。

タイムスケジュール
　（事業年度が2024年4月1日から2025年3月31日の場合）
2024年
　4/1期首
　　　　　　　　　取引→仕訳・伝票→総勘定元帳

2025年
　3/31期末（決算日）→決算の手続①期末在庫の棚卸し
　　　　　　　　　　　　　　　　　②有形固定資産の減価償却
　　　　　　　　　　　　　　　　　③費用・収益の追加計上・繰延べ
　　　　　　　　　　　　　　　　　④引当金の設定
　　　　　　　　　　　　　　　　　⑤繰延資産の償却
　　　　　　　　　　　　　　　　　⑥その他

　　　　　損益計算書
　　　　　貸借対照表　｝の作成
　　　　　取締役会（決算書類の承認、附属明細書の承認）
　　　　　監査役が取締役会に監査報告書を提出
　決算日から3カ月以内
　　　　　定時株主総会
　決算日から2カ月以内
　　　　　法人税、法人事業税・法人住民税、消費税等の確定申告・納付
　商業登記（役員の変更登記など）

　翌事業年度の6カ月目から2カ月以内
　　　　　法人税、法人事業税・法人住民税、消費税等の中間申告・納付

1. 法人税の確定申告

　法人は、原則として事業年度終了の日の翌日から2カ月以内に、確定した決算に基づいて作成した確定申告書を納税地の所轄税務署長に提出しなければなりません。この手続を確定申告といいます。

2. 法人税の中間申告

　事業年度が6カ月を超える法人は、事業年度開始の日以後6カ月を経過した日から2カ月以内に、①前年度実績による予定申告、または②仮決算による中間申告をします。

　なお、中間申告書を期限内に提出しなかった場合は、前年度実績による予定申告をしたものとみなされます。

3. 青色申告

　青色申告は、税務署に「青色申告の承認申請書」を提出して、一定の帳簿を備える必要があります。青色申告を行うと、①準備金の損金算入、②固定資産の特別償却、③欠損金の繰越控除、④試験研究費の額が増加した場合等の法人税額の特別控除などの特典が受けられます。

（申請書の提出期限）

・原則……青色申告の承認を受けようとする事業年度開始の日の前日まで

・新設法人……設立した日以後3カ月を経過した日と設立後最初の事業年度終了の日とのいずれか早い日の前日まで

4. その他の税金の手続

・源泉所得税の納付……原則：翌月10日まで

　　　　　　　　　　　　　特例：7月10日と1月20日の年2回にまとめて納付

・固定資産税の納付……原則：4月、7月、12月、翌年2月

・給与所得者の年末調整……原則：12月

・住民税の給与支払報告書の提出（従業員の住所地の市町村）……1月31日まで

・法定調書の提出（税務署）……1月31日まで

・固定資産税の償却資産に関する申告（所在市町村）……1月31日まで

法人税法上の利益

POINT

法人税の課税所得金額は、企業会計の損益計算書で収益から費用を控除して計算した当期純利益に、企業会計の「収益・費用」と法人税の「益金・損金」の異なる部分を調整して計算します。

1. 企業会計の当期純利益

　法人税の課税所得金額は益金（法人税法上の収益）から損金（法人税法上の費用）を控除すると計算できますが、実際には益金から損金を控除して計算するのではなく、企業会計の損益計算書で計算した当期純利益に企業会計と法人税法の異なる部分を調整（加算、減算）して、法人税の課税所得金額を計算します。この調整をする書類を法人税の〔別表四〕といいます。

2. 益金と損金

(1) 益金（原則）

① 商品や製品の販売による収益の額

② 有償または無償による固定資産や有価証券の譲渡による収益の額

③ 有償または無償による請負その他の役務の提供による収益の額

④ 無償による資産の譲受けによる収益の額

⑤ その他法人の取引によって生じるすべての収益の額

　なお、資本等取引（資本等の増加・減少取引、利益の分配など）によるものは益金としません。また、無償で資産を譲渡した場合でもその資産の時価相当額で収益として計上し、そのうえで、その時価相当額を相手に寄附したものとして取り扱います。

(2) 損金（原則）

① その事業年度に販売した商品や製品の売上原価、完成工事原価、その他その事業年度の収益に係る原価の額

② その事業年度の販売費、一般管理費その他の費用の額（償却費以外の費用で事業年度末までに債務の確定していないものを除く）

③ その事業年度の損失の額

　なお、資本等取引（資本等の増加・減少取引、利益の分配など）によるものは損金としません。

3. 法人税法上の調整

⑴　**益金算入**

　企業決算上は収益として計上していませんが、法人税計算上は益金となるものを企業利益に加算します（準備金の戻入れによる益金算入など）。

⑵　**損金不算入**

　企業決算上は費用として計上していますが、法人税計算上は損金とならないものを企業利益に加算します（役員給与の損金不算入、法人税・法人住民税の損金不算入、交際費の損金不算入など）。

⑶　**損金算入**

　企業決算上は費用として計上していませんが、法人税計算上は損金となるものを企業利益から減算します（準備金の繰入れによる損金算入、繰越欠損金の控除など）。

⑷　**益金不算入**

　企業決算上は収益として計上していますが、法人税計算上は益金とならないものを企業利益から減算します（受取配当等の益金不算入、還付法人税の益金不算入など）。

```
┌─────────────────────────────────────────────────┐
│ 企業会計                                          │
│    収　益　－　費　用　＝    当期純利益           │
│    30,000      20,000           10,000           │
│                                                   │
│  益金算入　500              益金算入　　＋500     │
│                損金不算入 300  損金不算入　＋300   │
│                損金算入　 100  損金算入　 ▲100    │
│  益金不算入 200             益金不算入　▲200      │
│ 法人税法                                          │
│    益　金　－　損　金　＝    課税所得金額         │
│   (30,300)    (19,800)          10,500           │
│                                                   │
│                              〔別表四〕          │
└─────────────────────────────────────────────────┘
```

法人税の計算

POINT 　　法人税は、「所得金額×法人税の税率＝法人税額」で計算されます。法人税の基本税率は23.2%です。ただし、資本金が1億円以下の中小法人については、所得金額のうち年800万円以下の部分が15%となっています。

1. 法人税の基本的な計算

　法人税の計算は、前ページで計算した課税所得金額に法人税の税率を乗じて行います。

> 課税所得金額　×法人税の税率＝法人税額
> （千円未満切捨て）

2. 法人税の税率

　法人税では、所得税の超過累進税率と異なり、所得の増減にかかわりなく一定の税率（比例税率）により課税されます。税率は、2018年4月1日以後に開始する事業年度から、原則として23.2%です。しかし、資本金または出資金（以下「資本金」）が1億円以下の中小法人（資本金が5億円以上の法人または相互会社の100%子会社等を除く）については、課税所得金額のうち年800万円以下の部分が19%に軽減され、さらに2018年4月1日から2025年3月31日までに開始する事業年度については、景気対策として15%に軽減されます。

区　　分		事業年度開始時期	
		2018年4月1日〜 2025年3月31日	2025年4月1日以後
普通法人	大法人（所得の区分なし）	23.2%	
	中小法人　年800万円以下の課税所得金額	15%	19%※
	年800万円超の課税所得金額	23.2%	

※中小法人等の軽減税率の特例措置は期限到来をもって廃止される前提で作成

　たとえば、課税所得金額が10,500万円の場合には、次のように法人税が計算されます。

(1)　**大法人（資本金が１億円超の法人）**

　10,500万円×23.2%＝2,436万円

(2)　**中小法人（資本金が１億円以下の法人）**

　①　800万円×15%＝120万円

　②　(10,500万円－800万円)×23.2%＝2,250.4万円

　③　①＋②＝2,370.4万円

3.　納付する法人税額

　法人税は、課税所得金額に法人税の税率を乗じて計算しますが、実際に納付する金額はさらに一定の金額を加算したり減算したりして求めます。この納付する法人税額を計算する書類を法人税の〔別表一〕といいます。

　なお、法人税の納付は損金の額に算入されません。

〔別表一〕

①　課税所得金額（別表四で計算、千円未満切捨て） ↓ ②　課税所得金額×税率（23.2%、15%） ↓ ③　法人税額 ↓ ④　▲法人税額の特別控除 　　＋土地譲渡の特別税額（現在は停止中） 　　＋特定同族会社の特別税額（留保金課税） 　　▲所得税額・復興特別所得税額・外国税額の控除 ↓ ⑤　差引所得に対する法人税額 ↓ ⑥　▲中間申告分の法人税額 ↓ ⑦　納付する法人税額（百円未満切捨て）

法人住民税の計算

POINT 法人は、都道府県民税と市町村民税を納めなければなりません。一般に、都道府県民税と市町村民税を合わせて法人住民税といいます。

1. 法人住民税

法人は、道府県民税と市町村民税を納めなければなりません。東京都23区内の場合は、双方を合わせて都民税として納めます。

都道府県民税＝均等割額＋法人税割額

市町村民税＝均等割額＋法人税割額

2. 均等割額

均等割額は、法人の所得には関係なく資本金等の額と従業員数に応じて課税されます。したがって、赤字の法人でも納税の義務があります。

法人等の区分		標　準　税　率	
資本金等の額	従業員数	市町村民税	都道府県民税
50億円超	50人超	年300万円	年80万円
	50人以下	年 41万円	
10億円超 50億円以下	50人超	年175万円	年54万円
	50人以下	年 41万円	
1億円超 10億円以下	50人超	年 40万円	年13万円
	50人以下	年 16万円	
1,000万円超 1億円以下	50人超	年 15万円	年 5万円
	50人以下	年 13万円	
1,000万円以下	50人超	年 12万円	年 2万円
	50人以下	年 5万円	

※市町村民税の均等割額には制限税率があり、標準税率の1.2倍となっています。

※資本金等の額が資本金に資本準備金を加えた額を下回る場合、資本金と資本準備金の合計額が均等割の税率区分の基準となります。

3．法人税割額

　法人税割額は、原則として法人税法の規定により算定された法人税額を課税標準として、法人税割額の税率を乗じて計算されます。したがって、法人税額がゼロの赤字法人の場合には課税されません。

	標準税率	制限税率
道府県民税法人税割	1.0%	2.0%
市町村民税法人税割	6.0%	8.4%
計	7.0%	10.4%

　2019年10月1日から2025年3月31日までに開始する事業年度の所得金額に対する表面税率は、法人税率23.2%の7.0%で1.624%となります。中小法人の年800万円以下の所得金額については、法人税率15.0%の7.0%で1.05%となります。

4．地方法人税（国税）

　地域間の財源の偏在性を是正し、財政力格差の縮小を図るため、2014年10月1日以後に開始する事業年度から道府県民税法人税割および市町村民税法人税割の税率を引き下げ、その引下げ分に相当する地方法人税が創設されました（法人税と合わせて国（税務署）に申告納付）。

　また、上記のとおり、2019年10月1日以後に開始する事業年度から道府県民税法人税割および市町村民税法人税割の税率が引き下げられるため、その引下げ分に相当する地方法人税の税率が引き上げられました。

地方法人税の税率	10.3%

　地方法人税は法人税額を課税標準とし、基準法人税額に10.3%の税率を乗じて計算され、その税収全額が地方交付税原資とされます。

5．利子割額

　預貯金の利子等の額に対して5%徴収されていた利子割額は、2016年1月1日以後に法人が支払を受ける利子等から廃止されました。

6．損金不算入

　法人税の計算上、法人住民税・地方法人税の納付は損金の額に算入されません。したがって、課税所得金額の計算上、加算することになります。

6 法人事業税等の計算

POINT 法人は、その事務所、事業所が所在する都道府県に法人事業税を納めます。法人事業税は、原則として、法人税の課税所得金額に税率を乗じて計算します。

1. 法人事業税

法人事業税は、次の金額（課税標準）に対して法人事業税の税率を乗じて計算します。

---

① 通常の法人（②、③以外)……所得金額
② ガス供給業、生命保険業、損害保険業、電気供給業（小売電気・発電事業を除く）
　　　　　　　　　　　　　　　　　　　　　　　　　　　　　　　　……収入金額
③ 電気供給業のうち、小売電気・発電事業……資本金１億円超　：収入金額・付加価値
　　　　　　　　　　　　　　　　　　　　　　　　　額・資本金額
　　　　　　　　　　　　　　　　　資本金１億円以下：収入金額・所得金額

大多数の法人は所得金額を課税標準としています。法人事業税は、原則として、法人税の課税所得金額に税率を乗じて計算しますが、主に次のような項目については調整がされます。

① 医療法人等の社会保険診療報酬等の金額は、非課税とされています。また、社会保険診療報酬等に係る経費も損金とされません。
② 外国税額については、税額控除の制度はなく損金とされます。

2. 法人事業税の標準税率

法人事業税の標準税率は、次ページのとおりです。なお、制限税率は標準税率の1.2倍（資本金１億円超の普通法人の所得割は1.7倍）となっており、都道府県は条例で定めれば、この範囲内で課税することができます。

⑴ 資本金または出資金の額（以下「資本金」）１億円以下の普通法人等

課税標準	
年400万円以下の所得	3.5%
年400万円超800万円以下の所得	5.3%
年800万円超の所得	7.0%

⑵ 特別法人（医療法人、協同組合など）

課税標準	
年400万円以下の所得	3.5%
年400万円超の所得	4.9%

⑶ ガス供給業および保険業を行う法人

課税標準	
一定の収入金額に対する税率	1.0%

⑷ 資本金１億円超の普通法人など（外形標準課税）
① 所得割

課税標準	2022年３月31日前 開始事業年度	2022年４月１日以後 開始事業年度
年400万円以下の所得	0.4%	
年400万円超800万円以下の所得	0.7%	1.0%
年800万円超の所得	1.0%	

② 付加価値割

課税標準	
付加価値（報酬給与額・純支払利子・純支払賃料の合計額と単年度損益の合計額）	1.2%

③ 資本割

課税標準	
資本金等の額※	0.5%

※「資本金等の額＜資本金と資本準備金の合計額」の場合、資本金と資本準備金の合計額が課税標準になります。

3. 特別法人事業税

　法人事業税額（標準税率により計算した所得割額または収入割額）を課税標準とし、2019年10月1日以後に開始する事業年度においては、特別法人事業税が次の税率で課税されます。特別法人事業税は、法人事業税とあわせて各都道府県に申告納付します。

法人区分および課税標準	2019年10月1日以後開始事業年度 （特別法人事業税）
前記2.(1)の法人の法人事業税額 （所得割額）	37％
前記2.(2)の法人の法人事業税額 （所得割額）	34.5％
前記2.(3)の法人の法人事業税額 （収入割額）	30％
前記2.(4)の法人の所得割額 （付加価値割額・資本割額は対象外）	260％

4. 分割法人

　2以上の都道府県において事務所、事業所等を設けている法人については、それらの都道府県にそれぞれ法人事業税等を納付することになります。このような場合には、法人事業税等の課税標準額を、それぞれの都道府県にある事業所数や従業員数などを基準として分割（あん分）して、その分割された課税標準額にそれぞれの都道府県で定められた税率を乗じて法人事業税等を計算します。

5. 損金算入時期

　法人税の計算上、法人事業税・地方法人特別税については納税申告書が提出された事業年度の損金の額に算入されます。したがって、確定申告分の法人事業税は翌期開始から2カ月以内に納税申告書を提出しますので、翌期の損金の額に算入されます。

〈資本金1億円以下の普通法人の表面税率・実効税率〉

（2019年10月1日から2025年3月31日までに開始する事業年度）

所得金額	法人税	法人住民税	地方法人税	法人事業税	特別法人事業税	合計表面税率	実効税率
年400万円以下の部分	15%	1.05%	1.545%	3.5%	1.295%	22.39%	21.366%
年400万円超800万円以下の部分				5.3%	1.961%	24.856%	23.173%
年800万円超の部分	23.2%	1.624%	2.3896%	7%	2.59%	36.8036%	33.583%

（2025年4月1日以後に開始する事業年度）

所得金額	法人税	法人住民税	地方法人税	法人事業税	特別法人事業税	合計表面税率	実効税率
年400万円以下の部分	19%※	1.33%	1.957%	3.5%	1.295%	27.082%	25.843%
年400万円超800万円以下の部分				5.3%	1.961%	29.548%	27.548%
年800万円超の部分	23.2%	1.624%	2.3896%	7%	2.59%	36.8036%	33.583%

※中小法人等の軽減税率の特例が期限到来をもって廃止される前提で作成

消費税・地方消費税の計算

消費税・地方消費税は、事業者である法人が負担する税金ではなく、最終消費者が負担する間接税です。消費税の申告と納付は、消費税を預かる事業者が行います。事業者の納付する消費税の計算には、一般課税制度と簡易課税制度があります。

1. 課税事業者と免税事業者

　事業者である法人は、国内において行った課税資産の譲渡等について、消費税・地方消費税（以下「消費税等」）を納める義務があります。ただし、原則として、その課税期間の基準期間（前々事業年度）の課税売上高（法人は12カ月換算ベース）が1,000万円以下の事業者（課税事業者となることを選択した場合を除く）は、消費税等の納税義務が免除されています。つまり、申告納税が不要になります。なお、その事業年度の基準期間のない新設法人のうち、資本金等が1,000万円以上の法人については、納税義務は免除されません。また、前事業年度開始から6カ月間の課税売上高（課税売上高に代えて所得税法に規定する給与等の支払額を用いることもできる）が1,000万円を超えると、特例により納税義務が免除されなくなります。

　大規模な設備投資を行い多額の消費税等を支払った場合には、消費税等の還付を受けることができますが、免税事業者は事前に「消費税課税事業者選択届出書」を納税地の所轄税務署長に届け出る必要があります。なお、この届出書を提出して課税事業者となった場合には、原則として2年間（100万円以上の固定資産を取得等した場合は3年間）は免税事業者に戻ることができません。

　また、課税事業者が簡易課税制度の適用を受けない課税期間中に国内における高額資産（税抜き1,000万円以上の棚卸資産または調整対象固定資産）の課税仕入を行った場合には、その取得があった課税期間を含む3年間は免税事業者となることはできず、簡易課税制度を選択することもできません。

2. 消費税等の課税取引と非課税取引

　消費税等は、(1)①日本国内において、②事業者が、③事業として、④対価を得て行う資産の譲渡、貸付、役務の提供等、および(2)保全地域から引き取られる外国貨物について課税されます。したがって、これら以外の取引は、課税対象外取引（不課税取引）として消費税等は課税されません。

①　消費税等は、日本国内において行う取引（国内取引）に対して課税されます。輸出取引（国外取引）は、課税取引（免税取引）として消費税等は課税されません。

②　消費税等は、事業者が事業として行う取引を課税対象としています。事業者以外のものが行う取引は、課税対象外取引（不課税取引）として消費税等は課税されません。

③　消費税等は、対価を得て行う取引に対して課税されます。無償取引（一定のものを除く）は、課税対象外取引（不課税取引）として消費税等は課税されません。

④　消費税等は、資産の譲渡、貸付、役務の提供等の取引に対して課税されます。したがって、資産の譲渡、貸付、役務の提供等の取引以外の取引は、課税対象外取引（不課税取引）として消費税等は課税されません。具体的には、受取配当金、受取保険金、損害賠償金、寄附金、祝い金、見舞金などは課税対象外取引（不課税取引）として消費税等は課税されません。

また、次の取引については非課税取引として消費税等は課税されません。

①　消費税等は、財貨・サービスの消費に対して課税されます。よって、消費でない土地の譲渡・貸付、有価証券の譲渡、預貯金の利子・保証料・保険料、郵便切手・印紙、商品券・プリペイドカード等は非課税となります。

②　政策的な配慮から、社会保険医療、助産、埋葬料・火葬料、住宅の貸付、学校の入学金・授業料等も非課税として取り扱われています。

3.　一般課税制度

事業者は、商品等を売り上げる際に消費税等を預かります。税率は原則10％（消費税7.8％、地方消費税2.2％）、飲食料品（外食・酒類を除く）と新聞等（定期購読契約により週2回以上発行のもの）の譲渡については軽減税率8％（消費税6.24％、地方消費税1.76％）です。

一般課税制度は、課税対象となる年間の売上で預かっている消費税額から、課税対象となる仕入（課税仕入）などで支払った消費税額を差し引いた（仕入税額控除）残りを納税することになります。

なお、課税仕入の消費税額は、課税売上の割合が95％以上の場合、原則としてその全額が控除できますが、課税売上の割合が95％未満の場合には、課税売上に対応するものとして個別対応方式、一括比例配分方式により計算した消費税額を控除します。また、その課税期間の課税売上高が5億円を超える事業者は、課税売上の割合が95％以上でも全額控除は認められず、個別対応方式、一括比例配分方式により計算した消費税額を控除します。仕入税額控除を受けるには一定の帳簿と請求書等の双方を7年間保存する必要があります。

> （消費税）
>
> $$税抜き課税売上 \times 7.8\%^{※} - 税抜き課税仕入 \times 7.8\%^{※} = 納付する消費税額$$
>
> （地方消費税）
>
> $$納付する消費税額 \times \frac{22}{78} = 納付する地方消費税額$$
>
> ※軽減税率対象は6.24%

2023年10月1日からインボイス制度（適格請求書等保存方式）が導入されました。インボイス制度では、仕入税額控除を受けるには適格請求書発行事業者から交付を受けたインボイス（適格請求書）を保存する必要があります。適格請求書発行事業者は、免税事業者以外の事業者で登録を受けた事業者とされるため、免税事業者はインボイスを発行できず、免税事業者からの仕入などについては、原則として、仕入税額控除を受けることはできません。ただし、制度開始後6年間は、免税事業者からの課税仕入れについても、仕入税額相当額の一定割合（2023年10月から2026年9月までは80%、2026年10月から2029年9月までは50%）を仕入税額控除として控除できる経過措置が設けられています。

また、居住用賃貸建物を取得した場合に、仕入税額控除を適用できません。ただし、居住用賃貸建物のうち住宅の貸付の用に供しないことが明らかな部分については、仕入税額控除の対象とされます。

〔設 例〕

| 生産業者A | → | 卸売業者B | → | 小売業者C | → | 消費者 |

 1,000万円で売上 3,000万円で売上 6,000万円で売上

 消費税等100万円 消費税等300万円 消費税等600万円

※軽減税率およびほかの課税仕入は考慮しない。

(1) 生産業者A

 ① 消費税

  1,000万円 × 7.8% − 0円 × 7.8% = 78万円

 ② 地方消費税

  78万円 × 22/78 = 22万円

 ③ 合計

  ① + ② = 100万円

課税対象となる年間の売上で預かった消費税等100万円を納めます。

(2) 卸売業者B

 ① 消費税

  3,000万円 × 7.8% − 1,000万円 × 7.8% = 156万円

 ② 地方消費税

  156万円 × 22/78 = 44万円

③　合計

①＋②＝200万円

課税対象となる年間の売上で預かった消費税等300万円から、課税対象となる仕入などで支払った消費税等100万円を差し引いた残り200万円を納めます。

⑶　小売業者C

①　消費税

6,000万円×7.8％−3,000万円×7.8％＝234万円

②　地方消費税

234万円×22/78＝66万円

③　合計

①＋②＝300万円

課税対象となる年間の売上で預かった消費税等600万円から、課税対象となる仕入などで支払った消費税等300万円を差し引いた残り300万円を納めます。

⑷　最終消費者の負担する消費税等

600万円

なお、生産業者Aが100万円、卸売業者Bが200万円、小売業者Cが300万円を納めています。

4. 簡易課税制度

消費税を申告して納付する事業者にとって、税金計算はなるべく簡単なほうが事務手続が少なくて済みます。そこで、基準期間（前々事業年度）における課税売上高（法人は12カ月換算ベース）が5,000万円以下の法人は、一般課税制度ではなく、簡便な方法で消費税額を計算することが認められています。これを簡易課税制度といいます。

簡易課税制度を選択した場合には、課税対象となる年間の課税売上から直接的に納付する消費税額を計算します。年間の課税仕入の際に支払った消費税を帳簿から拾い出し、いちいち集計する必要はありません。

> （消費税）
> 税抜き課税売上×7.8%$^{※}$－（税抜き課税売上×みなし仕入率×7.8%$^{※}$）
> $$＝納付する消費税額$$
> （地方消費税）
> 納付する消費税額$\times\dfrac{22}{78}＝$納付する地方消費税額
> ※軽減税率対象は6.24%

　みなし仕入率は業種により、第一種事業（卸売業）90％、第二種事業（小売業）80％、第三種事業（農林水産業・鉱業・建設業・製造業）70％、第四種事業（飲食店業）60％、第五種事業（運輸通信業・サービス業・金融業・保険業）50％、第六種事業（不動産業）40％です。なお、2019年10月１日から、農林水産業のうち消費税の軽減税率が適用される「食用の農林水産物を生産する事業」が第二種事業とされました。

5. インボイス制度の円滑な実施に向けた所要の措置

⑴　小規模事業者に関する税負担軽減措置

　2023年10月１日から2026年９月30日までの日の属する各課税期間（最大４年間）において、免税事業者が適格請求書発行事業者を選択した場合には、当面の税負担の軽減を図るため、納税額を売上に係る消費税額の２割に軽減する措置が設けられました。これにより、業種にかかわらず、収入を把握するだけで消費税の申告ができますので、簡易課税を選択するよりも事務負担は軽減できます。

⑵　売上高１億円以下等の事業者に関する事務負担軽減措置

　基準期間（前々事業年度１年間）における課税売上高が１億円以下または特定期間（前事業年度開始から６カ月間）における課税売上高が5,000万円以下である事業者が、2023年10月１日から2029年９月30日までの間（インボイス開始から６年間）に行う１万円未満の課税仕入れについては、一定の事項が記載された帳簿のみの保存で、インボイスの保存が無くても仕入税額控除ができます。

⑶　少額な返還インボイスに関する事務負担軽減措置（期限なし）

　１万円未満の少額な値引きについては、返還インボイスの交付が免除されます。

6. 国境を越えた役務の提供に対する消費税の課税

　2015年10月１日以後の取引から、インターネット等を通じた電子書籍・音楽・広告の配信等（以下「電子通信役務の提供」）の内外判定基準は、役務の提供をする事業者等の所在地から、役務の提供を受ける者の住所地等に見直されました。その結果、国外事業者から国内の者への電子通信役務の提供は国内取引として消費税の課税対象になっています。

　この見直しに伴い、次の課税方式が導入されています。

課税方式	国外事業者申告納税方式	リバースチャージ方式
対象取引	国内消費者向け取引 （電子書籍・音楽配信等）	国内事業者向け取引 （広告配信・クラウドサービス等）
支払対価	税込み	税抜き
国外事業者（役務提供を行う者）の課税関係	消費税の納税義務あり	消費税の納税義務なし
国内事業者（役務提供を受ける者）の課税関係	消費税の納税義務なし 仕入税額控除の適用なし※	消費税の納税義務あり 仕入税額控除の適用あり

※国外事業者が登録国外事業者に該当する場合には、所定の請求書の保存等を要件として仕入税額控除の適用が認められます。

7.　申告と納付

　法人の事業者は、原則として、その事業年度ごとに納付する消費税額を計算し、事業年度終了の日の翌日から２カ月以内に確定申告と納付をすることになります。

　また、前事業年度の消費税の納付税額が48万円（地方消費税を除いて判定）を超える事業者は、中間申告（６カ月に１回、３カ月に１回、毎月）・納付をすることになります。

　なお、法人の消費税の確定申告書の提出期限を１カ月延長できる特例があります。この特例の適用を受けるためには、「法人税の確定申告書の提出期限の延長の特例」の適用を受け、消費税の確定申告書の提出期限の延長の届出書を提出する必要があります。

VI

収益・費用の税務

収益の計上

> 　営業収益の計上は、収益が実現したときに計上することを原則としています。これは、会計学でいう実現主義と同じ考え方です。
>
> 　たとえば、物の引渡しをするものは「引渡しがあった日」、役務の提供をするものは「役務の提供が完了した日」に収益の実現があったものとしてこれを計上します。
>
> 　なお、特殊な販売等については特別な取扱いが定められています。

1.　商品・製品の販売収益

⑴　通常の販売収益

①　棚卸資産の販売収益

　商品・製品などの棚卸資産の販売収益は、その引渡しがあった期の益金とします。企業会計と同様、引渡しの日をその収益計上時期としています。

　引渡しの時期の判定基準としては具体的に次のようなものがあります。

　　イ．出荷基準……店頭や倉庫、工場などから相手方に向けて出荷したとき

　　ロ．積込基準……貨車やトラック、船などに積み込んだとき

　　ハ．検収基準……相手方が商品・製品を検収して引取りが決まったとき

　これらの基準は、法人がその販売の形態に照らして最も適合すると考えられる合理的な基準を選び、これを継続的に適用しているときは、それが認められます。

②　売上値引き、返品など

　売上値引き、返品などは売上高から控除し、売上割引は売上高から控除するか営業外費用として処理するのが一般的です。法人税の課税所得金額の計算では営業利益、営業外利益の区分は必要としていません。したがって、益金から控除するのと損金に計上するのは同じ結果となります。

③　売上割戻し（リベート）

　一定期間内に多額、または多量の商品を購入した先に対してリベートを支払う場合で、当期の損金として計上が認められるのは、次のような場合に該当するときです。

　　イ．あらかじめリベートの算定基準が明示されている場合

　　ロ．期末までに相手先に金額が通知されている場合

　　ハ．期末に未払金として計上し、法人税の申告期限までにその金額を相手方に通知している場合

(2)　**特殊な販売収益**

　延払条件付きで資産の譲渡などを行った場合で、延払基準により経理をすれば、利益を繰延経理することができます。

　延払条件付きの資産の譲渡とは次のような条件を満たすものをいいます。

　①　代金が月賦、年賦などで3回以上に分割して支払われること

　②　延払いの期間が2年以上であること

　③　頭金の額が販売価格の3分の2以下であること

2.　**請負による収益**

　請負には、建設工事のように物の引渡しをするものと、運送契約のように役務の提供をするものがありますが、請負契約については次のように取り扱います。

　①　完成基準……契約の目的となった物の完成引渡し、または役務の全部の提供が完了した期の益金とする方法で、最も一般的です。

　②　工事進行基準……着工してから引渡しまでに1年以上かかる長期工事については、期末までに工事の進行程度に応じて利益を見積もって計上する工事進行基準をその工事について採用していれば、法人税法上も認められます。確定利益と見積利益との差額は、引渡事業年度で調整されます。中途の毎期の見積利益は、次の算式で計算します。

$$予想工事利益 \times \frac{発生工事原価の合計額}{予想工事原価} - 前期までに益金に算入した利益工事金額$$

受取配当の益金不算入

POINT

法人が他の内国法人から配当や剰余金の分配を受けた場合には、企業会計では当然に収益になります。しかし、法人税では一定の配当金は益金に算入しないこととしています。

1. 制度の概要

　法人が他の内国法人から配当等の支払を受けた場合には、その配当等の元本である株式等の区分に応じ、その配当等の額の全部または一部は益金に算入されません。これは配当等を支払う法人に法人税が課税され、その課税済みの利益の分配である配当等を受け取る法人に対しても法人税が課税されるという、いわゆる二重課税を排除するために設けられた制度です。ただし、短期保有株式（配当等の計算期間の末日（以下「基準日」）以前1カ月以内に取得し、かつ、その基準日後2カ月以内に売却）は益金不算入の対象になりません。

2. 益金不算入割合と負債利子控除の有無

　次の区分に応じ、それぞれの割合が益金不算入になります。

(1) 株式等の配当等

配当支払法人の区分および株式等保有割合		区分	益金不算入割合	負債利子控除
内国法人	100％※	完全子法人株式等	配当等の100％	なし
	3分の1超100％未満※	関連法人株式等		あり
	5％超3分の1以下	その他の株式等	配当等の50％	なし
	5％以下	非支配目的株式等	配当等の20％	
外国法人	25％以上※	外国子会社	配当等の95％	なし
	上記以外	その他	0％（全額益金算入）	―

※配当等の支払義務確定日以前6カ月以上継続して所有している場合

(2)　証券投資信託

種類	益金不算入割合	負債利子控除
特定株式投資信託※	収益の分配の額の20％	なし
特定株式投資信託以外	0％（全額益金算入）	―

※日経平均株価等の特定の株価指数を構成する銘柄のみに投資される株式投資信託で、「信託契約期間を定めないこと」「受益権が金融商品取引所に上場している」など一定の要件に該当するもの

3.　負債利子控除額の計算

　　株式等保有割合が3分の1超100％未満（関連法人株式等）である場合には、その対象株式等に係る負債利子を控除した後の金額が益金不算入の対象になります。

　　負債利子控除額は、2022年4月1日以後開始する事業年度から、関連法人株式等に係る配当等の額×4％（その事業年度の負債利子の額×10％が限度）とされました。

受贈益、還付金、評価益

法人の受贈益や還付金、資産の評価益などには、法人税に特別の取扱いが定められているものがあります。企業会計上の処理とは別に法人税の計算の仕方に沿って税務上の課税所得金額の計算をする必要があります。

1. 受贈益、債務免除益

法人が他の者から金銭や物品または固定資産などの贈与を受けたり、経済的な利益の供与を受けた場合には、その時価に相当する金額は、受贈益としてその期の益金に算入します。ただし、販売会社が、メーカーなどからそのメーカーの広告宣伝に役立つ自動車、陳列棚などの贈与を受けたときは、特別な取扱いがあります。

また、時価に比較し、低額で資産の譲渡を受けたり、役務の提供を受けたときは、時価と実際の対価との差額を受贈益として益金に算入します。

さらに、債務の免除を受けたときは、その免除額を債務免除益として益金に算入します。

なお、完全支配関係（原則として、発行済株式の全部を直接または間接に保有する関係）にある内国法人間の寄附金については、支出法人において全額損金不算入となる代わりに、受領法人では全額益金不算入になります。

2. 資産の評価益

法人が所有している資産の評価替えを行ってその資産の帳簿価額を増額すること（資産の評価益を計上すること）は、原則として、会社法上も会計上も認められません。この取扱いは法人税でも同様とされています。

具体例で考えてみましょう。たとえば、「法人が所有している土地の値上り益は計上できるか」という点です。

現在会社が所有している土地の帳簿価額が1,000万円で、時価が1億円だとします。そこで、決算対策として、土地の値上り益（評価益）を9,000万円計上し、土地を時価の1億円で表示することを検討したとしましょう。

会社法や企業会計では、資産の帳簿価額は、その資産を取得したときの価額で計上する取扱いになっています（取得原価主義）。法人税法でも、同じ取扱いをすることになっています。これは、未実現の利益を計上すると、会社の健全性が損なわれるか

らです。

　したがって、上記のような場合で、会社が9,000万円の評価益を計上したとしても、その評価益は益金に算入されません。

3.　還　付　金

　予定納税などで納付した税金が過大となり還付を受けた場合、法人では雑収入として収益に計上します。

　これに対し、法人税では、「還付された法人税」「還付された法人住民税」などは、還付を受けても益金不算入とします。これらの税金は、過去に納付した際、損金に算入されていません。したがって、納付時に損金不算入の税金が還付されても益金不算入という取扱いがされることになります。

　なお、法人事業税については納付した際に損金に算入されていますので、「還付された法人事業税」は益金とされます。

4 費用の計上

POINT
法人税法上の損金とは、売上原価、販売費および一般管理費、資本取引以外の損失をいいます。内容は企業会計の費用とほぼ同じです。
しかし、課税の公平などの見地から法人税特有の取扱いをする場合があります。

1. 費用と損金の相違

法人税法上の損金とは、次のものをいいます。
① 売上原価
② 販売費および一般管理費など
③ 資本取引以外の損失

その内容は、企業会計の費用とほぼ同じです。したがって、会社が費用計上したものは基本的には損金の額に算入されます。

この場合、見積り計上した費用は損金の額に算入されません。

たとえば、業者に建物の修繕を依頼したとします。業者が修繕を完了しないうちに決算期末を迎えた場合、企業会計では、修繕費を見積り計上することが認められています。しかし、法人税では、これを損金算入することはできません。理由としては、修繕が完了していないし、支払うべき代金も決まっていないからです。つまり、客観的に債務が確定していないということからです。

2. 損金不算入となる場合

法人税では、会社が費用計上したものを無制限に損金算入することはできません。課税の公平を守るうえで、「別段の定め」を規定しています。

これは、費用計上しているが、「その全部を損金不算入とする」または「その一部を損金不算入とする」という、損金となる"限度額"を決めているものです。法人がこの限度額を超えて費用計上したときは、その超えた部分が、法人税法上、「損金不算入」となります。

この限度額は、会社の利益と課税所得金額の違いの大半を占めています。主なものに、次のようなものがあります。

(1)　**全額が損金不算入となるもの**

　①　法人税、法人住民税、地方法人税

　②　資産の評価損

(2)　**一定の限度額を超えた部分が損金不算入となるもの**

　①　減価償却費

　②　役員給与、役員退職給与

　③　寄附金

　④　交際費

3.　費用計上の時期

　法人税では、企業会計とほぼ同じ考え方で、費用計上をすることになっています。

　売上原価は、売上高に対応するものだけが損金の額に算入されます。在庫となっている部分（棚卸資産）を損金算入することはできません。これは、費用・収益対応の原則からです。

　また、販売費、一般管理費などは、当期の期間に対応するものが損金算入になります。

　なお、このような費用について未払計上する場合、法人税法では、決算期末までに債務が確定していなければ損金算入することはできません。この、「債務が確定している」とは、次の3つの要件をすべて満たしているものをいいます。

　①　債務があるということが明確になっていること

　②　その債務の原因となっている事実が発生していること

　③　その金額が合理的に算定できること

5 売上原価 (棚卸資産の評価を含む)

POINT

棚卸資産とは、販売を目的として保有されるものをいいます。各事業年度の棚卸資産の販売による売上原価の計算については「期首棚卸高＋仕入高−期末棚卸高」という算式で計算されます。

1. 棚卸資産

法人税法上の棚卸資産は、有価証券を除く資産で、棚卸しをすべきものとされている次のものをいいます。

① 商品または製品
② 仕掛品（半成工事を含む）
③ 原材料
④ 消耗品で貯蔵中のものなど

2. 棚卸資産の取得価額

棚卸資産の取得価額は、その取得の種類に応じて、それぞれ次の合計額となります。

① 購入した場合……購入代価＋販売のために直接かかった費用
② 自社で製造した場合……製造等の原価（原材料費、労務費、経費）＋販売のために直接かかった費用

3. 棚卸資産の評価方法

(1) 原則的評価方法
① 原価法

イ．個別法……期末棚卸資産の全部について、その個々の取得価額を期末評価額とする方法です。

ロ．先入先出法……期末棚卸資産が、期末近くに取得したものから順次構成されているものとし、その棚卸資産の取得価額を期末評価額とする方法です。

ハ．総平均法……期首棚卸資産の取得価額の総額と期中に取得した棚卸資産の取得価額の総額との合計額を、それらの総数量で除した単価によって期末棚卸資

産を評価する方法です。

　　ニ．移動平均法……その種類等に属する棚卸資産を取得した都度、その取得価額
　　　とその時において所有する棚卸資産の取得価額とを総平均して帳簿価額を定
　　　め、この繰返しにより順次期末まで移動して期末評価額を定める方法です。

　　ホ．最終仕入原価法……事業年度の最後に取得したものの単価で期末棚卸資産を
　　　評価する方法です。

　　ヘ．売価還元法……期末棚卸資産の通常の販売価額の総額に原価率を乗じて期末
　　　棚卸資産を評価する方法です。

② **低価法**

　期末棚卸資産をその種類等の異なるものごとに区別し、その種類等の同じものに
ついて、上記①の原価法のうちいずれかの方法により算出した取得価額と、その事
業年度終了の時における時価とを比較し、いずれか低い価額をもってその評価額と
する方法です。

⑵　**特別な評価方法**

　原則的評価方法である原価法または低価法以外の評価方法により棚卸資産の評価額
を計算しようとする場合は、納税地の所轄税務署長に承認申請書を提出し、その承認
を受けることになります。

⑶　**評価方法の届出・変更**

　法人は、設立等の日の属する事業年度の確定申告書の提出期限までに、棚卸資産の
評価方法のうちのいずれかを選定して、納税地の所轄税務署長に届け出る必要があり
ます。届出をしなかった場合は、最終仕入原価法による原価法になります。

　棚卸資産の評価方法を変更する場合には、納税地の所轄税務署長に承認申請書を提
出し、その承認を受ける必要があります。

減価償却

POINT 固定資産の取得にかかった費用は、取得価額として資産に計上されますが、これを各事業年度の費用として配分する手続が減価償却です。税務上損金とされる金額は、法人が減価償却費として損金経理した金額のうち償却限度額の範囲内の金額です。

1. 減価償却費の計算

(1) 減価償却資産の範囲

① 減価償却のできる資産……建物、建物附属設備、構築物、機械装置、車両運搬具、工具器具備品、一定の無形固定資産（営業権、ソフトウェアおよび水道施設利用権など）

② 減価償却のできない資産……価値の減少しないもの（土地、借地権、書画骨董等）および事業の用に供していないもの

(2) 主な減価償却の方法

減価償却の方法の主なものには定額法と定率法があります。2007年度税制改正により、有形固定資産は2007年3月31日以前に取得した場合と2007年4月1日以後に取得した場合で減価償却の方法と償却率が変更になりました。

〈2007年3月31日以前に取得した減価償却資産〉

償却可能限度額（取得価額の95％）まで旧定額法や旧定率法により減価償却費を計上し、残った未償却残高（取得価額の5％）から備忘価額（1円）を控除した金額を、償却可能限度額まで償却した事業年度の翌事業年度以後5年間で均等償却します。

---

① 減価償却累計額が償却可能限度額（取得価額の95％）に達するまで
〈旧定額法〉償却限度額＝取得価額×0.9×旧定額法の償却率
〈旧定率法〉償却限度額＝未償却残高※×旧定率法の償却率
※未償却残高＝取得価額－減価償却累計額
② 減価償却累計額が償却限度額に達した事業年度の翌事業年度以後5年間
〈旧定額法・旧定率法共通〉償却限度額＝（取得価額の5％－1円）÷5年

〈2007年4月1日以後に取得した減価償却資産〉

償却可能限度額（取得価額の95％）が廃止され、未償却残高が備忘価額（1円）に

なるまで定額法または定率法により減価償却費を計算します。なお、定率法を適用する場合は、定率法により計算した減価償却費が償却保証額を下回ったときに計算方法が変わります。

〈定額法〉償却限度額＝取得価額×定額法の償却率

〈定率法〉

① 取得当初から下記算式で計算した額が償却保証額※1を下回る事業年度の前事業年度まで

　　償却限度額＝未償却残高※2×定率法の償却率

② ①で計算した額が償却保証額を下回った事業年度から帳簿価額が1円になるまで

　　償却限度額＝改定取得価額※3×改定償却率

※1　償却保証額＝取得価額×耐用年数に応じた保証率

※2　未償却残高＝取得価額－減価償却累計額

※3　改定取得価額＝②適用初年の償却前帳簿価額

なお、取得価額にはその資産の購入代価およびその付随費用のほか、事業の用に供するために直接かかった費用が含まれます。また、中途で取得した減価償却資産は償却限度額を月数あん分します。

(3) **選択できる償却方法**

選択できる償却方法の範囲は、資産の区分に応じて次のとおりです。

① 建物

　イ．1998年3月31日以前に取得したもの……定額法または定率法

　ロ．1998年4月1日以後に取得したもの……定額法のみ

② 建物附属設備および構築物（鉱業用資産を除く）

　イ．2016年3月31日以前に取得したもの……定額法または定率法

　ロ．2016年4月1日以後に取得したもの……定額法のみ

③ 有形減価償却資産（①②および一定のものを除く）……定額法または定率法

④ 無形減価償却資産（一定のものを除く）……定額法のみ

⑤ 営業権……定額法のみ

(4) **償却方法の届出等**

法人は、その選定した償却方法を納税地の所轄税務署長に対し、その設立事業年度の確定申告書の提出期限までに届け出る必要があります。なお、届出をしなかった場合は、一定のものを除き定率法になります。また、選定した償却方法を変更する場合には、変更しようとする事業年度開始の日の前日までに納税地の所轄税務署長の承認を受ける必要があります。

(5) **償却の特例および特別償却**

① 耐用年数の短縮……法定耐用年数と比較して一定の事由が生じたことなどの理由により、その実際の使用可能期間が10％以上短くなる場合には、納税地の所轄

税務署長の承認を受けて耐用年数を短縮できます。

② 増加償却……機械および装置について、実際の使用時間が平均使用時間を著しく超えるため損耗が著しいときは、納税地の所轄税務署長に書類を提出して増加償却をすることができます。

③ 陳腐化償却……減価償却資産が著しく陳腐化した場合には、納税地の所轄税務署長の承認を受けて陳腐化償却限度額の範囲内で一時に償却をすることができます。

④ 特別償却……特定の設備を取得して事業の用に供した場合には、普通償却額のほかに特別償却額を損金の額に算入できます。

2. 少額または使用可能期間が1年未満の減価償却資産

法人が取得した減価償却資産が次のいずれかに該当する場合には、その事業の用に供した事業年度で損金経理した全額を損金の額に算入できます。

① 使用可能期間が1年未満であるもの

② 取得価額が10万円未満（青色申告者である中小企業者（資本金1億円以下で常時使用従業員500人以下）が2024年4月1日から2026年3月31日までに取得した

〈参考〉減価償却資産の償却率、改定償却率および保証率（抜粋）

耐用年数（年）	2007年3月31日以前取得資産		2007年4月1日以後2012年3月31日以前取得資産（250%定率法）			
	償却率		償却率		改定償却率	保証率
	旧定額法	旧定率法	定額法	定率法		
2	0.500	0.684	0.500	1.000	—	—
3	0.333	0.536	0.334	0.833	1.000	0.02789
4	0.250	0.438	0.250	0.625	1.000	0.05274
5	0.200	0.369	0.200	0.500	1.000	0.06249
6	0.166	0.319	0.167	0.417	0.500	0.05776
7	0.142	0.280	0.143	0.357	0.500	0.05496
8	0.125	0.250	0.125	0.313	0.334	0.05111
9	0.111	0.226	0.112	0.278	0.334	0.04731
10	0.100	0.206	0.100	0.250	0.334	0.04448

　　場合は30万円未満。ただし、事業年度当たり300万円が限度）であるもの

3．一括償却資産

　　法人が取得した減価償却資産で取得価額が20万円未満であるものを事業の用に供した場合には、各事業年度の20万円未満の資産（上記 **2.** ②に該当して損金経理したものおよび一定のものを除く）の取得価額の合計額を、原則として3年間で損金経理して損金の額に算入できます。

4．少額減価償却資産および一括償却資産の適用除外

　　少額減価償却資産や一括償却資産の対象となる建築用の足場、ドローン、LEDなどを購入し損金算入したうえで、その資産を貸付の用に供し収入を得る節税スキームが横行したことから、2022年度税制改正により、少額減価償却資産や一括償却資産の対象資産から貸付（主要な事業として行われるものを除く）の用に供した資産が除かれました。これにより2022年4月1日以後に取得した貸付用の資産については、耐用年数に応じた期間で原則どおり減価償却費を計上することになります。

2012年4月1日以後取得資産 （200％定率法）			
償却率		改定 償却率	保証率
定額法	定率法		
0.500	1.000	—	—
0.334	0.667	1.000	0.11089
0.250	0.500	1.000	0.12499
0.200	0.400	0.500	0.10800
0.167	0.333	0.334	0.09911
0.143	0.286	0.334	0.08680
0.125	0.250	0.334	0.07909
0.112	0.222	0.250	0.07126
0.100	0.200	0.250	0.06552

7 リース取引

POINT

2008年4月1日以後に締結するファイナンスリース（税務上のリース取引）は、税務上、その賃借人である法人がリース資産を売買により取得したものとされ、そのうち所有権移転外リース取引についてはリース期間定額法により償却限度額を計算することとされました。

1. 税務上のリース取引（ファイナンスリース）

　法人が資産のリース料（賃借料）を支払った場合は、原則として期間対応により損金の額に算入します（オペレーティングリース等）。

　しかし、資産の賃貸借で次の要件に該当する税務上のリース取引（ファイナンスリース）は、リースバック等金銭の貸借として取り扱われるものを除き、2008年4月1日以後に締結する契約からリース資産を売買により取得したものとして取り扱われます。したがって、リース資産の取得価額からリース期間定額法により償却限度額を算出し、償却限度額の範囲内で償却費を損金の額に算入します。

　(1)　**事実上の解約禁止（ノーキャンセラブル）**

　　その賃貸借に係る契約が、賃貸借期間の中途において解除をすることができないものであることまたはこれに準ずるものであること。

　(2)　**事実上の所有（フルペイアウト）**

　　その賃貸借に係る賃借人がその賃貸借に係る資産からもたらされる経済的な利益を実質的に享受することができ、かつ、その資産の使用に伴って生ずる費用を実質的に負担すべきこととされているもの（リース料の総額が、賃貸人におけるリース資産の取得価額および付随費用の額の合計額のおおむね90％超とされていること）であること。

　なお、中小企業においては、従来どおり支払ったリース料を損金の額に算入する処理も容認されます。

　また、2008年3月31日以前の契約で賃貸借として取り扱われるものは、支払ったリース料を引き続き損金の額に算入できます。

2. リース期間定額法

$$償却限度額 = (リース資産の取得価額 - 残価保証額)$$
$$\times \frac{その事業年度におけるリース資産のリース期間の月数}{リース資産のリース期間の月数}$$

(1) リース資産の取得価額

　残価保証額がない場合はリース料の総額が取得価額になります。ただし、法人がその一部を利息相当額として区分した場合は、その利息相当額を控除した金額になります。

(2) 残価保証額

　リース期間終了の時にリース資産の処分価額が所有権移転外リース取引に係る契約において定められている保証額に満たない場合に、その満たない部分の金額を賃借人が賃貸人に支払うこととされている場合における、その保証額をいいます。この保証額がない場合はゼロとします。

(3) 月　　数

　上記算式における月数は暦に従って計算し、1月未満の端数は1月とします。

〈税務上の処理判定〉

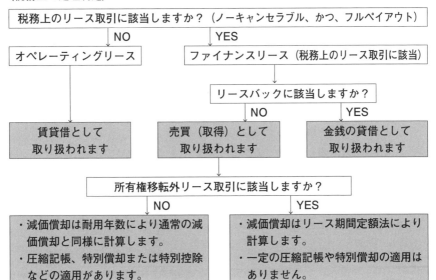

資本的支出と修繕費

POINT

固定資産の修理・改良等のために支出した金額については、その支出時に損金とされる修繕費と、固定資産の取得とされる資本的支出とに区分されます。修繕費については支出事業年度の損金とされますが、資本的支出については固定資産の取得価額とされ、減価償却を行います。

1. 資本的支出と修繕費の相違

(1) 修 繕 費

　法人が固定資産の修理・改良等のために支出した金額のうち、固定資産の通常の維持管理や原状回復のための支出等については修繕費とされ、支出事業年度の一時の損金とされます。

(2) 資本的支出

　法人が固定資産の修理・改良等のために支出した金額のうち、固定資産の使用可能期間の延長、または価値の増加をもたらす支出等については資本的支出とされ、固定資産の取得価額に加算され、減価償却をすることにより費用化（損金算入）されます。

　なお、資本的支出となる金額の計算は、使用可能期間を延長させる場合と価値を増加させる場合とに応じてそれぞれ次のように計算し、またその両方に該当する場合にはいずれか多い金額を資本的支出の金額とします。

① 使用可能期間を延長させる部分の金額

$$支出金額 \times \frac{支出後の使用可能年数 - 支出しなかった場合の使用可能年数}{支出後の使用可能年数} = 資本的支出の金額$$

② 価値を増加させる部分の金額

$$支出後の時価 - 通常の管理・修理をしていた場合の時価 = 資本的支出の金額$$

2. 資本的支出と修繕費の区分基準

　前記のように、固定資産に対する支出は資本的支出か修繕費かによってその取扱いが異なることから、資本的支出と修繕費の区分を明確にすることが重要になります。

　しかし、固定資産に対する支出が資本的支出か修繕費かを判定するのは、実務上非常に困難といえます。

　そのため、法人税法における一定の形式基準により資本的支出と修繕費の区分をしている場合には、その区分による処理が認められます。この形式基準による区分の流れは、次のようになります。

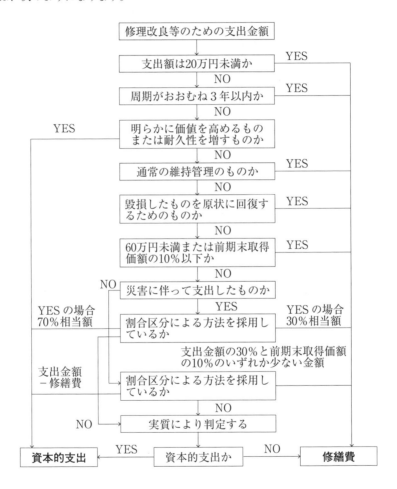

9 繰延資産

法人が支出する費用のうち、支出の効果がその支出の日以後1年以上に及ぶものについては繰延資産とされ、支出時の一時の損金とすることはできず、その支出の効果の及ぶ期間を基礎として償却することになります。

1. 繰延資産の範囲

繰延資産は、次の区分に応じ、それぞれの償却方法により償却することになります。

会社法上の繰延資産	① 創立費 ④ 株式交付費 ② 開業費 ⑤ 社債等発行費 ③ 開発費	①〜⑤…随時償却
税法上の繰延資産	① 自己が便益を受ける公共的施設または共同的施設の設置または改良のための費用 ② 資産を賃借または使用するために支出する権利金、立退料その他の費用 ③ 役務の提供を受けるために支出する権利金その他の費用 ④ 製品等の広告宣伝用の資産を贈与したことにより生ずる費用 ⑤ 上記①〜④のほか、同業者団体の加入金等自己が便益を受けるために支出する費用	限度額の範囲内で償却

2. 繰延資産の償却

(1) 償却限度額

繰延資産について、その償却限度額以下の金額を償却費として損金経理することにより、その金額を損金算入することができます。繰延資産の償却限度額は、繰延資産の区分に応じ、次の①・②の金額となります。

なお、繰延資産として支出した金額が20万円未満の場合には、その全額を損金経理することにより、支出した全額を、その支出をした事業年度の損金の額に算入できます。

218

① 会社法上の繰延資産

$$繰延資産の額 - 既往年度の償却額 = 償却限度額$$

② 税法上の繰延資産

$$繰延資産の額 \times \frac{その事業年度の月数（支出事業年度は支出日以後の月数）}{支出の効果の及ぶ期間の月数}$$
$$= 償却限度額$$

⑵ 支出の効果の及ぶ期間

　繰延資産の償却限度額の計算をするうえでの支出の効果の及ぶ期間は、下記の繰延資産については、それぞれ次のようになります。

　① 公共的施設の設置または改良のための費用

　　イ．負担者にもっぱら使用されるもの……その施設等の耐用年数の$\frac{7}{10}$

　　ロ．イ．以外のもの……その施設等の耐用年数の$\frac{4}{10}$

　② 共同的施設の設置または改良のための費用

　　イ．負担者または構成員の共同の用に供されるものまたは協会等の本来の用に供されるもの……施設の建設等に充てられる部分はその施設の耐用年数の$\frac{7}{10}$、土地の取得に充てられる部分は45年

　　ロ．共同のアーケード等負担者の共同の用と一般公衆の用とに供されるもの……原則5年

　③ 建物を賃借するために支出する権利金等

　　イ．建物の新築に際し支払った権利金等がその建物の賃借部分の建築費の大部分に相当し、かつ、建物の存続期間中賃借できる状況にあるもの……その建物の耐用年数の$\frac{7}{10}$

　　ロ．イ．以外の権利金等で借家権として転売できるもの……その建物の賃借後の見積残存耐用年数の$\frac{7}{10}$

　　ハ．イ．およびロ．以外の権利金等……原則5年（契約更新時に更新料のあるものは、その賃借期間）

　④ 電子計算機等の賃借に伴って支出する費用……その機器の耐用年数の$\frac{7}{10}$（賃借期間を超えるときはその賃借期間）

　⑤ 広告宣伝用資産の贈与費用……その資産の耐用年数の$\frac{7}{10}$（最長5年）

　⑥ ノウハウの頭金、同業者団体の加入金等……原則5年

1. 役員の範囲

　法人税法上の役員には、会社法等の規定による取締役、監査役、執行役、会計参与、理事、監事および清算人のほか、法人の使用人以外の者（相談役、顧問等）または同族会社の使用人のうち特定株主に該当する者で、その法人の経営に従事している者も含まれます。なお、その法人の経営に従事しているかどうかについて、一般には次のような業務執行の意思決定権があるかどうかを基に判断されます。

① 取締役会等に出席して経営に関する重要案件の決定に参画している
② 社員の採用権等人事および給与に関する権限がある
③ 主要な取引先の選定および重要な契約に関する決定権がある
④ 金融機関の選択、融資に関する決定権がある

また、「特定株主」とは、次の①②③のいずれにも該当する株主をいいます。

① 次のいずれかの株主グループに属していること
　イ．第1順位の株主グループの持株割合が50％超である場合において、その第1順位の株主グループ
　ロ．第1順位および第2順位の株主グループの持株割合を合計して初めて50％超となる場合において、その第1順位または第2順位の株主グループ
　ハ．第1順位、第2順位および第3順位の株主グループの持株割合を合計して初めて50％超となる場合において、その第1順位、第2順位または第3順位の株主グループ
② その者が属する株主グループの持株割合が10％を超えていること
③ その者と配偶者（その者と配偶者の持株割合が50％超である他の会社を含む）の持株割合が5％を超えていること

2. 役員給与の損金不算入

　役員給与のうち、役員退職給与、新株予約権による現物給与（税制非適格ストックオプションの権利行使時の現物給与）、使用人兼務役員給与は、原則として損金の額

に算入されます。また、これら以外の役員給与のうち、次の⑴定期同額給与、⑵事前確定届出給与、⑶業績連動給与のいずれかに該当する場合は、損金の額に算入されます。

　なお、これらの給与に該当した場合でも、法人が事実を隠蔽または仮装して経理することにより役員に対して支給する給与や、不相当に高額な部分の金額は損金の額に算入されません。

⑴　定期同額給与

　定期同額給与とは、「その支給時期が１月以下の一定の期間ごとであり、かつ、その事業年度の各支給時期における支給額が同額である給与その他これに準ずるもの」をいい、税や社会保険料の源泉徴収等の後の金額（いわゆる手取額）が同額である場合も含まれます。定期同額給与は一般的に、役員報酬に該当するもので、事前届出は必要なく損金算入が認められます。

　事業年度の途中で役員報酬の改定があった場合には、①その事業年度開始の日の属する会計期間開始の日から３カ月以内に改定がされた場合、②臨時改定事由（役員の職制上の地位の変更、職務内容の重大な変更その他これらに類するやむを得ない事情）により給与が改定された場合で、その改定前の各支給時期における支給額が同額で、改定以後の各支給時期における支給額が同額であれば定期同額給与として損金算入が認められます。

　また、③経営状況が著しく悪化したこと等の理由による改定は、減額した場合に限り、事業年度開始の日から３カ月以内でなくても、その改定前の各支給時期における支給額が同額で、改定以後の各支給時期における支給額が同額であれば定期同額給与として損金算入が認められます。逆にいえば、経営状況が著しく悪化していないにもかかわらず利益調整等のため減額改定をした場合は、定期同額給与に該当せず損金の額に算入されないことも考えられます。

　なお、継続的に供与される経済的利益のうち、その額が毎月おおむね一定であるものも定期同額給与に該当します。

⑵　事前確定届出給与

　事前確定届出給与とは、役員の職務につき所定の時期に確定額を支給および確定した数の株式や新株予約権を交付する旨の定めに基づいて支給される給与（定期同額給与、業績連動給与を除く）で、納税地の所轄税務署長にその定めの内容に関する届出をしているものをいいます。事前確定届出給与は役員賞与に該当するもので、事前届出をすることにより損金算入が認められることになりました。

　この届出は、この給与にかかる定めに関する決議をする株主総会等の日から１カ月を経過する日と、その事業年度開始の日の属する会計期間開始の日から４カ月を経過する日とのいずれか早い日までに、対象となる者の氏名および役職、支給時期および支給金額など所定の事項を記載して提出しなければならないこととされています。

(3) 業績連動給与

業績連動給与とは、利益や株価、売上等に関する指標を基礎として算定される給与をいいます。内国法人（同族会社に該当するものを除く）がその業務執行役員に対して支給する業績連動給与で一定の要件を満たすもの（他の業務執行役員のすべてに対して一定の要件を満たす業績連動給与を支給する場合に限る）は、損金算入が認められます。

業績連動給与も従来の役員賞与に該当するもので従来は損金不算入でしたが、給与の算定方法がその事業年度開始の日の属する会計期間開始の日から3カ月以内に、報酬委員会や株主総会（委員会設置会社を除く）により決定され、その事業年度の利益に関する指標を基礎とした客観的な基準による場合等所定の要件を満たす場合に限り、損金算入が認められることになりました。

なお、業績連動給与は、一般的な同族会社には適用できません。

3. 過大な給与の損金不算入

役員に支給された給与の額（隠蔽または仮装経理により支給されたものを除く）のうち、不相当に高額の部分の金額は、損金の額に算入されません。その報酬額が不相当に高額かどうかの判断基準については、(1)実質基準、(2)形式基準の2つがあり、それぞれの基準で過大とされた金額のいずれか多いほうの金額が、損金不算入となります。

(1) 実質基準

その役員の職務内容、その法人の収益の状況、使用人に対する給与の支給状況、業種・規模等が類似する法人の役員給与の支給状況などを総合勘案して算定した金額を基準とするもので、これは支給限度額の定めの有無にかかわらず適用され、役員の全員が対象となります。

(2) 形式基準

定款の規定または株主総会等の決議によって定められている給与として支給することができる限度額を基準とするもので、これは支給限度額の定めのある法人にのみ適用されます。また、対象となる役員についても、支給限度額が定められている役員のみとなります（税務上のみなし役員は対象になりません）。

4. 仮装経理等により支給する役員給与の損金不算入

法人が事実を隠蔽または仮装して経理することにより、役員に対して支給する給与の額は損金の額に算入されません。

5. 過大な使用人給与の損金不算入

法人の役員と特殊な関係にある使用人（特殊関係使用人）に対して支給する給与

（債務の免除による利益その他の経済的利益を含む）の額のうち、不相当に高額な部分の金額は、損金の額に算入されません。なお、特殊関係使用人とは、①役員の親族、②役員と事実上婚姻関係と同様の事情にある者、③役員から生計の支援を受けている者などをいいます。

6. 使用人兼務役員に対する賞与

⑴　使用人兼務役員の範囲

　使用人兼務役員とは、役員の地位と使用人としての職制上の地位とをあわせもつ者で、かつ、常時使用人としての職務に従事している者で、次の①および②に該当しない者をいいます。
　①　社長、理事長、副社長、代表取締役、専務取締役、専務理事、常務取締役、常務理事、清算人その他これらの者に準ずる役員、監査役および監事
　②　特定株主に該当する同族会社の株主

⑵　使用人分賞与の損金算入

　使用人兼務役員に対して支給した賞与のうち、使用人分については、次のすべての要件を満たす場合に限り、損金の額に算入されます。
　①　他の使用人と同じ支給時期に支給すること
　②　支給した事業年度において損金経理をすること
　③　他の使用人の賞与の額に比較して適正と認められる金額であること
　なお、他の使用人の賞与の額に比較して適正であると認められる金額を超えて賞与が支給されている場合には、その超える金額については損金の額に算入されません。

7. 使用人に対する賞与の特別な取扱い

⑴　特殊関係使用人に対して支給する過大な使用人賞与の損金不算入

　法人の役員と特殊な関係にある使用人に対して支給する賞与の額のうち、不相当に高額な部分の金額は、損金の額に算入されません。

⑵　使用人賞与の損金算入時期

　法人が使用人に対して支給する賞与は、その支給をした日の属する事業年度の損金の額に算入されますが、賞与の支給形態が次の①または②に該当する場合には、それぞれ次に定める事業年度において損金算入することができます。
　①　労働協約または就業規則により定められる支給予定日が到来している賞与で、使用人に支給額の通知がされており、かつ、支給予定日または通知した日の属する事業年度で損金経理をしているもの……支給予定日または通知した日のいずれか遅い日の属する事業年度
　②　翌事業年度開始1カ月以内に支払う賞与で、次のイ、ロ、ハの要件にすべて該当するもの……使用人に支給額の通知をした日の属する事業年度

イ．支給額を各人別に同時期に支給を受けるすべての使用人に対して通知する

ロ．イの通知をした金額を、通知をしたすべての使用人に対して通知をした日の属する事業年度終了の日の翌日から1カ月以内に支払っている

ハ．支給額についてイの通知をした日の属する事業年度で損金経理をしている

11 退 職 金

> **POINT** 使用人に対する退職給与は原則として損金の額に算入されますが、役員に対する退職給与については金額が過大なものは損金の額に算入されません。

1. 退職給与の範囲

退職給与とは、退職という事実により支払われるいっさいの給与をいい、退職給与規程に基づいて支給されるものかどうか、その支出の名義がどうなっているかなどは問いません。しかし、退職により支給されるものであっても、①遺族補償金、②遺族手当、③葬祭料、④香典、⑤結婚祝金品、⑥帰郷旅費および①～⑥に準ずるものについては、その性質が福利厚生費等に準ずるものであり、退職給与とは認められないため、退職者が役員であるか使用人であるかを問わず支出時の損金となります。

また、役員の分掌変更等の場合の退職給与の打切り支給、使用人が役員になった場合の退職給与の打切り支給などのような場合には、退職していない者に対しても退職給与の支給が認められる場合があります。

2. 役員退職給与

法人が役員に対して支給した退職給与のうち、不相当に高額な部分の金額は、損金の額に算入されません。支給した役員退職給与が不相当に高額であるか否かは、その役員の在職年数、その退職の事情、同じ事業を営む規模の類似する法人の役員退職給与の支給状況等に照らして判断することとされています。

この場合、役員に対する退職給与の適正額の代表的な算定方式に、次の算式による方法（功績倍率方式）があります。

> 最終報酬月額×役員在任年数×功績倍率＝役員退職給与の適正額

3. 特殊関係使用人に対して支給する過大な退職給与の損金不算入

法人の役員と特殊な関係にある使用人に対して支給する退職給与の額のうち、不相当に高額な部分の金額は、損金の額に算入されません。

12 福利厚生費

POINT

福利厚生費は、労働力の確保、向上を目指して従業員全体を対象として支給されるものですから、税務上、損金の額に算入することが認められます。しかし、一部の福利厚生費については、税務上、給与や交際費とされるものがあります。

1. 資産計上を要する場合

法人が福利厚生施設として設置した資産については、その法人の所有する施設が少額減価償却資産でない限り、固定資産として資産計上することになります。

2. 給与とされる場合（経済的利益）

法人においては福利厚生費として処理されているものであっても、給与所得として源泉所得税の対象となる場合があります。この場合、支給の対象が役員である場合には、役員に関する給与の規定が適用されます。具体的には、次に掲げるものが経済的利益として給与課税の対象となります。

① 役員に法人の資産を無償または低い価額で譲渡した場合……一般に役員に対する臨時の給与となり損金不算入

$$経済的利益の額＝時価－譲渡価額$$

② 役員に土地・家屋その他の資産（金銭を除く）を無償または低額で貸与した場合……定期同額給与等に該当すれば損金算入、それ以外は損金不算入

$$経済的利益の額＝通常支払うべき賃料－実際に徴収している賃料$$

③ 役員に金銭を無利息または低利で貸し付けた場合……定期同額給与等に該当すれば損金算入、それ以外は損金不算入

$$経済的利益の額＝通常支払うべき利息－実際に徴収している利息$$

④ 役員の個人的費用を負担した場合……定期同額給与等に該当すれば損金算入、それ以外は損金不算入

$$経済的利益の額＝その負担した額$$

⑤　役員の債務を引き受けた場合……一般に役員に対する臨時の給与となり損金不算入

$$\boxed{経済的利益の額＝その債務の額}$$

⑥　役員に機密費、接待費、交際費等の名義で支給したもののうち、会社業務のために使用したことが明らかでないもの……定期同額給与等に該当すれば損金算入、それ以外は損金不算入

$$\boxed{経済的利益の額＝その支給した額}$$

なお、経済的利益であっても、次のものは原則として給与とはされません。

イ．慶弔金、葬祭料等　　ロ．永年勤続者の記念品等　　ハ．創業記念品等

ニ．用役の提供等　　ホ．商品・製品の値引販売　　ヘ．学資金等

ト．災害・疾病等による無利息または低利の貸付、その他の貸付による経済的利益が年5,000円以下のもの

チ．役員・使用人全員を対象とする生命保険料・損害保険料で一定のもの

3. 交際費とされる場合

①　創立記念日、国民の祝日、新社屋の落成等の祝賀会費用

　　イ．式典の祭事のために通常かかる費用……雑費等

　　ロ．宴会費・記念品代等の費用で、従業員におおむね一律に社内で供与する通常の飲食にかかる費用（社外で行う場合であってもその飲食にかかる費用の程度が社内で行う場合と同程度のものを含む）……福利厚生費

　　ハ．宴会費・記念品代等の費用で、上記ロ以外のもの……交際費等

②　慶弔・禍福の費用

　　イ．従業員（従業員の親族、退職者およびその親族を含む）に対し一定の基準に従って支給する金品……福利厚生費

　　ロ．得意先等社外の者に対し支出する金品で、被災した取引先に対する売掛債権の免除、災害見舞金等……雑費等

　　ハ．得意先等社外の者に対し支出する金品で、上記ロ以外のもの……交際費等

　　ニ．不特定多数の被災者に対し緊急に行う自社製品等の提供……雑費等

13 交 際 費

POINT

　交際費は事業を行っていくうえで必要な支出ですが、冗費・濫費をできるだけ抑えるため、法人税法上は、原則として損金としないこととしています。しかし、消費の拡大を図る観点から、交際費のうち一定の限度額までは、損金として認めることとしています。

1. 交 際 費

　法人が得意先、仕入先その他事業に関係のある者等に対する接待、供応、慰安、贈答その他これに類する行為のために支出するものをいいます。したがって、会社が処理した科目に関係なく交際費の判定を行います。

　なお、1人当たり10,000円（2024年3月31日以前は5,000円）以下の取引先等との一定の飲食費（役職員間の飲食費（いわゆる社内接待費）を除く）は税務上の交際費から除かれ、損金算入できます。

〈交際費課税となるものとならないものの具体例〉

YES のものが交際費に該当
(1) 販売奨励金
・事業用資産の交付 ……………………………………………………………… NO
・金銭の交付　①　原則 …………………………………………………………… NO
②　小売業者の観劇等の費用の負担額 ……………………… YES
(2) 情報提供料等
・正当な取引の対価としての支出 ……………………………………………… NO
・正当な取引の対価と認められない支出 ……………………………………… YES
(3) 慶弔・禍福の費用
・当社従業員（親族、退職者を含む） ………………………………………… NO
・得意先、仕入先等の社外の者 ………………………………………………… YES
(4) 記念式典等の費用
・当社従業員に一律に供与した飲食等の費用 ………………………………… NO
・得意先仕入先等に係る宴会費、交通費、記念品代 ………………………… YES
・式典の祭事のために通常かかる費用 ………………………………………… NO
(5) 取引関係を結ぶための運動費等

　　　　・事業者への金銭、事業用資産の交付‥‥‥‥‥‥‥‥‥‥‥‥‥‥‥‥　NO
　　　　・相手方の従業員に対する金銭等の交付‥‥‥‥‥‥‥‥‥‥‥‥‥‥　YES
　　　　・料亭等で接待した費用‥‥‥‥‥‥‥‥‥‥‥‥‥‥‥‥‥‥‥‥‥　YES
　(6)　会議費
　　　　・来客との商談、打合せ等に際しての費用‥‥‥‥‥‥‥‥‥‥‥‥‥　NO
　　　　・旅行等に招待し併せて会議を行った場合
　　　　　　　　①　旅行、観劇等に招待した場合‥‥‥‥‥‥‥‥‥‥‥‥‥　YES
　　　　　　　　②　併せて行った会議費用
　　　　　　　　　　実体を備えている場合‥‥‥‥‥‥‥‥‥‥‥‥‥‥‥‥　NO
　　　　　　　　　　実体を備えていない場合‥‥‥‥‥‥‥‥‥‥‥‥‥‥‥　YES
　(7)　広告宣伝費
　　　　・一般消費者を対象とする費用‥‥‥‥‥‥‥‥‥‥‥‥‥‥‥‥‥‥　NO
　　　　・得意先に対する見本品、試用品の供与費用‥‥‥‥‥‥‥‥‥‥‥‥　NO
　(8)　その他
　　　　・得意先等の従業員に対する取引の謝礼‥‥‥‥‥‥‥‥‥‥‥‥‥‥　YES
　　　　・新製品の展示会等に得意先を招待した費用‥‥‥‥‥‥‥‥‥‥‥‥　NO
　　　　・得意先等に工場等を見学させるための費用‥‥‥‥‥‥‥‥‥‥‥‥　NO

2.　損金算入限度額

　　資本金または出資金（以下「資本金」）が1億円以下の中小法人（資本金が5億円以上の法人または相互会社の100％子会社等を除く）と中小法人以外の区分により、次の限度額まで損金算入が認められます。

区　　分		損金算入限度額
中小法人		①　800万円　②　飲食費の50％ 　いずれかを選択できる
中小法人以外	資本金等の額 100億円以下	飲食費の50％
	資本金等の額 100億円超	適用なし（全額損金不算入）

　　中小法人が対象となる「800万円」は交際費等すべて（飲食費・贈答品・慶弔禍福費・ゴルフ代その他）が対象になりますが、中小法人以外も対象となる「飲食費の50％」は飲食費（社内接待費を除く）に限られます。

寄 附 金

> **POINT**　寄附金は、事業に直接かかわりがなく、また相手から反対給付のない一方的な支出です。したがって、法人税法では損金算入に一定の限度額を設けています。

1. 寄 附 金

　寄附金は、事業に直接関係のない者に対し、金銭その他の資産、経済的利益の贈与または無償の供与（①金銭の寄附、②資産を無償または低額で譲渡する、③貸付金利息の免除など）をいいます。

　なお、完全支配関係（原則として、発行済株式の全部を直接または間接に保有する関係）にある内国法人間の寄附金については、受領法人において全額益金不算入となる代わりに、支出法人では全額損金不算入になります。

2. 限度額の計算

(1) 支出内容による一定部分の損金不算入

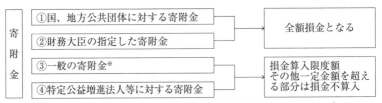

　※政治家・政党に対する寄附金、宗教団体に対する寄附金などは、上記③（一般の寄附金）に該当します。

　一般の寄附金の損金算入限度額は次のとおりです。

$$（所得基準＋資本基準）\times\frac{1}{4}＝損金算入限度額$$

$$所得基準＝寄附金支出前の当期の所得金額\times\frac{2.5}{100}$$

$$資本基準＝（期末資本金額＋資本積立金額）\times\frac{当期の月数}{12}\times\frac{2.5}{1,000}$$

⑵　特定公益増進法人等に対する寄附金が含まれている場合

　特定公益増進法人等とは、公共法人、公益法人等（一般社団法人および一般財団法人を除く）その他特別の法律により設立された法人のうち、教育または科学の振興、文化の向上、社会福祉への貢献その他公益の増進に著しく寄与する法人をいいます。特定公益増進法人に対する寄附金は、一般の寄附金とは別枠で、次の損金算入限度額が認められます。

$$(所得基準＋資本基準)\times\frac{1}{2}=損金算入限度額$$

$$所得基準＝寄附金支出前の当期の所得金額\times\frac{6.25}{100}$$

$$資本基準＝(期末資本金額＋資本積立金額)\times\frac{当期の月数}{12}\times\frac{3.75}{1,000}$$

3.　寄附金の経理

　寄附金を損金とするためには、経理処理で損金として計上しなくてはなりません。また、寄附金は法人税法では現金主義によって考えているため、未払金に計上した場合には、その全額が損金になりません。この場合、その後実際に支払ったときに損金算入されることになります。

4.　地方創生応援税制（企業版ふるさと納税）

　青色申告法人が、2016年4月20日（地域再生法の改正法の施行日）から2025年3月31日までの間に、地方公共団体が行う一定の地方創生事業に対して行った寄附金については、寄附金の全額が損金となるほか、次の金額が税額から控除されます。本制度の控除割合は、2020年度税制改正により、従前の2倍に引き上げられました。

	税目	控除額	控除限度額
①	法人事業税	寄附金額×20％（2020年3月以前は10％）	法人事業税額の20％
②	法人住民税法人税割額	寄附金額×40％（2020年3月以前は20％）	法人住民税法人税割額の20％
③	法人税	②で控除しきれなかった金額と寄附金額×10％とのうちいずれか少ない金額	法人税額の5％

15 租税公課

1. 租税公課の取扱い

企業会計上は法人税、法人住民税、地方法人税、法人事業税、特別法人事業税は法人税等として、固定資産税、延滞税などは租税公課として会社が納める税金を費用に計上します。

しかし、法人税法上ではその税金の種類によって損金とならないものがあります。

① 法人税や法人住民税は、所得をもとに計算されます。前年の法人税や法人住民税の納税額により所得が変動することは、税収の面から好ましくないので、損金不算入とされます。

② 税金を滞納した場合の延滞税や、交通違反などの罰金も損金となりません。このようなペナルティを損金とすると、その分課税所得が少なくなり、法人税が少なくなります。制裁という意味から考えると、ペナルティを支払って法人税が少なくなるのは不合理なので、損金不算入となります。

③ 受取利息などから天引きされる源泉所得税は、受取利息などの利益に対して天引きされた税金ですので、法人税を前払いしたことになります。法人税からマイナスする税額控除を適用する場合には、これも損金不算入となります。

2. 損金算入時期

⑴ 申告納税方式による税金

　会社が自主的に申告書を提出しなければならない申告納税方式の税金（事業税、特別法人事業税、消費税など）は、申告書を提出した事業年度の損金となります。なお、事業税、特別法人事業税は、申告等がされていない場合であっても、特例として翌期の損金の額に算入されます。

⑵ 賦課課税方式による税金

　固定資産税や自動車税のように税額が通知される賦課課税方式の税金は、賦課決定のあった事業年度の損金となります。なお、納期の開始日の事業年度や実際に納付した事業年度に損金とすることも認められています。

⑶ 利子税および徴収猶予等に係る延滞金

　利子税などの税金は納付した事業年度の損金となります。なお、その事業年度の期間にかかる未納額を未払計上することができます。

3. 税金の取扱いのまとめ

種類	取扱い		損金算入の時期
	損金算入	損金不算入	
法人税		○	
法人住民税		○	
地方法人税		○	
延滞税		○	
加算税		○	
交通反則金		○	
源泉所得税		○	
法人事業税	○		申告書を提出した事業年度
特別法人事業税	○		申告書を提出した事業年度
固定資産税	○		決定のあった事業年度
事業所税	○		申告書を提出した事業年度
自動車税	○		決定のあった事業年度
収入印紙	○		使った事業年度
消費税	○		申告書を提出した事業年度

※1　源泉所得税は税額控除を選択した場合に限ります。
※2　消費税は税込み処理をした場合です。なお、未払計上も認められます。

貸倒損失

法人の債権が回収できないこととなったときは、回収できない金額は「貸倒れ」として、損金算入をすることが認められています。

法人としては、不良債権については回収努力を続けることはもちろんですが、回収不能なものはなるべく早期に貸倒れとして、損金にしたいところです。

1. 貸倒処理のための条件

企業活動をしていると、取引先が倒産して売掛金の回収ができなくなるなど、貸倒れが発生することがあります。このような場合、その貸倒損失は課税所得金額の計算上、損金の額に算入することができます。しかし、売掛金回収の努力をしないで、何でも貸倒れとして損金算入が認められるわけではありません。法人税では、実際に貸倒れかどうかは、厳しい条件をつけて限定しています。具体的には、次の3つの場合でないと貸倒損失として損金算入が認められません。

① 法律的に債権が消滅したとき
② 上記①でないときは全額の回収不能が明らかなとき
③ 売掛債権などは1年以上取引を停止したとき

2. 法律的に債権が消滅したとき

「法律的に債権が消滅したとき」とは、会社更生法の更生計画認可の決定、特別清算、和議、債務者に対する書面による債務免除（債務者の債務超過の状態が相当期間継続し、その弁済を受けられないと認められる場合に限る）など、法律的に債権が消滅することをいいます。このような場合、当然に貸倒れですから、法人の損金経理の有無は関係なく損金算入となります。これに対して、相手方に支払能力があるのに債権放棄をすると、債権そのものが消滅し、寄附金等として取り扱われ、損金不算入となる場合があります。

3. 全額の回収不能が明らかなとき

法律的には債権が消滅していないものの、経済的に評価して貸倒れであるという場

合は、注意が必要です。

　まず、債務者の資産状況や支払能力等からみて、その全額の回収不能が明らかでなければなりません（一部でも回収の見込みがあれば、貸倒れ処理はできません）。仮に担保物があれば、これを処分した後の金額が貸倒れとなるので、担保物をそのままにしておいて見積価額で処理し、残額を貸倒れにするというわけにはいきません。

　また、法律的に債権が消滅していないので、原則として法人が自ら損金経理をしない限り、損金算入は認められません。

4. 売掛債権等の特例

　売掛債権等について、次のような場合には備忘価額（1円）を残して貸倒れとして処理することができます。

① 継続して取引していた取引先の経営状況が悪化したため、取引を停止して1年以上が経過した

② 取引費用に満たない債権で、支払を督促しても弁済がない

　これは、売掛債権等に限定して適用できる特例であり、貸付金などはこれを利用して貸倒れとすることはできません。

　「1年以上取引を停止したとき」というのは、継続して取引していた相手方の経営状況が悪化したために取引を停止した日から1年以上をいいます。この「1年以上」は、次のうち最も遅い時期から起算します。

・取引停止日

・最終の弁済期

・最終の弁済日

　たとえば、1月10日に取引を停止し、その代金支払日が1月20日になっていたとして、1月25日にその代金のうち一部の支払を受けたとしましょう。これが最後の弁済である場合、1月25日以後1年を経過すれば、備忘価額を残して残額を貸倒れとすることができます。

　そのほか、遠方の得意先にごく少額の売掛金が残っていて、支払を督促してもいっこうに支払ってくれない、集金に行くには旅費のほうが高くつくという場合も、備忘価額を残して貸倒れとすることができます。

　ただし、これらの場合、法人が損金経理をしなければ認められません。

17 貸倒引当金

POINT　法人が、その所有する金銭債権について将来発生することが予測される貸倒れの損失見込額として、過去の貸倒れの実績に基づいて損金経理により貸倒引当金勘定に繰り入れた場合には、その事業年度終了時の金銭債権の額に応じて、繰入限度額に達するまでの金額を損金算入することが認められます。

1. 貸倒引当金の概要

　資本金または出資金（以下「資本金」）が1億円以下の中小法人（資本金が5億円以上の法人または相互会社の100％子会社等を除く）においては、過去の貸倒れの実績に基づくほか、法律で定められた一定の割合で貸倒れの損失見込額を損金経理により貸倒引当金勘定に繰り入れることが認められています。繰入限度額は、個別評価金銭債権の繰入限度額と一括評価金銭債権の繰入限度額の合計となります。貸倒引当金については、翌事業年度において戻入れ（貸倒引当金戻入れ）を行い、益金に算入されます（洗替え方式）。

　なお、貸倒引当金制度は、2012年4月1日以後に開始する事業年度から、適用法人が銀行、保険会社その他これらに準ずる法人および中小法人等に限定されており、これら以外の法人では損金算入が認められません。

2. 個別評価金銭債権

　個別評価金銭債権の繰入限度額は、次の①～③の場合について、それぞれ一定の計算方法で計算した回収不能見込額の合計となります。

① 会社更生法の更生計画認可の決定などの事由が生じたことにより、弁済の猶予、割賦払いによる弁済となった場合

② 金銭債権（①を除く）の債務者の債務超過の状態が相当期間継続し、事業に好転の見通しがないこと、災害・経済事情の急変等による多大な損害の発生により、金銭債権の一部の金額につき、担保権の実行等により取立て等を見込めない場合

③ 金銭債権（①・②を除く）の債務者につき、会社更生法の更生手続開始の申立てなどの事実が生じている場合

3.　一括評価金銭債権

　一括評価金銭債権の繰入限度額は、期末の一括評価金銭債権（個別評価金銭債権を除く）の帳簿価額の合計額に、原則として、その法人の過去3年間における貸倒損失の発生額に基づいて計算される実績繰入率（貸倒実績率）を乗じて計算されます。

> 繰入限度額＝期末の一括評価金銭債権の帳簿価額×実績繰入率

4.　法定繰入率

　資本金が1億円以下の中小法人（資本金が5億円以上の法人または相互会社の100％子会社等を除く）については、実績繰入率に代えて法定繰入率の選択適用が認められます。

> 繰入限度額＝（期末の一括評価金銭債権の帳簿価額
> 　　　　　　－実質的に債権とみられない金額）×法定繰入率

　法定繰入率は業種に応じて次のとおりとなっています。

　　　・卸売および小売業……1,000分の10
　　　・製造業………………1,000分の8
　　　・金融および保険業……1,000分の3
　　　・割賦販売小売業等……1,000分の13
　　　・その他…………………1,000分の6

保　険　料

1.　終身保険

　　終身保険とは、いつ被保険者が死亡しても死亡保険金が支払われる生命保険をいいます。法人が終身保険の保険料を支払った場合の税務上の取扱いは、次のとおりです。

死亡保険金の受取人	原則的な取扱い
法人	保険料積立金として資産計上
被保険者の遺族	役員または使用人に対する給与

2.　養老保険

　　養老保険とは、被保険者が死亡したとき、または保険期間が満了したときに、死亡保険金または満期保険金が支払われる生命保険をいいます。法人が養老保険の保険料を支払った場合の税務上の取扱いは、次のとおりです。

保険金受取人		原則的な取扱い
死亡保険金	満期保険金	
法人	法人	保険料積立金として資産計上
被保険者の遺族	法人	1/2…保険料積立金として資産計上 1/2…期間の経過に応じて損金算入※
被保険者またはその遺族		役員または使用人に対する給与

※被保険者が特定の者のみの場合は、その者に対する給与として扱われます。

3.　定期保険

　　定期保険とは、一定期間内に被保険者が死亡した場合にのみ保険金が支払われる生

命保険をいいます。

　法人が定期保険の保険料を支払った場合の税務上の取扱いは次のとおりです。

　なお、法人税基本通達の改正により、2019年7月8日以後契約の一定の定期保険は、異なる経理処理（**6.**参照）を行います。

死亡保険金の受取人	原則的な取扱い
法人	期間の経過に応じて損金算入
被保険者の遺族	期間の経過に応じて損金算入※

※被保険者が特定の者のみの場合は、その者に対する給与として扱われます。

4. 定期保険付養老保険

　定期保険付養老保険とは、養老保険に定期保険を付したものをいいます。法人が定期保険付養老保険の保険料を支払った場合の税務上の取扱いは次のとおりです。

　①　保険料が養老保険と定期保険に区分されている場合……それぞれの保険料について養老保険または定期保険の取扱いと同様

　②　保険料が区分されていない場合……養老保険の取扱いと同様

5. 長期平準定期保険（2019年7月7日までの契約）

　長期平準定期保険とは、次のすべての要件を満たす定期保険をいいます。

　①　契約者が法人で、被保険者が役員または従業員であること

　②　保険期間満了時における被保険者の年齢が70歳超であること

　③　保険加入時における被保険者の年齢に保険期間の2倍に相当する数を加えた数が105超であること

　法人が長期平準定期保険の保険料を支払った場合の税務上の取扱いは、次のとおりです。なお、法人税基本通達の改正により、2019年7月8日以後契約の場合、下記とは異なる経理処理（**6.**参照）を行います。

区　分		原則的な取扱い
保険期間開始時からその保険期間の10分の6に相当する期間を経過するまでの期間	各事業年度の支払保険料の額	1/2 …資産計上 1/2 …一般の定期保険の取扱いと同様
保険期間の10分の6に相当する期間を経過した後の期間	各事業年度の支払保険料の額	一般の定期保険の取扱いと同様
	資産計上の累積額	その後の期間の経過に応じて損金算入

6. 定期保険・第三分野保険（2019年7月8日以後の契約）

　保険会社各社の商品設計の多様化、前払部分の保険料割合の変化等により各種取扱いに差異が生じている実態を踏まえ、定期保険・第三分野保険の保険料の取扱いに係る法人税基本通達が、2019年6月28日に改正されました。

　改正によって、2019年7月8日以後の契約で、法人を契約者、役員または従業員を被保険者とする一定の定期保険・第三分野保険の保険料は、最高解約返戻率に応じて、資産計上期間・資産計上額等について次の取扱いが適用されています。

最高解約返戻率	50％超70％以下	70％超85％以下	85％超
資産計上期間	保険期間の40％相当期間経過まで		最高解約返戻率となる期間まで※1
上記期間の保険料の資産計上割合	40％	60％	1〜10年目： 最高解約返戻率×90％ 11年目以降： 最高解約返戻率×70％
上記期間の保険料の損金算入割合	60％	40％	100％−資産計上割合
取崩期間経理処理	・保険期間の75％相当期間経過後※2 ・全額を損金算入		・解約返戻金相当額が最も高い金額となる期間経過後※2・3 ・全額を損金算入

※1　最高解約返戻率経過後で「（当該期間の解約返戻金−直前期間の解約返戻金）÷年換算保険料相当額」の割合が70％を超える期間があるときは、それを満たさなくなる日まで。
※2　資産計上額については、残りの期間で均等に取り崩して損金算入する。
※3　解約返戻金相当額が最も高い金額となる期間が複数ある場合、そのうち最も遅い期間経過後とする。

　本改正は、改正日前の既契約に対する遡及適用はされません。

　なお、以下に該当する保険は、期間の経過に応じて、支払保険料の全額を損金算入します。

・最高解約返戻率が50％以下の契約
・最高解約返戻率が70％以下で、かつ、年換算保険料相当額（支払保険料総額÷保険期間）が30万円以下の場合
・保険期間が3年未満

Ⅶ

税額計算・申告納付

1 税額計算の仕組み

POINT

法人の各事業年度の所得に対して課税される法人税額は、その事業年度の法人の所得に対して法人税率を適用して計算した金額から、源泉徴収された所得税額や中間申告した際に前払いした法人税などを控除して計算します。

1. 税額計算の仕組み

　法人税額の計算は、まず法人税の規定に基づき計算された法人の課税所得金額に税率を適用するところからスタートします。具体的な計算式は、「法人の課税所得金額×法人税率」となります。

　この場合の法人税率は、法人の資本金または出資金（以下「資本金」）の大小によって異なります。

　まず、法人税の基本的な税率は23.2%です。資本金が1億円を超える法人に対しては、この基本的な税率の23.2%が適用されます。

　これに対し、資本金が1億円以下の法人のことを（法人税額の計算上）中小法人といいます。この中小法人（資本金が5億円以上の法人または相互会社の100%子会社等を除く）は、所得金額が800万円以下の部分については15%の法人税率を適用し、所得金額が800万円を超える部分については23.2%の法人税率を適用します。

区分			事業年度開始時期	
			2018年4月1日〜 2025年3月31日	2025年4月1日以後
普通法人	大法人（所得の区分なし）		23.2%	
	中小法人	年800万円以下 の課税所得金額	15%	19%※
		年800万円超 の課税所得金額	23.2%	

※中小法人等の軽減税率の特例措置が期限到来をもって廃止される前提で作成。

　法人の課税所得金額に上記の税率を適用した後、「同族会社に対する特別な税金」（同族会社の留保金課税）や「使途秘匿金に対する税額」などを加算し、税額控除として「所得税額の控除」や「外国税額控除」「仮装経理の場合の更正に伴う法人税額の控除」「中小企業者等が機械等を取得した場合等の法人税額の特別控除」（中小企業等投資促進税制）などを控除し、さらに、中間申告した際に納付した法人税があればこれを控除して納付すべき法人税額を計算することになります。

2. 税額計算の仕組み（〔別表一〕　フローチャート）

> 法人の課税所得金額×法人税率＝法人税額
>
> 　　法人税率は次の区分による。
> 　　①　中小法人の場合
> 　　　・年800万円以下の部分……15%
> 　　　・年800万円超の部分………23.2%
> 　　②　大法人の場合　………………23.2%

↓

> （−）法人税額の特別控除
> 　　法人税額から「中小企業者等が機械等を取得した場合等の法人税額の特別控除」（中小企業等投資促進税制）などを控除する。

↓

> （＋）同族会社に対する特別な税金（同族会社の留保金課税）

↓

> （＋）使途秘匿金に対する税額

↓

> （−）仮装経理の場合の更正に伴う法人税額の控除

↓

> （−）所得税額・復興特別所得税額の控除、外国税額控除

↓

> （−）中間申告分の法人税額

↓

> 納付すべき法人税額

2 繰越欠損金

　　課税所得金額の計算は、原則として事業年度ごとに区分して行うため、前期以前に生じた欠損金は、当期の課税所得金額には反映させないのが原則です。しかし、一定の欠損金については、翌期以後への繰越しを認めています。

1. 青色申告書を提出した事業年度に生じた欠損金の繰越控除

(1) 繰越控除限度額

　青色申告書を提出した事業年度に生じた欠損金は繰越控除が認められます。繰越控除限度額は、原則として、繰越控除をする事業年度の繰越控除前の所得金額（以下「繰越前所得」）の50％です。ただし、資本金または出資金（以下「資本金」）が1億円以下の中小法人等（資本金が5億円以上の法人または相互会社の100％子会社等を除く）は100％の繰越控除が認められます。

　また、中小法人等以外の新設法人（資本金が5億円以上の法人または相互会社の100％子会社等を除く）も、設立日から7年以内に限り100％の繰越控除が認められます。ただし、7年以内に上場した場合には、上場された日以後に終了する事業年度は原則どおりの取扱い（繰越控除限度額が50％）になります。

(2) 繰越期間

　繰越期間は、欠損金が生じた事業年度に応じ、次のとおり定められています。

区分	欠損金が生じた事業年度開始時期	
	2008年4月1日〜2018年3月31日	2018年4月1日以後
全法人共通	9年	10年

⑶　**欠損金が複数年に生じている場合**

　　欠損金が複数年において生じている場合は、最も古い事業年度に生じた欠損金から順次繰越控除を行い、控除しきれない残額は翌期に繰り越し、9年間または10年間経過してもなお控除しきれない残額は切り捨てます。

　　この欠損金の繰越控除の適用を受けるためには、欠損金の生じた事業年度において青色申告書を提出しており、その後連続して確定申告書を提出していることが必要です。

2.　青色申告書を提出した事業年度に生じた欠損金の繰戻し還付

　　資本金が1億円以下の中小法人（資本金が5億円以上の法人または相互会社の100％子会社等を除く）については、青色申告書を提出した事業年度に生じた欠損金を前年度に繰り戻して、次の算式による金額の還付を受けることもできます。

$$\text{還付請求できる金額} = \text{還付事業年度の法人税額} \times \frac{\text{欠損事業年度の欠損金額}}{\text{還付事業年度の所得金額}}$$

3.　青色申告書を提出していない事業年度に生じた災害による損失の繰越し

　　青色申告書を提出していない事業年度であっても、その事業年度に生じた欠損金額のうち、災害によりその資産について生じた損失（災害損失）があるときは、その災害損失の額については10年間の繰越控除（2018年3月31日以前に開始する事業年度に生じた欠損金は9年間の繰越控除）が認められます（繰越控除限度額は青色申告書を提出した場合と同じ）。

申告・納付

法人は、原則として事業年度終了の日の翌日から2カ月以内に、確定した決算に基づいて作成した確定申告書（株主総会等の承認を受けた計算書類を基礎とした申告書）を提出しなければなりません。この手続を、確定申告といいます。

1. 確定申告

(1) 申告期限

　法人は、原則として事業年度終了の日の翌日から2カ月以内に、確定した決算に基づいて作成した確定申告書を納税地の所轄税務署長に提出しなければなりません。

　ただし、会計監査人の監査を受けなければならないなどの理由により申告期限までに決算が確定できない法人が税務署長の承認を受けたときは、申告期限が原則として1カ月延長され、「3カ月以内」となります。

　なお、災害その他やむを得ない理由により申告期限までに決算が確定できない法人が税務署長の承認を受けたときも、申告期限が延長されます。

(2) 確定申告書の内容および添付書類

　確定申告書には、その事業年度の所得の金額（または欠損金額）およびその所得に対する税額などを記載し、貸借対照表、損益計算書、株主資本等変動計算書、勘定科目内訳明細書その他の書類を添付して提出します。

2. 中間申告

　事業年度が6カ月を超える法人は、事業年度開始の日以後6カ月を経過した日から2カ月以内に、中間申告書を提出しなければなりません。中間申告には次の2つの方法があり、任意に選択できます。

　なお、中間申告書を期限内に提出しなかった場合は、前年度実績による予定申告をしたものとみなされます。

(1) 前年度実績による予定申告

　前事業年度の法人税額の6カ月相当額を、中間申告の税額として申告します。ただし、その税額が10万円以下のときは、予定申告の必要はありません。

(2) 仮決算による中間申告

　6カ月を1事業年度とみなして仮決算を行い、それに基づいて所得を計算し税額を

算定して申告します。計算方法その他は確定申告に準じます。

　ただし、仮決算による中間納付額が、前年度実績による予定申告額を超える場合には、仮決算による中間申告をすることはできません。

3. 期限後申告および修正申告

(1)　期限後申告

　確定申告書の提出期限（法定申告期限）までに提出された申告書を「期限内申告書」といい、法定申告期限後に税務署長の決定があるまでに提出された申告書を「期限後申告書」といいます。

　期限後申告をした場合には、納付税額に対して延滞税が課せられ、また、原則として無申告加算税が課せられます。

(2)　修正申告

　既に提出した確定申告書に記載した税額が過少であったり、欠損金額や還付金額が過大であったときは、税務署長の更正があるまでは、修正申告書を提出することができます。

　修正申告をした場合には、追加税額に対して延滞税が課せられ、また、それぞれに応じて無申告加算税や過少申告加算税が課せられることがあります。

(3)　更正の請求

　既に提出した確定申告書または修正申告書に記載した所得金額や税額が過大であったり、還付金額が過少であったときは、原則として法定申告期限から5年以内に限り、税務署長に対して更正の請求をすることができます。

4. 納　　付

　確定申告および中間申告の税額は、それぞれの申告期限が納付期限となります。

4 青色申告

POINT

青色申告制度は、1950年のシャウプ勧告に基づき設けられたもので、複式簿記による正確な記帳に基づき誠実な申告書の提出を期待し、それを育成助長するために各種の課税上の特典が付与されています。

1. 青色申告の概要

法人は、納税地の所轄税務署長の承認を受けた場合には、中間申告書、確定申告書、修正申告書を青色申告の申告書により提出することができます。

2. 青色申告のための申請書の提出期限

青色申告をしようとする法人は、次に掲げる期限までに納税地の所轄税務署長に対して、一定の事項を記載した「青色申告承認申請書」を提出しなければなりません。

① 原則……青色申告の承認を受けようとする事業年度の開始の日の前日までに提出

② 新設法人……設立した日以後3カ月を経過した日と設立後最初の事業年度終了の日とのうちいずれか早い日の前日までに提出

3. 青色申告法人の帳簿書類

青色申告をする法人は、一定の帳簿書類を備え付けてこれに取引を記録し、その帳簿書類を保存する義務があります。

具体的には、仕訳帳、総勘定元帳などの必要な帳簿を備え付けて、取引に関する事項を記載しなければなりません。仕訳帳には取引の発生順に、取引の年月日、内容、勘定科目や金額を記載し、総勘定元帳にはその勘定ごとに記載の年月日や相手方勘定科目、金額を記載する必要があります。

また、棚卸表を作成することや貸借対照表・損益計算書を作成することも必要になります。

これらの帳簿書類は、原則として7年間保存しなければなりません。

4. 青色申告の承認の取消し

　　青色申告法人に次のような取消し理由が生じた場合には、その理由が発生した事業年度に遡り、青色申告の承認が取り消されます。

①　帳簿書類の備付けや記録、保存が法令の定めるところにより行われていない場合

②　確定申告書を提出期限までに提出していない場合

5. 青色申告の特典

　　青色申告をする法人には、次のような特典が認められます。

①　青色欠損金の繰越控除・繰戻し還付

②　試験研究の額が増加した場合等の税額控除

③　中小企業者等が機械等を取得した場合の法人税額の特別控除

④　生産性向上設備等を取得した場合の税額控除

⑤　雇用の増加に応じた特別税額控除

⑥　各種特別償却

⑦　各種準備金の積立　　など

5 税額控除・特別償却

POINT

税額控除には、支払の段階で源泉徴収された所得税について法人税の前払いとして精算する所得税額の控除や、産業育成促進など特定の政策目的から租税特別措置法で定められている法人税額の特別控除などがあります。

1. 所得税額の控除

法人が、預金の利子や株式の配当の支払を受ける際、源泉所得税が差し引かれています。しかし、法人には、法人税が課税されますが、所得税は課税されません。法人税法では、源泉所得税を法人税の前払いとして扱います。したがって、法人税額から源泉所得税を控除することになり、これを「所得税額の控除」といいます。

なお、預金の利子に対する所得税は、その全額を控除することができますが、株式の配当のように、元本である株式が売買されるものに対する所得税は、法人がその株式をもっていた期間に見合う分だけが控除の対象となります。

2. 外国税額控除

外国で法人税に相当する税を課せられた場合、その外国法人税の額のうち一定の方法で計算した金額を控除できます。

3. 仮装経理の場合の更正に伴う法人税額の控除

仮装経理で過大申告を行った場合の更正に伴う減少税額は、その更正のあった事業年度から5年以内に開始する各事業年度の法人税額から順次控除します。

4. 中小企業等投資促進税制

青色申告法人である中小企業者（資本金または出資金（以下「資本金」）が1億円以下）が、2017年4月1日から2025年3月31日までの間に新品の機械装置・工具・ソフトウェア・貨物自動車・内航船舶で一定のものを取得等した場合は、取得価額の30％の特別償却ができます。さらに、資本金が3,000万円以下の特定中小企業者は、特別償却に代えて、取得価額の7％の税額控除を選択することもできます。

なお、税額控除はその事業年度の法人税額の20％が限度となり、控除限度超過額は1年間の繰越しができます。

5.　中小企業経営強化税制

　青色申告法人である中小企業者（資本金が1億円以下）で、中小企業等経営強化法の経営力向上計画の認定を受けたものが、2017年4月1日から2025年3月31日までの間に、生産等設備を構成する機械装置、工具、器具備品、建物附属設備およびソフトウェアで、特定経営力向上設備等に該当するもののうち一定規模以上のものを取得等して事業の用に供した場合には、取得価額の100％の特別償却（即時償却）または取得価額の7％（資本金が3,000万円以下の特定中小企業者は10％）の税額控除の選択適用ができます。ただし、税額控除はその事業年度の法人税額の20％が限度となり、控除限度超過額は1年間の繰越しができます。

　なお、特定経営力向上設備等とは、認定を受けた経営力向上計画に記載された生産性向上設備（生産性が旧モデル比で年平均1％以上向上する設備）や収益力強化設備（投資利益率が年平均5％以上の投資計画に係る設備）をいいます。

6.　賃上げ促進税制

　青色申告法人が、2024年4月1日から2027年3月31日までの間に開始する事業年度に、国内雇用者に対して給与等を支給する場合において、物価高に負けない構造的・持続的な賃上げの動きをより多くの国民に広げ、効果を深めるため、賃上げ要件等について見直しが行われるとともに、子育てと仕事の両立支援や女性活躍推進として、厚生労働省による認定制度（「くるみん」「えるぼし」）を活用した控除率の上乗せ措置が創設されました。

　「くるみん」とは、仕事と子育ての両立サポートや、多様な労働条件・環境整備等に積極的に取り組む企業に対する厚生労働大臣の認定で、育休取得率等により「トライくるみん」「くるみん」「プラチナくるみん」の3段階（右ほど要件厳しい）の認定があります。

　「えるぼし」とは、女性の活躍推進に関する状況や取組等が優良な企業に対する厚生労働大臣の認定で、女性の採用・平均勤続年数・平均残業・管理職比率・キャリアコース等により「えるぼし1段階目」「えるぼし2段階目」「えるぼし3段階目」「プラチナえるぼし」の4段階（右ほど要件厳しい）の認定があります。なお、2024年3月31日以前に開始した事業年度（個人は2024年分以前）は改正前の対象になります。

⑴　大企業向け

　物価高に負けない賃上げの牽引役であり、より高い賃上げへのインセンティブを強化するため、従来の3％の賃上げ率の要件は維持しつつ、段階的に7％までの、さらに高い賃上げ率の要件が創設されました。

　この制度は大企業向けですが、大企業に限らず中堅中小企業でも適用可能（下記規定との選択）です。なお「資本金10億円以上、かつ、常時使用従業員数1,000人以上」または「常時使用従業員数2,000人超」の大企業に対する要件として、マルチステー

クホルダーに配慮した経営への取り組みを宣言（自社のウェブサイトに宣言内容を公表し経済産業大臣への届出）する必要があります。

継続雇用者給与総額（前年度比）	基本控除率	教育訓練費前年度比20%以上	合計控除率（最大）
＋3％	15％	+5％	20％
＋4％	25％		30％

→

継続雇用者給与総額（前年度比）	基本控除率	教育訓練費前年度比10%以上※	女性活躍・子育て支援※	合計控除率（最大）
＋3％	10％	【要件緩和】	【新設】	20％
＋4％	15％	+5％	+5％	25％
＋5％	20％			30％
＋7％	25％			35％

（※1）控除上限：当期の法人税額の20%
（※2）教育訓練費は当期の給与総額の0.05%以上の要件を追加
（※3）「プラチナくるみん」または「プラチナえるぼし」が要件

(2) 中堅企業向け

新たに「中堅企業」枠（従来の大企業のうち常時使用従業員数2,000人以下の企業）が創設され、地域の良質な雇用を支える中堅企業にも賃上げしやすい環境を整備するため、3％・4％の賃上げが設定されました。なお、「資本金10億円以上、かつ、常時使用従業員数1,000人以上」の企業に対する要件として、マルチステークホルダーに配慮した経営への取り組みを宣言（自社のウェブサイトに宣言内容を公表し経済産業大臣への届出）する必要があります。

継続雇用者給与総額（前年度比）	基本控除率	教育訓練費前年度比20%以上	合計控除率（最大）
＋3％	15％	+5％	20％
＋4％	25％		30％

→

継続雇用者給与総額（前年度比）	基本控除率	教育訓練費前年度比10%以上※	女性活躍・子育て支援※	合計控除率（最大）
＋3％	10％	【要件緩和】	【新設】	20％
＋4％	25％	+5％	+5％	35％

（※1）控除上限：当期の法人税額の20%
（※2）教育訓練費は当期の給与総額の0.05%以上の要件を追加
（※3）「プラチナくるみん」または「えるぼし3段階目以上」が要件

(3) 中小企業向け

中小企業者（資本金1億円以下の法人、常時使用従業員数1,000人以下の個人事業

主など）についても賃上げの裾野を一層広げるため、赤字の中小企業にも賃上げインセンティブとなるよう、繰越控除措置が創設されました。

　繰越税額控除制度は、賃上げをした事業年度に控除しきれなかった金額を翌年以降5年間で繰越控除できる制度ですが、翌年以降の繰越税額控除をする事業年度において、全雇用者給与総額が前年度より増加している場合に限り適用できます。

2024年3月31日以前開始年度個人は2024年分以前					2024年4月1日以後開始年度個人は2025年分以後				
全雇用者給与総額（前年度比）	基本控除率	教育訓練費前年度比10%以上	合計控除率（最大）		全雇用者給与総額（前年度比）	基本控除率	教育訓練費前年度比5％以上※	女性活躍・子育て支援※	合計控除率（最大）
+1.5%	15%	+10%	25%	→	+1.5%	15%	【要件緩和】+10%	【新設】+5%	30%
+2.5%	30%		40%	→	+2.5%	30%			45%

（※1）控除上限：当期の法人税額の20%
（※2）教育訓練費は当期の給与総額の0.05%以上の要件を追加
（※3）「くるみん」または「えるぼし2段階目以上」が要件

Ⅷ

会社と役員の取引

金銭の貸借

> **POINT**
>
> 法人が無利息または低利率で役員へ金銭を貸し付けた場合には、原則として、「通常収受すべき利息」と「実際に収受した利息」との差額（経済的な利益）について役員給与とされます。

1. 法人から役員への金銭の貸付

(1) 役員についての取扱い

法人の役員がその法人から無利息または低利率で金銭を借り入れた場合には、原則として、法人が「通常収受すべき利息」と「実際に収受した利息」との差額（経済的な利益）について役員給与（給与所得）とされます。したがって、この経済的な利益の額も含めて給与所得が計算され、所得税、個人住民税が課税されます。

(2) 法人についての取扱い

法人が無利息または低利率でその役員へ金銭を貸し付けた場合には、原則として、「通常収受すべき利息」が益金とされ、「通常収受すべき利息」と「実際に収受した利息」との差額（経済的な利益）について役員給与とされます。したがって、この経済的な利益の額も含めて過大役員給与の判定をすることになります。

〔設 例〕

法人の役員に対する貸付金について、通常収受すべき受取利息10万円に対して、実際に収受した受取利息6万円の場合（利息の免除：4万円）

〈利息を受け取ったときの仕訳〉

| 現預金 | 6万円 | 受取利息 | 6万円 |
| 役員給与 | 4万円 | 受取利息 | 4万円 |

※経済的な利益の額も含めて過大役員給与の判定

2. 経済的な利益の算定

　「通常収受すべき利息」の利率については、次のように定められています。

⑴　その金銭を法人が銀行等他から借り入れて、役員へ貸し付けたことが明らかな場合は、その借入金の利率

⑵　上記⑴以外の場合は、特例基準割合による利率（2022年は0.9％）

⑶　課税しない経済的な利益

　役員に対する貸付が無利息または低利率であっても、次のような場合には経済的な利益について課税しなくても差し支えないとしています。

　　①　災害、疾病等により臨時的に多額の生活資金を要することになった役員に対し、その資金に充てるために貸し付けた金額につき、その返済を要する期間として、合理的な期間内に受ける経済的な利益

　　②　その貸付により受ける経済的な利益の合計額が年間で5,000円以下のもの

　　③　借入金の平均調達金利等により徴収している場合

3. 役員から法人への金銭の貸付

⑴　**役員についての取扱い**

　法人の役員がその法人に無利息または低利率で金銭を貸し付けた場合には、契約書などで利息として収受すべき金額が雑所得の収入金額として所得税、住民税の対象とされ、個人の場合には、原則として、収受すべき金額を超えて受取利息が認定されることはありません。

⑵　**法人についての取扱い**

　法人がその役員から無利息または低利率で金銭を借り入れた場合には、支払利息（損金）と受贈益（益金）の両建て計上となり、課税所得には影響ありません。

〔設 例〕

　法人の役員からの借入金について、通常支払うべき支払利息10万円に対して、実際に支払った支払利息6万円の場合（利息の免除：4万円）

〈利息を支払ったときの仕訳〉

| 支払利息 | 6万円 | 現預金 | 6万円 |
| 支払利息 | 4万円 | 役員給与 | 4万円 |

※課税所得には影響なし

2 住宅の貸借

POINT　法人が無償または通常よりも低い家賃で役員へ社宅を貸し付けた場合には、原則として、「通常の賃貸料相当額」と「実際に収受した賃貸料」との差額（経済的な利益）について役員給与とされます。

1. 法人から役員への社宅の貸付

(1) 役員についての取扱い

　法人の役員がその法人から無償または低い家賃で社宅を借りた場合には、原則として、「通常の賃貸料相当額」と法人が「実際に収受した賃貸料」との差額（経済的な利益）について役員給与（給与所得）とされます。したがって、この経済的な利益の額も含めて給与所得が計算され、所得税、個人住民税が課税されます。

(2) 法人についての取扱い

　法人が無償または低い家賃でその役員へ社宅を貸し付けた場合には、原則として、「通常の賃貸料相当額」が益金とされ、「通常の賃貸料相当額」と「実際に収受した賃貸料」との差額（経済的な利益）について役員給与とされます。したがって、この経済的な利益の額も含めて、過大役員給与の判定をすることになります。

〔設 例〕

　法人の役員に対する社宅の貸与について、通常の家賃30万円に対して、実際に収受した家賃10万円の場合（家賃の免除：20万円）

〈家賃を受け取ったときの仕訳〉

現預金	10万円	受取家賃	10万円
役員給与	20万円	受取家賃	20万円

※経済的な利益の額も含めて過大役員給与の判定

2. 経済的な利益の算定

　「通常の賃貸料相当額」の計算については、次のように定められています。なお、使用人に貸与する社宅の「通常の賃貸料相当額」は次の(1)の算式により計算し、その金額の50％以上を徴収していれば、経済的な利益の課税はされません。

(1) 小規模な社宅（木造132㎡以下、その他99㎡以下）の場合

　小規模な社宅を役員に貸与したときの「通常の賃貸料相当額」は、次の算式により

計算します（自社所有社宅、借上げ社宅でも同じ）。

> 家屋の固定資産税の課税標準額×0.2％＋12円×（家屋の総床面積÷3.3㎡）＋敷地の固定資産税の課税標準額×0.22％

⑵　法人が所有する小規模な社宅以外の社宅の場合

　法人が所有する社宅（小規模なものを除く）を役員に貸与したときの「通常の賃貸料相当額」は、次の算式により計算します。

> （家屋の固定資産税の課税標準額×12％※＋敷地の固定資産税の課税標準額×6％）÷12カ月
> 　　　　　　　　　　　　　　　　　　　　　　　　　　　　　　※木造以外は10％

⑶　他から借り上げて貸与した小規模な社宅以外の社宅の場合

　法人が他から借り上げて役員に貸与した社宅の「通常の賃貸料相当額」は、その社宅の借上げ料（支払家賃）の50％相当額とその社宅について上記⑵の算式により計算した金額とのいずれか多い金額とされます。

⑷　豪華社宅の場合

　法人が所有する豪華な社宅（家屋の床面積240㎡超など）を役員に貸与したときの「通常の賃貸料相当額」は、賃貸料の適正額を通常支払われるべき賃貸料（実勢価額）により計算します。なお、家屋の床面積が240㎡を超えるもので一定のもの、床面積が240㎡以下でも役員個人の趣味が著しく反映されている社宅は豪華社宅に該当します。

3.　役員から法人への建物の貸付

⑴　役員についての取扱い

　法人の役員がその法人に無償または低い家賃で建物を貸し付けた場合には、契約書などで家賃として収受すべき金額が不動産所得の収入金額として所得税、個人住民税の対象とされ、個人の場合には、原則として、収受すべき金額を超えて家賃収入が認定されることはありません。

⑵　法人についての取扱い

　法人がその役員から無償または低い家賃で建物を借り入れた場合には、支払家賃（損金）と受贈益（益金）の両建て計上となり、課税所得には影響ありません。

土地の貸借

法人地主がその役員に土地を賃貸する場合、原則として権利金相当額をその役員に役員賞与として支給したものとされます。

1. 法人から役員への土地の貸付

(1) 法人についての取扱い

① 十分な権利金を収受した場合

法人地主がその役員に土地を賃貸する場合に、通常収受すべき権利金を収受したときは、受け取った権利金は法人の益金とされますが、権利金の額が土地の時価の2分の1を超えるときは譲渡課税とされ、土地等の帳簿価額の一部の損金算入の規定の適用があります。

② 権利金を収受しない場合

法人地主がその役員に土地を賃貸する場合に、通常は権利金を収受する慣行があるにもかかわらず、権利金を受け取らずに土地を賃貸したときは、基本的には権利金（借地権の時価相当額）を受け取ったものとされます。そのうえで、権利金相当額をその役員に役員給与（損金不算入）として支給したものとされます。

ただし、その使用の対価として「相当の地代（土地の時価のおおむね6％）」を収受しているとき等は、その土地の賃貸借は正常な取引条件とされて権利金の認定課税はされません。また、「土地の無償返還に関する届出書」を提出する場合にも、「相当の地代」の額から実際に収受している地代の額を控除した金額をその役員に役員給与として支給したものとして「相当の地代」の認定課税をするにとどめ、権利金の認定課税はしないこととされています。

(2) 役員についての取扱い

① 十分な権利金を支払った場合

支払った権利金は借地権の取得費となります。借地権の償却はできません。

② 権利金を支払わない場合

法人の役員がその法人から土地を賃借する場合に、通常は権利金を支払う慣行があるにもかかわらず、権利金を支払わずに土地を賃借したときは、基本的には借地権を無償でもらったものとされて役員給与（給与所得）とされます。

ただし、権利金の支払に代えて、その使用の対価として「相当の地代（土地の時価のおおむね6％）」を支払っているとき等は、その土地の賃貸借は正常な取引条件と

されて借地権の認定課税はされません。また、「土地の無償返還に関する届出書」を
提出する場合にも、「相当の地代」の額から実際に支払っている地代の額を控除した
金額をその法人から役員給与（給与所得）として支給されたものとするにとどめ、借
地権の認定課税はされません。

2. 役員から法人への土地の貸付

⑴　法人についての取扱い

①　十分な権利金を支払う場合

　法人借地人がその役員から土地を賃借する場合に、通常支払うべき権利金を支払っ
たときは、支払った権利金は借地権の取得価額とされますが、借地権の取得価額は償
却することができません。

②　権利金を支払っていない場合

　法人借地人がその役員から土地を賃借する場合に、通常は権利金を支払う慣行があ
るにもかかわらず、権利金を支払わずに土地を賃借したときは、基本的には借地権の
贈与を受けたものとされて、受贈益に対して法人税が課税されます。

　ただし、権利金の支払に代えて、その使用の対価として「相当の地代（土地の時価
のおおむね６％）」を支払っているとき等は、その土地の賃貸借は正常な取引条件と
されて借地権の認定課税はされません。また、「土地の無償返還に関する届出書」を
提出する場合にも、借地権の認定課税はされません。

⑵　役員についての取扱い

　法人の役員がその法人に土地を賃貸する場合に、通常収受すべき権利金を収受した
ときは、譲渡所得または不動産所得として所得税、個人住民税が課税されます。法人
の役員がその法人に権利金を収受しないで土地を貸し付けた場合でも、契約書などで
地代として収受すべき金額が不動産所得の収入金額として所得税、個人住民税の対象
とされ、個人の場合には、原則として、収受すべき金額を超えて地代収入や権利金収
入が認定されることはありません。

土地・建物の譲渡

POINT

法人が所有する資産をその役員へ低額で譲渡した場合や高額で譲渡した場合には、時価課税が行われたり、役員への経済的な利益の供与として役員給与とされることがあります。

1. 法人所有の資産を役員へ低額譲渡

法人が所有する資産をその役員へ時価より低額で譲渡した場合には、時価で譲渡したものとされ、時価と実際に収受した対価との差額は役員への経済的な利益の供与として役員給与とされます。役員には役員給与（給与所得）に対して所得税、個人住民税が課税されます。

〔設 例〕

会社所有の土地（時価１億円、帳簿価額1,000万円）を役員へ4,000万円で譲渡した場合

（現預金）	4,000万円	（土　地）	1,000万円
（役員給与）損金不算入6,000万円		（固定資産売却益）	9,000万円

この役員給与は定期同額給与等に該当しないため、通常は損金不算入になります。また、役員には役員給与（給与所得）6,000万円に対して所得税、個人住民税が課税されます。

2. 法人所有の資産を役員へ高額譲渡

法人が所有する資産をその役員へ時価より高額で譲渡した場合には、時価で譲渡したものとされ、実際に収受した対価と時価との差額は役員から法人への経済的な利益の供与とされ、受贈益（益金）を計上します。役員側では時価相当額が土地の取得費とされます。

〔設 例〕

会社所有の土地（時価１億円、帳簿価額1,000万円）を役員へ１億4,000万円で譲渡した場合

（現預金）	1億円	（土　地）	1,000万円
		（固定資産売却益）	9,000万円
（現預金）	4,000万円	（受贈益）	4,000万円

この場合、役員側では時価相当額（時価１億円）が土地の取得費とされます。

3. 役員所有の資産を低額取得

　法人がその役員から役員所有の資産を時価より低額で取得した場合には、法人では時価で取得したものとされます。時価と実際に支払った対価との差額は役員から法人への経済的な利益の供与とされ、受贈益（益金）を計上します。譲渡した役員側では、譲渡対価の額が譲渡所得の収入金額となりますが、時価の2分の1未満での法人への譲渡の場合には、時価で譲渡したものとみなされます（みなし譲渡）。

〔設 例〕

　役員所有の土地（時価1億円、帳簿価額1,000万円）を役員から4,000万円で取得した場合

（土　地）	1億円	（現預金）	4,000万円
		（受贈益）	6,000万円

　この場合、譲渡した役員側では、時価の2分の1未満での譲渡のため、時価で譲渡したものとみなされます。したがって、時価の1億円が譲渡所得の収入金額となります。

4. 役員所有の資産を高額取得

　法人がその役員から役員所有の資産を時価より高額で取得した場合には、時価で譲受けしたものとされ、時価と実際に支払った対価との差額は役員への経済的な利益の供与として役員給与とされます。役員には役員給与（給与所得）に対して所得税、個人住民税が課税されます。

〔設 例〕

　役員所有の土地（時価1億円、帳簿価額1,000万円）を役員から1億4,000万円で取得した場合

（土　地）	1億円	（現預金）	1億4,000万円
（役員給与）損金不算入4,000万円			

　この役員給与は定期同額給与等に該当しないため、通常は損金不算入になります。また、役員には役員給与（給与所得）4,000万円に対して所得税、個人住民税が課税されます。

IX

オーナー株主の事業承継

自社株評価および株主の判定

> **POINT** 取引相場のない株式（非上場株式）は、その株式を相続などにより取得した株主が、その株式の発行会社の経営支配力を有している株主か、それ以外の株主（少数株主）かの区分によってそれぞれに応じた評価方式により評価します。

1. 評価の流れ

取引相場のない株式（非上場株式）の評価方式は、株主の区分、会社規模の区分、特定会社の判定をして、次の流れで決まります。

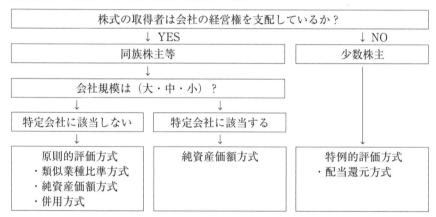

2. 株主の判定

⑴ 評価会社に同族株主がいる場合

評価会社に同族株主がいる場合で、株式の取得者（同族関係者を含む）が同族株主に該当するときは、原則的評価方式により評価し、同族株主でないときは特例的評価方式により評価します。

⑵ 評価会社に同族株主がいない場合

評価会社に同族株主がいない場合で、株式の取得者（同族関係者を含む）が議決権割合15％以上となる株主グループに属するときは、原則的評価方式により評価し、そのグループに属さないときは特例的評価方式により評価します。

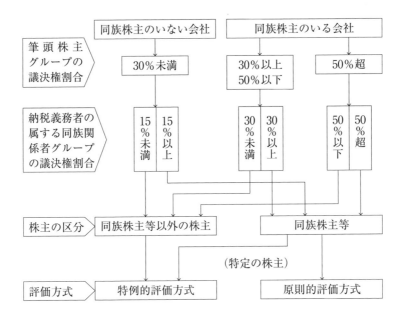

① **同族株主**

　　同族株主とは、株主の１人およびその同族関係者の有する議決権の合計数がその
会社の議決権総数の30％以上である場合におけるその株主およびその同族関係者を
いいます。

　　ただし、株主の１人およびその同族関係者の有する議決権の合計数が最も多いグ
ループの有する議決権の合計数が、その会社の議決権総数の50％超である会社にあ
っては、その50％超の議決権を有するグループに属する株主だけが同族株主とな
り、その他の株主はすべて同族株主以外の株主（少数株主）となります。

② **同族関係者**

　　同族関係者とは、株主等の親族（６親等内の血族、配偶者、３親等内の姻族）そ
の他特殊な関係にある個人または法人をいいます。

2 | 会社規模の判定

POINT

評価する株式を発行した会社を従業員数、直前期末以前１年間の売上高、従業員数を加味した総資産価額（帳簿価額）により大会社、中会社（大・中・小）、小会社に区分します。

1. 従業員が70人以上の会社

従業員が70人以上の会社は大会社になります。

従業員数は、直前期末以前１年間継続して勤務していた従業員（就業規則等で定められた１週間当たりの労働時間が30時間未満である従業員を除く。以下「継続勤務従業員」）の数に、直前期末以前１年間その会社に勤務していた従業員（継続勤務従業員を除く）のその１年間における労働時間の合計時間数を1,800時間で除して求めた数を加算した数とします。

$$
従業員数 = \frac{直前期末以前１年間の}{継続勤務従業員の数} + \frac{継続勤務従業員以外の従業員の直前期末以前}{1,800時間}
$$

なお、従業員には取締役、監査役などの役員は含まれません。

2. 従業員が70人未満の会社

従業員が70人未満の会社は、大会社・中会社・小会社の区分表による直前期末以前１年間の売上高と従業員数を加味した総資産価額（帳簿価額）により会社規模を判定します。この場合において、直前期末以前１年間の売上高による会社規模と従業員数を加味した総資産価額による会社規模が異なるときは、いずれか大きいほうの区分となります。

従業員数を加味した総資産価額（帳簿価額）による会社規模	＞ ＜	直前期末以前１年間の売上高による会社規模	いずれか大きい区分

大会社・中会社・小会社の区分表

規模区分	区分の内容		総資産価額（帳簿価額によって計算した金額）および従業員数	直前期末以前1年間における取引金額
大会社	従業員数が70人以上の会社または右のいずれかに該当する会社	卸売業	20億円以上（従業員数が35人以下の会社を除く）	30億円以上
		小売・サービス業	15億円以上（従業員数が35人以下の会社を除く）	20億円以上
		卸売業、小売・サービス業以外	15億円以上（従業員数が35人以下の会社を除く）	15億円以上
中会社の大	従業員数が70人未満の会社で右のいずれかに該当する会社（大会社に該当する場合を除く）	卸売業	4億円以上（従業員が35人以下の会社を除く）	7億円以上30億円未満
		小売・サービス業	5億円以上（従業員数が35人以下の会社を除く）	5億円以上20億円未満
		卸売業、小売・サービス業以外	5億円以上（従業員数が35人以下の会社を除く）	4億円以上15億円未満
中会社の中	従業員数が70人未満の会社で右のいずれかに該当する会社（大会社に該当する場合を除く）	卸売業	2億円以上（従業員数が20人以下の会社を除く）	3億5,000万円以上7億円未満
		小売・サービス業	2億5,000万円以上（従業員数が20人以下の会社を除く）	2億5,000万円以上5億円未満
		卸売業、小売・サービス業以外	2億5,000万円以上（従業員数が20人以下の会社を除く）	2億円以上4億円未満
中会社の小	従業員数が70人未満の会社で右のいずれかに該当する会社（大会社に該当する場合を除く）	卸売業	7,000万円以上（従業員数が5人以下の会社を除く）	2億円以上3億5,000万円未満
		小売・サービス業	4,000万円以上（従業員数が5人以下の会社を除く）	6,000万円以上2億5,000万円未満
		卸売業、小売・サービス業以外	5,000万円以上（従業員数が5人以下の会社を除く）	8,000万円以上2億円未満
小会社	従業員数が70人未満の会社で右のいずれにも該当する会社	卸売業	7,000万円未満または従業員数が5人以下	2億円未満
		小売・サービス業	4,000万円未満または従業員数が5人以下	6,000万円未満
		卸売業、小売・サービス業以外	5,000万円未満または従業員数が5人以下	8,000万円未満

評価方法および特定会社

> **POINT** 株主の区分と会社規模の区分を判定して評価方法が決まります。特定会社に該当する会社は原則として純資産価額方式により評価します。

1. 評価方法

取引相場のない株式の評価は、株主の判定により同族株主等（原則的評価方式）と同族株主等以外の株主（特例的評価方式）に区分し、会社規模の判定により大会社、中会社、小会社に区分して、次のように評価方法が決まります。

会社規模	原則的評価方式	特例的評価方式
大会社	類似業種比準価額	配当還元価額（原則的評価方式による額を超えるときは原則的評価額による）
中会社の大	類似業種比準価額×0.9＋純資産価額×0.1	
中会社の中	類似業種比準価額×0.75＋純資産価額×0.25	
中会社の小	類似業種比準価額×0.6＋純資産価額×0.4	
小会社	類似業種比準価額×0.5＋純資産価額×0.5	

※原則的評価方式による金額よりも純資産価額が低い場合は純資産価額。

2. 特定会社

次の特定会社の株式は、原則として純資産価額方式により評価します。

⑴ 土地保有特定会社

評価会社の総資産価額（相続税評価額）のうちに占める土地・借地権の価額（相続税評価額）の割合が次ページの表に掲げる基準以上の会社をいいます。

⑵ 株式保有特定会社

評価会社の総資産価額（相続税評価額）のうちに占める株式・出資の価額（相続税評価額）の割合が50％以上の会社をいいます。

会社規模	土地・借地権の保有割合			
大会社	70％以上			
中会社	90％以上			
小会社	総資産価額（帳簿価額）			土地・借地権の保有割合
	卸売業	小売・サービス業	その他の業種	
	20億円以上	15億円以上	15億円以上	70％以上
	7,000万円以上 20億円未満	4,000万円以上 15億円未満	5,000万円以上 15億円未満	90％以上

(3)　直前期末において3比準要素がゼロである会社

　直前期末において類似業種比準価額の比準要素である1株当たりの配当金額、1株当たりの年利益金額、1株当たりの純資産価額（帳簿価額）の3要素がゼロである会社をいいます。

　なお、直前期末、直前々期末のいずれを基準とした場合にも2要素がゼロの場合には類似業種比準方式のウエイトが0.25の併用方式になります。

(4)　そ の 他

　開業後3年未満の会社、開業前の会社、休業中の会社、清算中の会社も特定会社となります。

3.　種類株式の評価方法

　配当優先の無議決権株式などの評価方法は、次のようになります。

①　配当優先の無議決権株式は、原則として普通株式と同様に評価します。ただし、同族株主が相続により取得した株式に限り、その株式を取得した同族株主全員の同意により、配当優先の無議決権株式を5％評価減のうえ、評価減分を議決権株式の評価額に加算する評価方法も選択できます（議決権株式と無議決権株式の評価額の総額は変わりません）。

②　社債類似株式は、社債に準じて評価します。

③　拒否権付株式（いわゆる黄金株）は、普通株式と同様に評価します。

類似業種比準価額と
純資産価額

POINT

　類似業種比準価額は、評価しようとする会社と類似の事業をしている上場会社の株価をもとにして、一定の比準要素を用いて評価します。
　純資産価額（相続税評価額）は、評価しようとする会社を清算したと仮定したら、株主に帰属する価値はいくらになるかという観点から評価します。

1. 類似業種比準価額

　類似業種比準価額とは、その会社の事業内容と類似する上場会社の株価をもとにして、比準要素を使って評価会社の株価を評価する方法です。

　比準要素は、1株当たりの配当金額、1株当たりの年利益金額、1株当たりの純資産価額（帳簿価額）の3要素です。

　類似業種比準価額は、次の算式により計算されます。

$$類似業種比準価額 = A \times \left(\dfrac{\dfrac{b}{B} + \dfrac{c}{C} + \dfrac{d}{D}}{3} \right) \times \begin{pmatrix} 斟酌率 \\ 大会社0.7 \\ 中会社0.6 \\ 小会社0.5 \end{pmatrix} \times \dfrac{1株当たりの資本金等の額}{50円}$$

A：類似業種の株価
B：類似業種の1株当たりの配当金額
C：類似業種の1株当たりの年利益金額　　　国税庁の公表する
D：類似業種の1株当たりの純資産価額（帳簿価額）　　数値による※
b：評価会社の1株当たりの配当金額
c：評価会社の1株当たりの年利益金額
d：評価会社の1株当たりの純資産価額（帳簿価額）

※国税庁の公表する数値（ABCD）は1株当たり資本金等の額を50円として公表されますので、評価会社の数値（bcd）もいったん1株当たり資本金等の額を50円として計算します。

2. 純資産価額（相続税評価額）

　純資産価額（相続税評価額）とは、評価会社を清算したと仮定した場合において、株主に帰属する価値がいくらになるかという観点から株価を計算するものです。

　評価時点において、評価会社が所有する資産を相続税評価額で処分し、負債を清算

し、法人税等相当額（37％）を支払ったと仮定した場合の残額を求め、これを発行済株式数で割って１株当たりの純資産価額を計算します。

$$
\begin{array}{l}
1株当たりの\\
純資産価額
\end{array}=
\dfrac{\begin{array}{l}相続税評価額に\\よる資産の合計額\end{array}-\begin{array}{l}負債の\\合計額\end{array}-\left(\begin{array}{l}相続税評価額に\\よる純資産額\end{array}-\begin{array}{l}帳簿価額による\\純資産額\end{array}\right)\times37\%}{発行済株式数}
$$

⑴　**資産の合計額の主な留意点**

①　帳簿に計上されていない無償取得による借地権についても計上します。

②　評価時点前３年以内に取得した不動産については、通常の取引価額（時価）で評価します。

③　評価会社が取引相場のない株式を所有している場合は、その株式の評価にあたっては、法人税等相当額37％控除はできません。

⑵　**負債の合計額の主な留意点**

①　評価時点後に支給される死亡退職金を計上します。

②　未納の固定資産税を計上します。

③　帳簿に計上されている退職給与引当金以外の引当金や準備金を除きます。

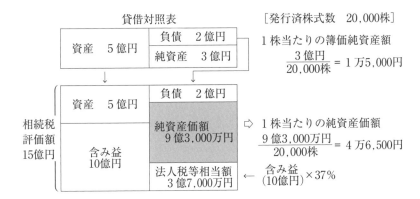

〔設　例〕

　　Ｋ社株式（大会社）の原則的評価額はいくらになりますか。

　　　Ｋ社株式の類似業種比準価額　　　　　1,200円

　　　Ｋ社株式の純資産価額（相続税評価額）　2,000円

〈解　答〉

　　1,200円＜2,000円　∴　1,200円

〔設 例〕

　甲氏の死亡により甲氏が所有していたＳ社株式（取引相場のない株式）10,000株を長男が相続により取得しました。長男が取得したＳ社株式の相続税評価額はいくらになりますか。なお、Ｓ社の資本金等の額は1,000万円です。

(1)　Ｓ社の株主構成（相続開始直前）

甲	10,000株
甲の長男	6,000株
その他の株主	4,000株
発行済株式数	20,000株

(2)　会社規模判定の資料

　　①　業　種　　　サービス業

　　②　従業員数　　5人

　　③　総資産価額　1億円

　　④　年間売上高　1億5,000万円

(3)　類似業種比準価額の資料（1株当たり資本金等の額50円換算）

①　Ｓ社の配当金額	4円	⑤　類似業種の配当金額	5円
②　Ｓ社の年利益金額	75円	⑥　類似業種の年利益金額	50円
③　Ｓ社の純資産価額（帳簿価額）	520円	⑦　類似業種の純資産価額	250円
④　類似業種の株価	300円		

(4)　純資産価額の資料

　　①　帳簿価額による資産　　　1億円

　　②　相続税評価額による資産　1億4,000万円

　　③　負　債　　　　　　　　　5,000万円

〈解　答〉

(1)　株主の区分

$$\frac{16,000株（長男の相続後の株式数）}{20,000株（発行済株式数）}=80\%　∴原則的評価方式$$

(2)　会社規模の区分

　　①　取引高基準

　　　　1億5,000万円（年間売上高）　∴中会社の小

　　②　従業員数を加味した総資産基準

　　　　1億円（総資産価額）

　　　　5人（従業員数）　　∴小会社

　　③　①＞②　大きいほう：中会社の小

(3) 類似業種比準価額

1株当たりの資本金等の額：1,000万円÷2万株＝500円

$$300円 \times \cfrac{\cfrac{4円}{5円} + \cfrac{75円}{50円} + \cfrac{520円}{250円}}{3} \times 0.6 \times \cfrac{500円}{50円} = 2,628円$$

(4) 純資産価額

$$\cfrac{1億4,000万円 - 5,000万円 - (1億4,000万円 - 1億円) \times 37\%}{20,000株} = 3,760円$$

(5) 1株当たりの評価額

2,628円×0.6＋3,760円×0.4＝3,080円（円未満切捨て）

(6) 相続税評価額

3,080円×10,000株＝3,080万円

5 事業承継対策

〈事業承継対策の流れ〉

| 〈株式評価額の引下げ〉類似業種比準価額、純資産価額の引下げをする。 |

↓

| 〈株式の移転〉贈与や売却によって後継者などに生前に移転する。 |

↓

| 〈納税資金の準備〉役員報酬などにより後継者の納税財源をつくる。 |

1. 配当政策による株価の引下げ

　類似業種比準価額は1株当たりの配当、利益、純資産の3要素で計算されます。このうち、利益と純資産を小さくすることはなかなか困難ですが、配当についてはほかの要素と違ってコントロールしやすいうえ、非経常的な配当は類似業種比準価額の計算上除いてよいこととなっていますので、減配や記念配当の利用といった配当政策によって株価を引き下げることが比較的容易です。

2. 利益の圧縮による株価の引下げ

　自社株対策のために人為的に利益を少なくするということは、すなわち課税所得（もうけ）を少なくすることですから、それは結局、法人税の対策と同じです。

　一般に、次のような方法がよく行われます。

(1) 減価償却資産への投資

　減価償却資産を増やすことによって、キャッシュフローの流出を伴うことなく、利益を減らすことができます。

(2) 引当金・準備金の見直し

　退職給与規程の見直しも含めて、新たな引当金や準備金を計上して損金算入することができれば、利益を減らすことができます。

(3)　**不良在庫のチェック**

　現場で隠しているものはないか、管理の厳しい会社ほど社長に話しにくいというケースもあります。

(4)　**役員退職金の支給**

　金額が大きいだけに効果は大きくなります。

(5)　**生命保険の活用**

　定期保険など保険料が損金算入されることにより利益を減らすことができます。

3.　役員退職金の支給による株価の引下げ

(1)　**だれに、いつ支払うか**

　①　役員を退職する場合

　　株価対策のタイミングに合わせて、実際に役員を退職します。

　②　役員を退職しない場合

　　退職金はその役員が退職したときに支払われるのが原則ですが、たとえば、次のような事由があって、その役員の地位または職務の内容が激変し、実質的に退職したと同じような事情にあるときは、退職金を支払っても損金算入することができます。

　　　イ．常勤役員が非常勤役員になったこと。ただし、非常勤役員であっても代表権を有するもの、および代表権は有しないが実質的にその会社の経営上重要な地位を占めていると認められるものは除きます。

　　　ロ．取締役が監査役になったこと。ただし、監査役でありながら実質的にその会社の経営上主要な地位を占めていると認められるもの、およびオーナー一族は除きます。

　　　ハ．職務変更により報酬が2分の1以下に減少すること

　　　イ、ロ、ハのケースについて実際の税務事例をみてみると、オーナー一族の場合はこれらの適用についてかなり厳しくなっているので注意する必要があります。

(2)　**退職金はどれくらい支払えばよいか**

　役員退職金の金額の是非については、会社と税務当局との間にトラブルが多い項目の1つです。

　役員退職金は金額が大きく会社の所得への影響が大きいうえ、退職金は所得税の計算上も優遇されているので、同族会社のオーナーがお手盛りで退職金を支払うことを懸念しているからです。

　ところで、税法では役員退職金の金額については、「その役員の職務内容等からみて妥当であること、かつ、株主総会等で定めた範囲内であること」とされているだけで具体的な基準は示されていません。実際に金額の妥当性を判断する場合には規模、業種、業績などが類似する他社と比較して行われているようですが、これらは外部に

公表されているわけではないので一般の会社では使えません。実務的には次の算式で役員退職金を決定することがよく行われています。

$$役員退職金の適正額＝最終報酬月額×役員在任年数×功績倍率2～3倍$$

　税務上、公式に認められたものではありませんが、実務ではかなり広く用いられています。

(3) 退職金支給の効果

　退職金を払うことは、類似業種比準価額、純資産価額のいずれにも引下げ効果がありますが、その効果が表れるタイミングの違いに注意が必要です。つまり、類似業種比準価額の計算要素は直前期末以前の数値によりますので、退職金の支払をした翌事業年度にならないとその引下げ効果は表れません。したがって、死亡退職金の場合には引下げ効果はありません。これに対し、純資産価額については、退職金の支払直後から効果がでますので、死亡退職金を支払った場合にも引下げ効果があります。

4. 不動産取得による株価の引下げ

　純資産価額の計算上、賃貸物件を取得すると土地については貸家建付地の評価減、建物については貸家の評価減ができるので株価は下がります。

　ただし、取得後3年以内の土地や建物は通常の取引価額（時価）で評価されるので、その期間の株価引下げの効果はあまり期待できません。

5. 会社分割による株価の引下げ

　高収益部門を別会社に移すことによって本体の利益を低くし、類似業種比準価額を引き下げるものです。

(1) 親会社の100％子会社とする方法

　親会社資産を簿価（帳簿価額）で子会社に移すことができるので、子会社の利益を大きくし、親会社の利益を小さくすることができます。そのため、株価引下げ効果は大きいものの、子会社は親会社の株式をもつことができません。

(2) 後継者等を主要な株主とする方法

　土地や建物を現会社から引き継がないで賃借する（したがって賃借料を支払う）ことになり、現会社の利益圧縮額が小さくなってしまいます。そのため、株価引下げ効

果は小さいものの、その代わり新会社は現会社の株式をもつことができます。

6. 株式の分散

(1)　親族への移転

　同族株主等の同族関係者が株式を取得した場合、原則的評価方式である類似業種比準方式や純資産価額方式で評価されますが、同族関係者であっても議決権割合が5％未満で、かつ、その会社の役員以外の者であるとき、配当還元価額で贈与することができる場合があります。

(2)　従業員持株会

　オーナーが所有する株式を従業員に売却・贈与することは、オーナーにとっては相続財産が減少する形となるので、相続税の負担が減少し、事業承継対策として有効です。また、従業員株主は会社の業績進展にも寄与することが期待できるうえ、安定株主としての期待も可能です。しかし、一方で従業員に相続が発生し、その相続人に株式が移転すると、株式が会社にとってまったく関係のない第三者に渡ることになる懸念もあります。これらの懸念を解消するため、従業員持株会を組成し、規約でそれらに対応しておくことが通常行われます。

7. 土地保有特定会社や株式保有特定会社に該当する場合

　土地保有特定会社や株式保有特定会社に該当すると、株式は原則として純資産価額で評価され、株価が高額になるおそれがあります。特定会社の認定を回避するため、株式や土地のウエイトを下げる方法として、建物の取得が考えられます。

　そこで、オーナーなどが所有している土地を利用して、この土地の上に会社名義で貸ビル等を建てる方法があります。この場合、オーナーなどから土地を賃借する際、「相当の地代」を支払う方法と「土地の無償返還に関する届出書」を提出して地代を安くする方法の2つが考えられます。

8. 納税資金の確保

(1)　株式公開

　株式公開すると、株式を市場を通して資金化することができます。

(2) 死亡退職金の支給

死亡退職金には相続税の非課税枠があり、相続人の手取り金額が多くなります。

(3) 自己株式の取得

2001年の商法改正により、会社が自己株式を取得することが原則自由となった結果、相続人から会社が自己株式を買い取ることにより、納税資金が確保できます。また、2004年4月1日以後の相続等については、一定の要件のもと、相続人等から自己株式を買い取った場合の相続人等に対するみなし配当課税が適用されない（譲渡所得とみなされる）ことになりました。

(4) 物　　納

取引相場のない株式の物納についても、一定の要件を満たせば可能です。

6 非上場株式等についての 相続税・贈与税の納税猶予

POINT

非上場株式等について、相続税はその株式等に係る課税価格の80%に相当する税額が、贈与税はその全額が一定の要件により納税猶予され、事業承継が行いやすくなります。また、2018年1月1日から10年間の時限措置として納税猶予制度の特例措置があります。

1. 非上場株式等についての相続税の納税猶予制度（一般措置）

経営承継相続人等（後継者）が、相続または遺贈により認定承継会社の非上場株式等を取得した場合、経営承継相続人等が納付すべき相続税額のうち、その非上場株式等（相続開始前から既にその経営承継相続人等が保有していたものを含めて、その会社の発行済議決権株式等の総数等の3分の2に達するまでの部分に限る。以下「特例非上場株式等」）に係る課税価格の80%に対応する相続税額について、経営承継相続人等の死亡等の日まで納税が猶予されます。

⑴ 適用要件

① 被相続人（先代経営者）の要件

・認定承継会社の代表者であったこと

・相続の開始直前において、同族関係者と合わせた議決権数の合計が認定承継会社の総議決権数の50%を超え、かつ、その同族関係者内で経営承継相続人等を除き筆頭株主であること

・その他一定の要件を満たすこと

なお、相続人（後継者）が認定承継会社の代表者以外の者から相続または遺贈により取得する認定承継会社の非上場株式等についても、経営承継期間（5年）内に当該相続または遺贈に係る申告書の提出が到来するものに限り、納税猶予の対象とされます。

② 相続人（経営承継相続人等）の要件

被相続人から相続または遺贈により認定承継会社の非上場株式等を取得した個人で、次の要件のすべてを満たす者（1つの会社で適用される者は1人に限る）です。

・相続開始の日の翌日から5カ月を経過する日において認定承継会社の代表者であること
・相続開始時において、同族関係者と合わせた議決権数の合計が認定承継会社の総議決権数の50％を超え、かつ、その同族関係者内で筆頭株主となること
・相続税の申告期限まで相続または遺贈により取得した認定承継会社の非上場株式等のすべてを有していること
・その他一定の要件を満たすこと

③　認定承継会社の要件

経営承継円滑化法に規定する都道府県知事の認定を受けた会社で、相続開始時において次の要件のすべてを満たすものです。

・常時使用従業員の数が1人以上であること
・一定の資産管理会社に該当しないこと
・非上場会社であること
・風俗営業会社に該当しないこと
・その他一定の要件を満たすこと

なお、2017年1月1日以後の相続等から、後述する贈与税の納税猶予の適用後に贈与者が死亡し、相続税の納税猶予の適用に切り替える場合には、「中小企業者であること」および「非上場会社であること」の要件は撤廃されました。

④　事業継続要件（経営承継期間）

相続税の申告期限の翌日から5年間は、原則として、次の要件を満たさなければなりません。

・経営承継相続人等が代表者であること
・雇用について5年間の平均で8割以上（1人未満の端数は切捨て、相続開始時の常時使用従業員数が1人の場合には1人とする）を確保すること
・相続または遺贈により取得した認定承継会社等の非上場株式等を継続して保有すること

(2)　猶予税額の計算

経営承継相続人等以外の相続人の取得財産は不変としたうえで、経営承継相続人等の納付税額および猶予税額は次の算式により計算されます。

①　納税猶予がないものとして計算した通常の相続税額
②　経営承継相続人等が、通常の課税価格による特例非上場株式等のみを相続するものとして計算した相続税額
③　経営承継相続人等が、課税価格を20％に減額した特例非上場株式等のみを相続するものとして計算した相続税額
④　猶予税額　②－③
⑤　納付税額　①－④

⑶　猶予税額の免除

次のいずれかに該当した場合、猶予税額は免除されます。

①　経営承継相続人等が特例非上場株式等を死亡時まで保有し続けた場合

②　上記①以外で、経営承継期間（５年間）経過後における次の場合

　イ．認定承継会社について破産手続開始の決定または特別清算開始の命令があった場合

　ロ．同族関係者等以外の者へ保有する特例非上場株式等を一括譲渡した場合（その譲渡対価または譲渡時の時価のいずれか高い額が猶予税額を下回るときは、その差額分の猶予税額を免除）

　ハ．贈与税の納税猶予の適用を受ける経営承継受贈者（次の後継者）へ特例非上場株式等を贈与した場合

なお、上記イ、ロにおいて過去５年間の経営承継相続人等および生計を一にする者に対して支払われた配当および過大役員給与等に相当する額は免除されません。

⑷　猶予税額の納付

①　経営承継期間（５年間）内に、経営承継相続人等が代表権を有しなくなるなど、認定取消事由（事業継続要件を満たさない）に該当する事実が生じた場合には、猶予税額の全額を納付します。

②　経営承継期間（５年間）経過後において、特例非上場株式等の譲渡等をした場合には、特例非上場株式等の総数に対する譲渡等をした特例非上場株式等の数の割合に応じて猶予税額を納付します。

③　その他、継続届出書を提出しなかった場合、担保の変更に応じなかった場合等には納税猶予の期限が確定し、猶予税額の全額を納付します。

⑸　利子税の納付

上記⑷により、猶予税額の全部または一部を納付する場合には、法定申告期限からの期間に係る利子税を併せて納付することになります。

ただし、経営承継期間（５年間）経過後に猶予税額の全部または一部を納付する場合においては、５年間の利子税が免除されます。

⑹　担保の提供

納税猶予の適用を受けるためには、猶予税額に相当する担保を提供しなければなりません。

⑺　租税回避行為への対応等

①　資産管理会社の判定において、過去５年間に経営承継相続人等およびその同族関係者に支払われた配当や過大役員給与等を特定資産および総資産の額に加算します。

②　相続開始前３年以内に経営承継相続人等およびその同族関係者からの現物出資または贈与により取得した資産の合計額の総資産に占める割合が70％以上である

会社に係る株式等については、納税猶予の対象となりません。

③　経営承継相続人等は、経営承継期間（5年間）内は毎年、その後は3年ごとに継続届出書を税務署長に提出しなければなりません。

⑻　他の特例との関係

非上場株式等についての相続税の納税猶予の適用を受ける場合でも、「小規模宅地等に係る相続税の課税価格の計算の特例」の適用を受けることができます（完全併用可能）。

2. 非上場株式等についての贈与税の納税猶予制度（一般措置）

経営承継受贈者（後継者）が、認定贈与承継会社の代表権を有していた者から、その会社の非上場株式等の全部または一定数以上（贈与前から既にその経営承継受贈者が保有していたものを含めて、その会社の発行済議決権株式等の総数等の3分の2に達するまでの部分に限る。以下「特例受贈非上場株式等」）の贈与を受けた場合には、その特例受贈非上場株式等の贈与に係る贈与税の全額について、その贈与者の死亡等の日まで納税が猶予されます。その後、贈与者が死亡した場合には、保有し続けた特例受贈非上場株式等の猶予税額が免除され、その特例受贈非上場株式等は相続により取得したものとみなして相続税の課税対象（評価額は贈与時の評価額）となります。

この場合、一定の要件を満たせば、非上場株式等についての相続税の納税猶予の適用を受けることができます。

なお、従来は暦年課税による贈与のみに贈与税の納税猶予は適用され、相続時精算課税による贈与について適用は受けられませんでしたが、2017年1月1日以後の贈与から、相続時精算課税による贈与についても適用対象となりました。

⑴　適用要件

①　贈与者（先代経営者）の要件

・認定贈与承継会社の代表者であったこと

・贈与時において代表権を有していないこと

・贈与の直前において、同族関係者と合わせた議決権数の合計が認定贈与承継会社の総議決権数の50％を超え、かつ、その同族関係者内で経営承継受贈者を除き筆頭株主であること

・その他一定の要件を満たすこと

なお、受贈者（後継者）が認定贈与承継会社の代表者以外の者から贈与により取得する認定贈与承継会社の非上場株式等についても、経営贈与承継期間（5年）内に当該贈与に係る申告書の提出が到来するものに限り、納税猶予の対象とされます。

②　受贈者（経営承継受贈者）の要件

贈与により認定贈与承継会社の非上場株式等を取得した個人で、次の要件のすべてを満たす者（1つの会社で適用される者は1人に限る）です。

・贈与時において認定贈与承継会社の代表者であること

・贈与時において18歳（2022年3月31日以前は20歳）以上であり、かつ、役員就任から3年以上経過していること

・贈与時において、同族関係者と合わせた議決権数の合計が認定贈与承継会社の総議決権数の50％を超え、かつ、その同族関係者内で筆頭株主となること

・その他一定の要件を満たすこと

③　認定贈与承継会社の要件および事業継続要件（経営贈与承継期間）

基本的に、相続税の納税猶予と同じです。

(2)　**猶予税額の免除・納付・利子税・担保の提供・租税回避行為への対応等**

基本的に、相続税の納税猶予と同じです。

3. 遺留分に関する民法の特例

(1)　除外合意、固定合意

後継者が先代経営者から贈与を受けた特例中小企業者の取引相場のない株式（いわゆる自社株式等）について、遺留分を有する者の全員と書面によって合意し、経済産業大臣の確認をとり、家庭裁判所の許可を得ることによって、次の特例が適用されます。なお、特例の対象とする自社株式等は、贈与により取得した株式の全部でも一部でもよく、2つの特例を組み合わせてもかまいません。ただし、この特例の対象となる自社株式を除いても、既に後継者の議決権割合が50％超の場合は適用できません。

①　贈与により取得した自社株式等を遺留分算定基礎財産から除外（除外合意）

後継者が被相続人からの贈与等により取得した自社株式等は、その贈与がいつ行われたものであっても、民法の規定によれば「特別受益」として遺留分算定基礎財産に算入され、原則として、遺留分減殺請求の対象となります。しかし、贈与により取得した自社株式等を除外合意の対象とすれば、その自社株式等は遺留分算定基礎財産に算入されなくなり、遺留分減殺請求の対象にもなりません。

②　贈与により取得した自社株式等の評価額をあらかじめ固定（固定合意）

遺留分算定基礎財産に算入する価額は、原則として、相続開始時点の評価額によります。そのため、受贈後の後継者の努力による株価上昇分が遺留分算定基礎財産の価額に反映され、経営意欲を欠く結果となることがあります。そこで、贈与により取得した自社株式等を固定合意の対象とすれば、遺留分算定基礎財産の価額を合意時点の評価額とすることができ、後継者の貢献による株価上昇分が遺留分算定基礎財産の価額に算入されないことになります。

なお、この場合の評価額は、弁護士、弁護士法人、公認会計士、監査法人、税理士または税理士法人が証明した評価額によらなければなりません。

③　自社株式等以外の財産も遺留分算定基礎財産から除外

上記①②を行う際に、自社株式等以外の財産についても遺留分算定基礎財産から

除外することができます。これにより、後継者以外の推定相続人への生前贈与については バランスをとることが可能となります。ただし、自社株式等以外の財産は贈与財産の価額を固定することはできません。

(2) 旧代表者の要件

・特例中小企業者の元代表者または現代表者であること

(3) 後継者の要件

・合意時点において特例中小企業者の代表者であること

・旧代表者から特例中小企業者の株式等を贈与により取得した者であること

・旧代表者からの贈与により特例中小企業者の株式等を取得したことにより、議決権の過半数を有すること

(4) 特例中小企業者

下記の要件を満たしている中小企業者のうち、3年以上継続して事業を行っている非上場会社をいいます。

業種	資本金 または	従業員数
製造業・建設業・運輸業その他	3億円以下	300人以下
卸売業	1億円以下	100人以下
サービス業	5,000万円以下	100人以下
小売業	5,000万円以下	50人以下
ゴム製品製造業（自動車または航空機用タイヤおよびチューブ製造業ならびに工業用ベルト製造業を除く）	3億円以下	900人以下
ソフトウェア業または情報処理サービス業	3億円以下	300人以下
旅館業	5,000万円以下	200人以下

4. 非上場株式等についての贈与税・相続税の納税猶予制度（特例措置）

特例後継者が、2018年1月1日から2027年12月31日までの間に、特例認定承継会社の代表権を有していた者から、贈与または相続もしくは遺贈（以下「贈与等」）により当該特例認定承継会社の非上場株式を取得した場合、特例後継者が納付すべき贈与税額または相続税額のうち、その取得したすべての非上場株式に係る課税価格に対応する贈与税額または相続税額について、特例後継者の死亡等の日まで納税が猶予されます。

(1) 適用要件

① 特例後継者

特例後継者とは、特例認定承継会社の特例承継計画に記載された当該特例認定承

継会社の代表権を有する後継者（同族関係者と合わせて当該特例認定承継会社の総議決権数の過半数を有する者に限る）であって、当該同族関係者のうち、当該特例認定承継会社の議決権を最も多く有する者（当該特例承継計画に記載された当該後継者が2名または3名以上の場合には、当該議決権数において、それぞれ上位2名または3名の者（総議決権数の10％以上を有する者に限る））をいいます。

② 特例認定承継会社

特例認定承継会社とは、2018年4月1日から2026年3月31日までの間に特例承継計画を都道府県に提出した会社であって、中小企業における経営の承継の円滑化に関する法律に基づく認定を受けたものをいいます。

③ 特例承継計画

特例承継計画とは、認定経営革新等支援機関の指導および助言を受けた特例認定承継会社が作成した計画であって、当該特例認定承継会社の後継者、承継時までの経営見通し等が記載されたものをいいます。

なお、特例後継者が特例認定承継会社の代表者以外の者から贈与等により取得する特例認定承継会社の非上場株式についても、特例承継期間（5年）内に当該贈与等に係る申告書の提出期限が到来するものに限り、本特例の対象とされます。

また、現行の非上場株式等についての相続税・贈与税の納税猶予制度における雇用確保要件（5年間の平均で8割以上）を満たさない場合であっても、納税猶予は継続して適用されます。ただし、この場合には、その満たせない理由を記載した書類（認定経営革新等支援機関の意見が記載されているものに限る）を都道府県に提出しなければなりません。

なお、その理由が経営状況の悪化である場合または正当なものと認められない場合には、特例認定承継会社は、認定経営革新等支援機関から指導および助言を受けて、当該書類にその内容を記載しなければなりません。

その他の要件等は、現行の非上場株式等についての相続税・贈与税の納税猶予制度と同じです。

⑵ 猶予税額の免除

経営環境の変化を示す一定の要件を満たす場合において、特例承継期間経過後に、特例認定承継会社の非上場株式の譲渡をするとき、特例認定承継会社が合併により消滅するとき、特例認定承継会社が解散をするとき等には、次のとおり納税猶予税額が免除されます。

① 特例認定承継会社に係る非上場株式の譲渡もしくは合併の対価の額（当該譲渡または合併の時の相続税評価額の50％相当額を下限）または解散の時における特例認定承継会社の非上場株式の相続税評価額を基に再計算した贈与税額等と譲渡等の前5年間に特例後継者およびその同族関係者に対して支払われた配当および過大役員給与等に相当する額（以下「直前配当等の額」）との合計額を納付する

こととし、当該再計算した贈与税額等と直前配当等の額との合計額が当初の納税
猶予税額を下回る場合には、その差額が免除されます。

②　特例認定承継会社の非上場株式の譲渡をする場合または特例認定承継会社が合
併により消滅する場合（当該譲渡または合併の対価の額が当該譲渡または合併の
時の相続税評価額の50％相当額を下回る場合に限る）において、下記③の適用を
受けようとするときには、前記①の再計算した贈与税額等と直前配当等の額との
合計額については、担保の提供を条件に、前記①にかかわらず、その納税が猶予
されます。

③　上記②の場合において、上記②の譲渡または合併後２年を経過する日におい
て、譲渡後の特例認定承継会社または吸収合併存続会社等の事業が継続してお
り、かつ、これらの会社において特例認定承継会社の譲渡または合併時の従業員
の半数以上の者が雇用されているときには、実際の譲渡または合併の対価の額を
基に再々計算した贈与税額等と直前配当等の額との合計額を納付することとし、
当該再々計算した贈与税額等と直前配当等の額との合計額が上記②により納税が
猶予されている額を下回る場合には、その差額が免除されます。

なお、経営環境の変化を示す一定の要件を満たす場合とは、次のいずれかに該当す
る場合をいいます。

①　直前の事業年度終了の日以前３年間のうち２年以上、特例認定承継会社が赤字
である場合

②　直前の事業年度終了の日以前３年間のうち２年以上、特例認定承継会社の売上
高が、その年の前年の売上高に比して減少している場合

③　直前の事業年度終了の日における特例認定承継会社の有利子負債の額が、その
日の属する事業年度の売上高の６カ月分に相当する額以上である場合

④　特例認定承継会社の事業が属する業種に係る上場会社の株価（直前の事業年度
終了の日以前１年間の平均）が、その前年１年間の平均より下落している場合

⑤　特例後継者が特例認定承継会社における経営を継続しない特段の理由があると
き（特例認定承継会社が解散をした場合を除く）

ただし、特例認定承継会社の非上場株式の譲渡等が直前の事業年度終了の日から６
カ月以内に行われたときは前記①から③までについて、当該譲渡等が同日後１年以内
に行われたときは前記④について、それぞれ「直前の事業年度終了の日」を「直前の
事業年度終了の日の１年前の日」とした場合にそれぞれに該当するときについても、
経営環境の変化を示す一定の要件を満たす場合に該当するものとします。

(3)　相続時精算課税との関係

特例後継者が贈与者の推定相続人以外の者（その年１月１日において18歳以上であ
る者に限る）であり、かつ、その贈与者が同日において60歳以上の者である場合に
は、相続時精算課税の適用を受けることができます。

X

2024年度税制改正・新旧対照表

個人所得課税							
	税目	項目	改正前	改正後			適用時期

	税目	項目	改正前	改正後				適用時期
1	所得税・個人住民税	定額減税	新設（一時的な措置）	**(1)所得税**				所得税 2024年分 個人住民税 2024年度分
				減税内容		2024年分の所得税について、居住者の所得税額から特別控除の額を控除する（その者の所得税額を限度）		
				所得制限		2024年分の合計所得金額1805万円以下		
				特別控除額		本人	3万円	
						同一生計配偶者または扶養親族（居住者に限る）	1人につき3万円	
				実施方法	給与所得者	● 2024年6月1日以後最初に支払を受ける給与等の源泉徴収税額から特別控除の額を控除する。 ● 6月に控除しきれない金額は7月以降順次控除する。 ● 2024年分の年末調整で年税額から特別控除の額を控除する。		
					公的年金所得者	● 2024年6月1日以後最初に支払を受ける公的年金等の源泉徴収税額から特別控除の額を控除する。 ● 6月に控除しきれない金額は8月以降順次控除する。 ● 2024年分の確定申告で年税額から特別控除の額を控除する。		
					事業所得者等	● 第1期分予定納税額（7月）から本人分の特別控除の額（3万円）を控除する。 ● 同一生計配偶者または扶養親族分の特別控除の額（1人につき3万円）は予定納税額の減額の承認の申請により控除を受けることができる。 ● 第1期分予定納税額について、納期を7月1日から9月30日までとする。また、減額の承認申請期限を7月31日とする。 ● 2024年分の確定申告で年税額から特別控除の額を控除する。		
				(2)個人住民税				
				減税内容		2024年度分の個人住民税について、納税義務者の所得割の額から特別控除の額を控除する（その者の所得割の額を限度）		
				所得制限		2024年度分の合計所得金額1805万円以下（従って、2023年分の合計所得金額）		
				特別控除額		本人	1万円	
						控除対象配偶者または扶養親族（国外居住者を除く）	1人につき1万円	
						控除対象配偶者を除く同一生計配偶者（国外居住者を除く）	2025年度分の所得割の額から1万円	
				実施方法	給与所得者	● 2024年6月に給与の支払をする際は特別徴収をしない。 ● 特別控除の額を控除した後の個人住民税の額の11分の1の額を2024年7月から2025年5月まで、給与を支給する際に毎月徴収する。		
					公的年金所得者	● 2024年10月1日以後最初に支払を受ける公的年金等の特別徴収税額から特別控除の額を控除する。 ● 10月に控除しきれない金額は12月以降、順次控除する。		
					事業所得者等	● 第1期分（6月）の納付額から特別控除の額を控除する。 ● 第1期分（6月）に控除しきれない金額は第2期分（8月）以降順次控除する。		

292

	税目	項目	改正前	改正後	適用時期
2		ストックオプション税制の拡充	〈税制適格ストックオプション〉 ①権利行使時 　課税されない（原則は、権利行使時の取得株式の時価と権利行使価格の差額である経済的利益に課税する）。株式譲渡時まで繰り延べる。 ②株式譲渡時 　売却価格－権利行使価格＝譲渡所得金額 〈主な要件〉 ①株式保管委託要件 　非上場段階で権利行使後、証券会社等に保管委託することが必要。 ②権利行使価額の限度額 　1200万円／年 ③発行会社 　ベンチャーキャピタル等から最初に出資を受ける時において、資本金の額5億円未満かつ従業員数900人以下の会社。 ④社外高度人材 　一定の要件を満たした社外高度人材が対象。	〈主な要件〉 ①株式保管委託要件 　新たな株式管理スキームを創設し、発行会社による株式の管理も可能とする。 ②権利行使価額の限度額 ●設立5年未満の会社：2400万円／年 ●設立5年以上20年未満の会社 　（注）：3600万円／年 　（注）非上場または上場後5年未満の上場企業 ③発行会社 　資本金要件および従業員数要件を廃止する。 ④社外高度人材 　新たに、非上場企業の役員経験者等を追加し、国家資格保有者等に求めていた3年以上の実務経験の要件を撤廃するなど、対象を拡大する。	—
3	所得税	エンジェル税制の拡充	(1)投資段階 ①譲渡所得の特例 　対象企業への投資額全額を、その年の株式譲渡所得金額から控除し、課税の繰延（譲渡時に取得価額の調整あり）。 　※控除対象となる投資額の上限なし ②寄付金控除 　（対象企業への投資額－2000円）を、その年の総所得金額から控除し、課税の繰延（譲渡時に取得価額の調整あり）。 　※控除対象となる投資額の上限は、総所得金額×40％と800万円のいずれか低い方 ③プレシード・シード特例 　対象企業への投資額全額を、その年の株式譲渡所得金額から控除し、非課税（年間20億円までは非課税）。 (2)譲渡段階 ①取得価額の調整 　上記(1)①または②の特例により控除した金額は、株式の取得価額から差し引き株式売却時に課税される（いわゆる課税の繰延）。 特定株式の取得に要した金額の合計額－上記(1)①または②の特例により控除した金額＝調整後の取得価額 ②譲渡損失 　未上場ベンチャー企業株式の売却により損失が生じたときは、その年の他の株式譲渡益からその損失額を控除可能。さらに控除しきれなかった損失額については、翌年以降3年間にわたって繰越控除が可能。 　※ベンチャー企業が上場しないまま、破産、解散等をして株式の価値がなくなった場合も同様。	●一定の新株予約権の取得金額も対象に加える。 ●信託を通じた投資を対象に加える。 ●株式譲渡益を元手とする再投資期間の延長について、2025年度税制改正において、引き続き検討する（与党税制改正大綱に明記）。	—

	税目	項目	改正前	改正後	適用時期
4	所得税	子育て世帯等に対する住宅ローン控除の拡充	（下表参照）	子育て特例対象個人（本人もしくは配偶者が40歳未満の者または19歳未満の扶養親族を有する者）が認定住宅等の新築等をして2024年中に入居した場合には控除対象借入限度額を上乗せする。（下表参照）	2024年1月1日から12月31日までの居住

改正前（項目4）

借入限度額		居住年	
		2024年	2025年
新築・買取再販	認定住宅	4500万円	
	ZEH水準省エネ住宅	3500万円	
	省エネ基準適合住宅	3000万円	
	その他の住宅	0円（2023年までの建築確認（新築）は2000万円）	
既存住宅	認定住宅 ZEH水準省エネ住宅 省エネ基準適合住宅	3000万円	
	その他の住宅	2000万円	

控除率	0.7%
控除期間 新築・買取再販	13年（2024年・2025年入居の「その他の住宅」は10年）
控除期間 既存住宅	10年
所得要件	合計所得金額2000万円以下
床面積要件	50㎡以上 合計所得金額1000万円以下は40㎡以上（2023年までの建築確認（新築）に限る）

改正後（項目4）

借入限度額		居住年	
		2024年	2025年
新築・買取再販	認定住宅	5000万円	4500万円
	ZEH水準省エネ住宅	4500万円	3500万円
	省エネ基準適合住宅	4000万円	3000万円
	その他の住宅	0円（2023年までの建築確認（新築）は2000万円）	
既存住宅	認定住宅 ZEH水準省エネ住宅 省エネ基準適合住宅	3000万円	
	その他の住宅	2000万円	

控除率	0.7%
控除期間 新築・買取再販	13年（2024年・2025年入居の「その他の住宅」は10年）
控除期間 既存住宅	10年
所得要件	合計所得金額2000万円以下
床面積要件	50㎡以上 合計所得金額1000万円以下は40㎡以上（2024年までの建築確認（新築）に限る）

	税目	項目	改正前	改正後	適用時期
5		子育て世帯等に対する住宅リフォーム税制の新設	2023年12月31日まで適用する。（下表参照）	子育て特例対象個人（本人もしくは配偶者が40歳未満の者または19歳未満の扶養親族を有する者）が行う一定の子育て対応改修工事（注）を対象工事に加える。工事費用相当額（250万円を限度）の10%を税額控除する。※その年分の合計所得金額が2000万円を超える場合は適用しない。（注）子育て対応改修工事 ①住宅内における子供の事故を防止するための工事 ②対面式キッチンへの交換工事 ③開口部の防犯性を高める工事 ④収納設備を増設する工事 ⑤開口部・界壁・床の防音性を高める工事 ⑥間取り変更工事（一定のものに限る）	2024年4月1日から12月31日までの居住

改正前（項目5）

必須工事			その他工事			最大控除額
対象工事	限度額控除対象	控除率	対象工事	限度額控除対象	控除率	
耐震	250万円	10%	必須工事の控除対象限度額超過分およびその他の改修工事	必須工事に係る標準的な工事費用相当額と同額※2	5%	62.5万円
バリアフリー	200万円					60万円
省エネ	250万円（350万円※1）					62.5万円（67.5万円※1）
多世帯同居	250万円					62.5万円
長期優良住宅化 耐震or省エネ＋耐久性向上	250万円（350万円※1）					62.5万円（67.5万円※1）
長期優良住宅化 耐震＋省エネ＋耐久性向上	500万円（600万円※1）					75万円（80万円※1）

	税目	項目	改正前	改正後	適用時期
6		住宅リフォーム税制の延長等	※1 太陽光発電を設置する場合　※2 最大控除対象限度額は必須工事と併せて1000万円が限度　※3 耐震改修を除き、合計所得金額が3000万円を超える場合は適用しない	(1)耐震改修をした場合の所得税の特別控除の適用期間を2年（2025年12月31日まで）延長する。(2)特定の改修工事（バリアフリー改修、省エネ改修、多世帯同居改修、長期優良住宅化改修）をした場合の所得税の特別控除について、合計所得金額要件を2000万円以下に引き下げた上、適用期限を2年（2025年12月31日まで）延長する。	2024年1月1日から2025年12月31日まで
7	所得税・個人住民税	居住用財産の買換え等の場合の譲渡所得の課税の特例の延長	個人が所有期間10年超で譲渡資産の譲渡対価が1億円以下など、一定の要件に該当する居住用財産を譲渡し、一定の要件に該当する居住用財産に買い換えた場合に譲渡益を繰り延べる。適用期限：2023年12月31日までの譲渡について適用する。	適用期限を2年（2025年12月31日まで）延長する。	2025年12月31日までの譲渡

	税目	項目	改正前	改正後	適用時期
8	所得税・個人住民税	居住用財産の買換え等の場合の譲渡損失の繰越控除等の延長	(1)居住用財産の買換え等の場合の譲渡損失の損益通算および繰越控除制度 　個人が所有期間5年超など一定の要件に該当する居住用財産を譲渡し、一定の要件に該当する居住用財産に買い換えた場合は譲渡損を損益通算および繰越控除できる。 　適用期限：2023年12月31日までの譲渡について適用する。 (2)特定居住用財産の譲渡損失の損益通算および繰越控除制度 　個人が所有期間5年超など一定の要件に該当する居住用財産を譲渡した場合は譲渡損（一定の限度額まで）を損益通算および繰越控除できる。 　適用期限：2023年12月31日までの譲渡について適用する。	(1)居住用財産の買換え等の場合の譲渡損失の損益通算および繰越控除制度 　適用期限を2年（2025年12月31日まで）延長する。 (2)特定居住用財産の譲渡損失の損益通算および繰越控除制度 　適用期限を2年（2025年12月31日まで）延長する。	2025年12月31日までの譲渡
9	所得税・個人住民税	認定住宅の新築等に係る所得税額の特別控除の延長等	2023年12月31日までに居住の用に供した場合について適用する。 | 居住年	対象住宅	控除対象限度額	控除率 | | --- | --- | --- | --- | | 2022年1月〜2023年12月 | ・認定住宅 ・ZEH水準省エネ住宅 | 650万円 | 10% | ※合計所得金額が3000万円を超える場合は適用しない	合計所得金額要件を2000万円以下に引き下げた上、適用期限を2年（2025年12月31日まで）延長する。	2024年1月1日から2025年12月31日までの居住
10	所得税	政治活動に関する寄付をした場合の寄付金控除（所得控除）または所得税の特別控除（税額控除）制度の延長	2024年12月31日までの期間において支出した政治活動に関する寄付金で一定のものについては、寄付金控除（所得控除）または所得税の特別控除（税額控除）の選択適用とする。	適用期限を5年（2029年12月31日まで）延長する。	2029年12月31日まで
11		法定調書の光ディスク等による提出義務基準の引き下げ	基準年（前々年）の提出枚数が100枚以上である法定調書については、光ディスク等またはe-Taxにより提出しなければならない。	提出義務基準を30枚以上に引き下げる。	2027年1月1日以後に提出すべき法定調書
12	国民健康保険税	国民健康保険税の見直し	(1)基礎課税額に係る課税限度額：65万円 (2)後期高齢者支援金等課税額に係る課税限度額：22万円 (3)介護納付金課税額に係る課税限度額：17万円 (4)減額の対象となる所得基準 ①5割軽減の対象となる世帯の軽減判定所得の算定：被保険者の数×29万円 ②2割軽減の対象となる世帯の軽減判定所得の算定：被保険者の数×53.5万円	(1)基礎課税額に係る課税限度額：65万円（改正なし） (2)後期高齢者支援金等課税額に係る課税限度額：24万円 (3)介護納付金課税額に係る課税限度額：17万円（改正なし） (4)減額の対象となる所得基準 ①5割軽減の対象となる世帯の軽減判定所得の算定：被保険者の数×29.5万円 ②2割軽減の対象となる世帯の軽減判定所得の算定：被保険者の数×54.5万円	―

資産課税

	税目	項目	改正前	改正後	適用時期
1	固定資産税	土地に係る固定資産税の負担調整措置等の延長	(1)2021年度から2023年度までの負担調整措置 　負担水準＝前年度課税標準額÷本年度評価額 （住宅用地特例1／6、1／3） **商業地等** 負担水準70%超：本年度評価額×70% 負担水準60%以上70%以下：前年度課税標準額と同額 負担水準60%未満：前年度課税標準額＋本年度評価額×5% ※1　上限：本年度評価額×60% ※2　下限：本年度評価額×20% **住宅用地** 負担水準100%以上：本年度評価額×100% 負担水準100%未満：前年度課税標準額＋本年度評価額×住宅用地特例（1／6、1／3）×5% ※1　下限：本年度評価額×住宅用地特例（1／6、1／3）×20% (2)2021年度から2023年度までの条例による減額制度 **商業地等**：課税標準額を評価額の70%まで引き下げる措置を地方公共団体の条例により、さらに60～70%の範囲で引き下げることができる。 **住宅用地、商業地等**：地方公共団体の条例の定めるところにより、前年度税額（前年度に条例減額制度が適用されている場合は、減額後の金額）に1.1以上で条例の定める割合を乗じて得た額を超える場合は、その超える額に相当する額を減額することができる。 (3)簡易な方法による価格の下落修正に関する特例措置 　2022年度および2023年度の据置年度において地価が下落している場合に、簡易な方法により価格の下落修正ができる特例措置。	(1)2024年度から2026年度までの負担調整措置を継続する。 (2)2024年度から2026年度まで減額制度を継続する。 (3)2025年度および2026年度も特例措置を継続する。	2026年度まで
2	贈与税	住宅取得等資金に係る贈与税の非課税措置の延長等	適用期限：2023年12月31日までの贈与について適用する。 (1)非課税限度額 省エネ等住宅：1000万円 上記以外の住宅：500万円 (2)省エネ等住宅 　次のいずれかに該当すること。 断熱性能等級4以上または一次エネルギー消費量等級4以上 耐震等級2以上または免震建築物 高齢者等配慮対策等級3以上	下記の見直しを行った上、適用期限を3年（2026年12月31日まで）延長する。 (2)省エネ等住宅 　次のいずれかに該当すること。 断熱性能等級5以上かつ一次エネルギー消費量等級6以上 耐震等級2以上または免震建築物（改正なし） 高齢者等配慮対策等級3以上（改正なし）	2024年1月1日以後の贈与
3	贈与税	住宅取得等資金に係る相続時精算課税制度の特例の延長	特定の贈与者（親）の年齢要件をなしとする特例 適用期限：2023年12月31日までの贈与について適用する。	適用期限を3年（2026年12月31日まで）延長する。	2026年12月31日まで
4	相続税・贈与税	個人事業用資産に係る相続税・贈与税の納税猶予制度の見直し	(1)概要 　相続人等（受贈者）が、2019年1月1日から2028年12月31日までの間に、相続（贈与）により特定事業用資産を取得した場合は、担保の提供を条件に、その相続人等（受贈者）が納付すべき相続税額（贈与税額）のうち、相続（贈与）により取得した特定事業用資産の課税価格に対応する相続税（贈与税）の納税を猶予する。		2026年3月31日まで

	税目	項目	改正前	改正後	適用時期
4	相続税・贈与税	個人事業用資産に係る相続税・贈与税の納税猶予制度の見直し	(2)個人事業承継計画の提出 　認定経営革新等支援機関の指導および助言を受けて作成された特定事業用資産の承継前後の経営見通し等が記載された計画を、2019年4月1日から2024年3月31日までの間に都道府県に提出すること。	個人事業承継計画の提出期限を2年（2026年3月31日まで）延長する。	2026年3月31日まで
5	相続税・贈与税	非上場株式等に係る相続税・贈与税の納税猶予の特例制度の見直し	(1)概要 　相続人等（受贈者）が、2018年1月1日から2027年12月31日までの間に、相続（贈与）により特例認定承継会社の株式を取得した場合は、担保の提供を条件に、その相続人等（受贈者）が納付すべき相続税額（贈与税額）のうち、相続（贈与）により取得した特例認定承継会社の株式の課税価格に対応する相続税（贈与税）の納税を猶予する。 (2)特例承継計画の提出 　認定経営革新等支援機関の指導および助言を受けて作成された特例認定承継会社の後継者、承継時までの経営見通し等が記載された計画を、2018年4月1日から2024年3月31日までの間に都道府県に提出すること。	特例承継計画の提出期限を2年（2026年3月31日まで）延長する。	2026年3月31日まで
6	登録免許税	登録免許税の軽減措置の延長	(1)住宅用家屋の所有権保存登記等に対する軽減措置 　①所有権の保存登記：0.15%（本則税率0.4%） 　②所有権の移転登記：0.3%（本則税率2.0%） 　③抵当権の設定登記：0.1%（本則税率0.4%） (2)特定認定長期優良住宅の所有権の保存登記等に対する軽減措置 　①所有権の保存登記：0.1%（本則税率0.4%） 　②所有権の移転登記：戸建て0.2%、マンション0.1%（本則税率2.0%） (3)認定低炭素住宅の所有権の保存登記等に対する軽減措置 　①所有権の保存登記：0.1%（本則税率0.4%） 　②所有権の移転登記：0.1%（本則税率2.0%） (4)特定の増改築等がされた住宅用家屋の所有権の移転登記に対する軽減措置 　0.1%（本則税率2.0%） (5)適用期限：全て2024年3月31日まで適用する。	全て適用期限を3年（2027年3月31日まで）延長する。	2027年3月31日まで
7	印紙税	不動産の譲渡に関する契約書等に係る印紙税の税率の特例措置の延長	2024年3月31日までの間に作成される不動産の譲渡に関する契約書および建設工事の請負に係る契約書に係る税率を以下のとおり軽減する。	適用期限を3年（2027年3月31日まで）延長する。	2027年3月31日まで

契約金額		本則	特例
不動産譲渡	建設工事の請負		
1万円以上10万円以下	1万円以上100万円以下	200円	200円
10万円超50万円以下	100万円超200万円以下	400円	200円
50万円超100万円以下	200万円超300万円以下	1000円	500円
100万円超500万円以下	300万円超500万円以下	2000円	1000円
500万円超 1000万円以下		1万円	5000円
1000万円超 5000万円以下		2万円	1万円
5000万円超 　1億円以下		6万円	3万円
1億円超 　5億円以下		10万円	6万円
5億円超 　10億円以下		20万円	16万円
10億円超 　50億円以下		40万円	32万円
50億円超		60万円	48万円

	税目	項目	改正前	改正後	適用時期
8	固定資産税	固定資産税の減額措置の延長	(1)新築住宅に係る減額措置（2分の1） 　3年度分（中高層耐火建築物（地上階数3以上のもの）は5年度分） (2)新築の認定長期優良住宅に係る減額措置（2分の1） 　5年度分（中高層耐火建築物（地上階数3以上のもの）は7年度分） (3)耐震改修を行った住宅に係る減額措置（2分の1） (4)バリアフリー改修を行った住宅に係る減額措置（3分の1） (5)省エネ改修を行った住宅に係る減額措置（3分の1） (6)適用期限：全て2024年3月31日までの新築または改修工事されたもの。	全て適用期限を2年（2026年3月31日まで）延長する。	2026年3月31日まで
9	不動産取得税	不動産取得税に関する特例措置の延長	(1)宅地評価土地の取得に係る課税標準の特例措置 　宅地評価土地の取得に係る不動産取得税の課税標準を価格の2分の1とする。 (2)標準税率の特例措置 　住宅（家屋）および土地の取得に係る不動産取得税の標準税率（本則4％）を3％とする。 (3)新築住宅特例適用住宅用土地に係る減額措置 　土地取得後の住宅新築までの経過年数要件を緩和（原則2年以内から3年以内（一定の場合は4年以内））する特例措置 (4)新築の認定長期優良住宅に係る課税標準の特例措置 　課税標準からの控除額を一般住宅特例より拡大し、1300万円とする。 (5)適用期限：全て2024年3月31日までに取得したもの。	左記(1)と(2)の適用期限を3年（2027年3月31日まで）延長する。 左記(3)と(4)の適用期限を2年（2026年3月31日まで）延長する。	(1)(2)は2027年3月31日まで (3)(4)は2026年3月31日まで

法人課税

	税目	項目	改正前	改正後	適用時期
1	法人税・所得税	給与等の支給額が増加した場合の税額控除制度の見直し（所得税も同様）	(1)大企業 (2)中堅企業（新設）	(1)大企業(注1) (2)中堅企業(注2)	2024年4月1日から2027年3月31日までに開始する事業年度

改正前 (1)大企業：

継続雇用者給与等支給額（前年度比）	税額控除率	教育訓練費（前年度比）+20％	最大控除率
＋3％	15％	5％	20％
＋4％	25％		30％
―	―		―
―	―		―

改正後 (1)大企業(注1)：

継続雇用者(注4)給与等支給額（前年度比）	税額控除率(注6)	教育訓練費(注7)（前年度比）	税額控除率	子育て支援・女性活躍	税額控除率	最大控除率
＋3％	10％	＋10％	5％上乗せ	プラチナくるみん(注9) or プラチナえるぼし(注10)	5％上乗せ	20％
＋4％	15％					25％
＋5％	20％					30％
＋7％	25％					35％

改正後 (2)中堅企業(注2)：

継続雇用者(注4)給与等支給額（前年度比）	税額控除率(注5)	教育訓練費(注7)（前年度比）	税額控除率	子育て支援・女性活躍	税額控除率	最大控除率
＋3％	10％	＋10％	5％上乗せ	プラチナくるみん(注9) or えるぼし3段階以上(注10)	5％上乗せ	20％
＋4％	25％					35％

	税目	項目	改正前	改正後	適用時期

1 法人税・所得税 ― 給与等の支給額が増加した場合の税額控除制度の見直し（所得税も同様）

改正前

(3)中小企業

全雇用者給与等支給額（前年度比）	税額控除率	教育訓練費（前年度比）＋10%	最大控除率
＋1.5%	15%	＋10%	25%
＋2.5%	30%		40%

(4)適用期限：2024年3月31日までに開始する事業年度。

改正後

(3)中小企業(注3)

全雇用者(注5)給与等支給額（前年度比）	税額控除率	教育訓練費(注7)（前年度比）(注6)	税額控除率	子育て支援・女性活躍	税額控除率	最大控除率
＋1.5%	15%	＋5%	10%上乗せ	くるみん(注9)orえるぼし2段階以上(注10)	5%上乗せ	30%
＋2.5%	30%					45%

※中小企業は、賃上げを実施した年度に控除しきれなかった金額を5年間繰越できる(注8)

(注1) 「資本金の額等10億円以上かつ従業員数1000人以上」または「従業員数2000人超」のいずれかに当てはまる企業は、マルチステークホルダー方針（賃上げ、教育訓練等の実施、取引先との適切な関係の構築等の方針を記載したもの）の公表およびその旨の届出を行うことが必要。それ以外の企業は不要。

(注2) 従業員数2000人以下の企業（その法人およびその法人との間にその法人による支配関係がある法人の従業員数の合計が1万人を超えるものを除く）が適用できる。ただし、資本金の額等10億円以上かつ従業員数1000人以上の企業はマルチステークホルダー方針の公表およびその旨の届出を行うことが必要。

(注3) 中小企業者等（資本金の額等1億円以下の法人、農業協同組合等）または従業員数1000人以下の個人事業主が適用できる。

(注4) 継続雇用者とは、適用事業年度および前事業年度の全月分の給与等の支給を受けた国内雇用者（雇用保険の一般被保険者に限る）。

(注5) 全雇用者とは、雇用保険の一般被保険者に限られない全ての国内雇用者。

(注6) 税額控除率の計算は、全雇用者の前事業年度から適用事業年度の給与等支給増加額に税額控除率を乗じて計算。ただし、控除上限額は法人税額の20%。

(注7) 教育訓練費の上乗せ要件は、適用事業年度の教育訓練費の額が適用事業年度の全雇用者に対する給与等支給額の0.05%以上である場合に限り、適用できる。

(注8) 繰越税額控除をする事業年度において、全雇用者の給与等支給額が前年度より増加している場合に限り適用できる。

(注9) 次世代育成支援対策推進法に基づき、一般事業主行動計画を策定した企業のうち、計画に定めた目標を達成し、一定の基準を満たした企業は、申請を行うことによって「子育てサポート企業」として、厚生労働大臣の認定（くるみん認定）を受けることができる。

(注10) 女性活躍推進法に基づき、一般事業主行動計画の策定・届出等を行った事業主のうち、女性の活躍推進に関する取り組みの実施状況が優良である等の一定の要件を満たした事業主は、申請により厚生労働大臣の認定（えるぼし認定）を受けることができる。

(4)適用期限：2024年4月1日から2027年3月31日までに開始する事業年度。

適用時期： 2024年4月1日から2027年3月31日までに開始する事業年度

---

2 法人税・所得税 ― 特定税額控除規定の不適用措置の延長等（所得税も同様）

改正前

収益が拡大しているにもかかわらず、賃上げや国内設備投資に消極的な大企業（下記①から③の全てを満たす大企業）について、特定税額控除(注)の規定を適用しないこととする。

①所得金額：対前年度比で増加
②継続雇用者の給与等支給額
●大企業（下記以外）：対前年度以下
●大企業（資本金の額等が10億円以上、かつ、常時使用従業員数が1000人以上で、前年度が黒字の場合）：対前年度増加率1%未満

改正後

次の見直しを行った上、適用期限を3年（2027年3月31日まで）延長する。

①所得金額：対前年度比で増加（改正なし）
②継続雇用者の給与等支給額
●大企業（下記以外）：対前年度以下（改正なし）
●大企業（資本金の額等が10億円以上、かつ、常時使用従業員数が1000人以上で、前年度が黒字の場合）：対前年度増加率1%未満（改正なし）
●大企業（常時使用従業員数が2000人以上で、前年度が黒字の場合）：対前年度増加率1%未満

適用時期： 2024年4月1日から2027年3月31日までに開始する事業年度

	税目	項目	改正前	改正後	適用時期
2	法人税・所得税	特定税額控除規定の不適用措置の延長等(所得税も同様)	③国内設備投資額 当期の減価償却費の30%以下 (注) 特定税額控除 　研究開発税制、地域未来投資促進税制、5G導入促進税制、DX投資促進税制、カーボンニュートラル投資促進税制 　適用期限:2024年3月31日までに開始する事業年度。	③国内設備投資額 ● 当期の減価償却費の30%以下(改正なし) ● 大企業(資本金の額等が10億円以上で、かつ、常時使用従業員数が1000人以上または常時使用従業員数が2000人以上で、前年度が黒字の場合):当期の減価償却費の40%以下 　適用期限:2024年4月1日から2027年3月31日までに開始する事業年度。	2024年4月1日から2027年3月31日までに開始する事業年度
3	法人税	戦略分野国内生産促進税制の創設	新設	産業競争力基盤強化商品(仮称)※を対象として生産・販売量に応じた減税を行う措置を創設する。 ※産業競争力基盤強化商品(仮称)とは、半導体、電動車、鉄鋼(グリーンスチール)、基礎化学品(グリーンケミカル)、航空燃料(SAF)をいう (1)適用対象者および要件 　①青色申告書を提出する法人 　②産業競争力強化法の一定の要件を満たす認定事業適応事業者 　③産業競争力基盤強化商品生産用資産(仮称)の取得等をし、国内にある事業の用に供すること (2)対象期間 　産業競争力強化法の事業適応計画の認定※の日以後10年以内の日を含む各事業年度 　※産業競争力強化法の改正法の施行日から2027年3月31日までの間に産業競争力強化法の事業適応計画の認定を受ける必要がある。 (3)税額控除額 　①と②のうちいずれか少ない金額 　①産業競争力基盤強化商品生産用資産(仮称)により生産された産業競争力基盤強化商品(仮称)のうちその事業年度の対象期間において販売されたものの数量等に応じた金額 　②産業競争力基盤強化商品生産用資産(仮称)の取得価額を基礎とした金額(既に本制度の税額控除の対象となった金額を除く) (注1) デジタルトランスフォーメーション投資促進税制の控除額およびカーボンニュートラルに向けた投資促進税制の税額控除との合計で当期の法人税額の40%(半導体生産用資産にあっては20%)を上限とし、控除限度超過額は4年間(半導体生産用資産にあっては3年間)の繰越しができる。 (注2) 次のイからハの要件全てに該当する場合、当該年度について税額控除を適用しない(繰越控除を除く)。 　イ　所得金額:対前年度比増加 　ロ　継続雇用者給与等支給総額:対前年度増加率1%未満 　ハ　国内設備投資額:当期の減価償却費の40%以下	産業競争力強化法の事業適応計画の認定の日以後10年以内の日を含む各事業年度
4		イノベーションボックス税制の創設	新設	国内で自ら研究開発した知的財産権から生じる所得に対して優遇する税制を創設する。 (1)適用対象者および要件 　①青色申告書を提出する法人 　②2025年4月1日から2032年3月31日までの間に開始する各事業年度において特許権譲渡等取引を行うこと (2)損金算入額 　次の①と②のうちいずれか少ない金額の30%に相当する金額を損金算入することができる。 　①対象所得:特許権譲渡等取引ごとに、次の算式で計算した金額を合計した金額	2025年4月1日から2032年3月31日までの間に開始する各事業年度

	税目	項目	改正前	改正後	適用時期
4	法人税	イノベーションボックス税制の創設		(イ) 特許権譲渡等取引に係る所得の金額 × (ハ) (ロ) の金額に含まれる適格研究開発費の額の合計額 / (ロ) 当期および前期以前（2025年4月1日以後に開始する事業年度に限る）のその特許権譲渡等取引に係る特定特許権等に直接関連する研究開発に係る金額の合計額 ② 当期の所得金額	2025年4月1日から2032年3月31日までの間に開始する各事業年度
5	法人税・所得税	研究開発税制の税額控除制度の見直し（所得税も同様）	〈研究開発税制の概要〉 ⑴対象となる試験研究費 　①製品の製造または技術の改良、考案もしくは発明に係る試験研究のために要する費用で一定のもの 　②新サービス研究として行われる場合のその試験研究のために要する一定の費用 ⑵税額控除 　税額控除額＝①総額型（一般試験研究費）※＋②オープンイノベーション型 　※総額型（一般試験研究費） 　税額控除率：試験研究費の増減に応じ1〜14%（中小法人12〜17%）	⑴対象となる試験研究費 　試験研究費の額から、内国法人の国外事業所等を通じて行う事業に係る試験研究費の額を除外する。 ⑵税額控除 　一般試験研究費の額に係る税額控除制度について、2026年4月1日以後に開始する事業年度で増減試験研究費割合がゼロに満たない事業年度につき、税額控除率を次のとおり見直す（段階的に逓減させる）とともに、税額控除率の下限（現行1%）を撤廃する。 　イ　2026年4月1日から2029年3月31日までの間に開始する事業年度 　　8.5%＋増減試験研究費割合×30分の8.5 　ロ　2029年4月1日から2031年3月31日までの間に開始する事業年度 　　8.5%＋増減試験研究費割合×27.5分の8.5 　ハ　2031年4月1日以後に開始する事業年度 　　8.5%＋増減試験研究費割合×25分の8.5	—
6		第三者保有の暗号資産の期末時価評価課税に係る見直し	内国法人が有する暗号資産（一定の自己発行の暗号資産を除く）のうち活発な市場が存在するものについては期末に時価評価し、評価損益は課税の対象とされている。	法人が有する暗号資産で、次の要件を満たす暗号資産は、期末時価評価課税の対象外（原価法と時価法の選択）とする。 ①他の者に移転できないようにする技術的措置がとられていること等その暗号資産の譲渡についての一定の制限が付されていること。 ②上記①の制限が付されていることを認定資金決済事業者協会において公表させるため、その暗号資産を有する者等が上記①の制限が付されている旨の暗号資産交換業者に対する通知等をしていること。	—
7	法人税	オープンイノベーション促進税制の延長	事業会社が、2020年4月1日から2024年3月31日までの間に、①一定のベンチャー企業の株式を出資の払込みにより取得または②M&Aによる発行済株式を取得（②は2023年4月1日以後）した場合は、その株式の取得価額の25%相当額の所得控除を認める。	適用期限を2年（2026年3月31日まで）延長する。	2026年3月31日までの株式の取得
8		中小企業事業再編投資損失準備金制度の延長等	⑴M&A実施時 　M&Aに関する経営力向上計画の認定を受けた中小企業が、株式譲渡によるM&Aを行う場合に、株式等の取得価額の70%以下の金額を中小企業事業再編投資損失準備金として積立てたときは、当該積立金額を損金算入可能とする。 ⑵据置期間（5年間）後 　据置期間後の5年間にかけて均等額で準備金を取り崩し、当該取崩金額を益金算入する。 ⑶計画の認定期限 　2024年3月31日までに事業承継等事前調査に関する事項が記載され中小企業等経営強化法に基づく経営力向上計画の認定を受けたもの。	中堅・中小企業が、複数の中小企業を子会社化し、グループ一体となって成長していくことを後押しするため、複数回のM&Aを実施する場合には、積立率を現行制度の70%から、2回目には90%、3回目以降は100%に拡充し、据置期間を現行制度の5年から10年に延長する措置を加える。 　この措置は、産業競争力強化法の改正法の施行日から2027年3月31日までの間に産業競争力強化法の特別事業再編計画（仮称）の認定を受ける必要がある。 　現行制度の計画の認定期限を3年（2027年3月31日まで）延長する。	2027年3月31日までの計画認定

	税目	項目	改正前	改正後	適用時期
9	法人税	交際費等の損金不算入制度の延長等	(1)交際費等の範囲から除外 1人当たり5000円以下の飲食費（社内飲食費を除く）で一定の要件を満たすもの。 (2)中小法人 次の①と②いずれかの選択適用 ①交際費等の額のうち、800万円以下を全額損金算入 ②交際費等の額のうち、接待飲食費の50%を損金算入^(注) (3)中小法人以外 ①交際費等の額のうち、接待飲食費の50%を損金算入^(注) ②その他の交際費等は全額損金不算入 (注) 接待飲食費に係る損金算入の特例は、資本金の額等が100億円超の法人を除外する。 (4)適用期限：上記(2)と(3)は2024年3月31日までに開始する事業年度。	(1)交際費等の範囲から除外 1人当たり10000円以下の飲食費（社内飲食費を除く）で一定の要件を満たすもの。 左記(2)と(3)の適用期限を3年（2027年3月31日まで）延長する。	(1)は2024年4月1日以後に支出する飲食費から (2)(3)は2027年3月31日までに開始する事業年度
10	法人事業税	外形標準課税の見直し	〈外形標準課税の概要〉 (1)対象法人 資本の金額または出資金額が1億円を超える法人（公共法人等、特別法人、人格のない社団等、みなし課税法人、投資法人、特定目的会社、一般社団法人および一般財団法人を除く）。 (2)課税標準 対象法人に対し、所得割、付加価値割および資本割の合算額に対し法人事業税を課す。それぞれの課税標準は次のとおり。 イ 所得割：各事業年度の所得 ロ 付加価値割：各事業年度の収益配分額※±単年度損益 ※収益配分額＝報酬給与額＋純支払利子＋純支払賃借料 ハ 資本割：各事業年度終了の日における資本等の額	(1)減資への対応 ①外形標準課税の対象法人について、改正前の基準（資本金1億円超）を維持する。 ②ただし、当分の間、前事業年度に外形標準課税の対象であった法人であって、当該事業年度に資本金1億円以下で、資本金と資本剰余金の合計額が10億円を超えるものは、外形標準課税の対象とする。 ③公布日前に外形標準課税の対象であった法人が、「駆け込み」で施行日以後最初に開始する事業年度の前事業年度の末日までの間に資本金1億円以下となった場合であって、施行日以後最初に開始する事業年度の末日に資本金と資本剰余金の合計額が10億円を超える場合は、外形標準課税の対象とする等の所要の措置を講ずる。 ④2025年4月1日に施行し、同日以後に開始する事業年度から適用する。 (2)100%子会社等への対応 ①資本金と資本剰余金の合計額が50億円を超える法人^(注1)または相互会社・外国相互会社（以下「特定法人」という）の100%子法人等^(注2)のうち、当該事業年度末日の資本金が1億円以下で、資本金と資本剰余金（公布日以後に、当該100%子法人等がその100%親法人等に対して資本剰余金から配当を行った場合は、当該配当に相当する額を加算した金額）の合計額が2億円を超えるものは、外形標準課税の対象とする。 (注1) 当該法人が非課税または所得割のみで課税される法人等である場合を除く。 (注2) ● 特定法人との間に当該特定法人による法人税法に規定する完全支配関係がある法人 ● 100%グループ内の複数の特定法人に発行済株式等の全部を保有されている法人 ②産業競争力強化法の改正法の特別事業再編計画（仮称）に基づいて行われるM&Aにより100%子会社となった法人（当該計画の認定を受けた者が当該計画の認定を受ける前5年以内に買収した法人を含む）について、5年間、外形標準課税の対象外とする特例措置を設ける。 ③上記改正により、新たに外形標準課税の対象となる法人について、外形標準課税の対象と	(1)は2025年4月1日に施行し、同日以後に開始する事業年度から適用

302

税目	項目	改正前	改正後	適用時期
10	法人事業税	外形標準課税の見直し	なったことにより、改正前の課税方式で計算した税額を超えることとなる額を、次のとおり、軽減する措置を講ずる。 ●2026年4月1日から2027年3月31日までの間に開始する事業年度：当該超える額の3分の2を軽減 ●2027年4月1日から2028年3月31日までの間に開始する事業年度：当該超える額の3分の1を軽減 ④2026年4月1日に施行し、同日以後に開始する事業年度から適用する。	(2)は2026年4月1日に施行し、同日以後に開始する事業年度から適用
11	法人税	中小企業者等以外の法人の欠損金の繰戻しによる還付の不適用措置の延長	中小企業者等以外の法人の欠損金の繰戻しによる還付は、解散等の事実が生じている場合を除き、原則として不適用とする。 (注) 対象から銀行等保有株式取得機構の欠損金額を除外する。 適用期限：2024年3月31日までに終了する事業年度。	適用期限を2年（2026年3月31日まで）延長する。	2026年3月31日までに終了する事業年度
12	法人税・所得税	少額減価償却資産の取得価額の損金算入制度の延長等（所得税も同様）	下表の適用が受けられる資産から貸付け（主要な事業として行われるものを除く）の用に供した資産を除く。 （表1参照） (注1) 常時使用する従業員の数が500人以下の企業者に限られる。 (注2) 年間合計額300万円に達するまで。	左記の表①の措置について、電子申告義務化対象法人（資本金の額等が1億円超の法人）のうち、常時使用する従業員の数が300人を超えるものを除外した上、その適用期限を2年（2026年3月31日まで）延長する。 所得税は適用期限のみ2年（2026年3月31日まで）延長する。	取得価額30万円未満の全額損金算入制度は2026年3月31日までに取得した資産

（改正前 表1）

	対象者	取得価額	償却方法	適用期限
①	中小企業者等(注1)	30万円未満(注2)	全額損金算入	2024年3月31日までに取得した資産
②	全ての企業	20万円未満	3年で均等償却	—
③		10万円未満	全額損金算入	—

消費課税

税目	項目	改正前	改正後	適用時期
1	消費税	プラットフォーム課税の導入	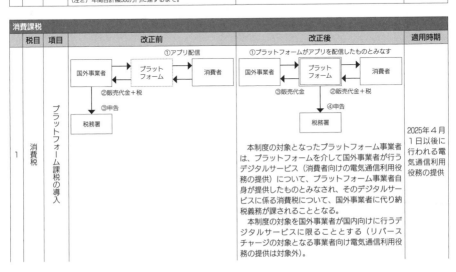	2025年4月1日以後に行われる電気通信利用役務の提供

（改正前）①アプリ配信　国外事業者→プラットフォーム→消費者　②販売代金＋税　③申告　税務署

（改正後）①プラットフォームがアプリを配信したものとみなす　国外事業者→プラットフォーム→消費者　③販売代金　②販売代金＋税　④申告　税務署

本制度の対象となったプラットフォーム事業者は、プラットフォームを介して国外事業者が行うデジタルサービス（消費者向けの電気通信利用役務の提供）について、プラットフォーム事業者自身が提供したものとみなされ、そのデジタルサービスに係る消費税について、国外事業者に代り納税義務が課されることとなる。

本制度の対象を国外事業者が国内向けに行うデジタルサービスに限ることとする（リバースチャージの対象となる事業者向け電気通信利用役務の提供は対象外）。

	税目	項目	改正前	改正後	適用時期
1		プラットフォーム課税の導入		国外事業者が自身のプラットフォームを介して行うデジタルサービスの取引高が50億円を超えるプラットフォーム事業者を対象とする。	
2	消費税	国外事業者に係る事業者免税点制度の特例の見直し等	(1)事業者免税点制度の特例 **特例の対象（課税事業者）となる場合** 特定期間の特例：特定期間における国内の課税売上高が1000万円超、かつ、給与（居住者分）の合計額が1000万円超の場合 新設法人の特例：資本金等が1000万円以上の法人である場合（基準期間がない課税期間が対象） 特定新規設立法人の特例：国内の課税売上高が5億円超の法人等が設立した資本金等1000万円未満の法人である場合（基準期間がない課税期間が対象） (2)簡易課税制度 　恒久的施設を有しない国外事業者であっても簡易課税制度を適用できる。	(1)事業者免税点制度の特例 **特例の対象（課税事業者）となる場合** 特定期間の特例：国外事業者については、給与（居住者分）の合計額による判定を除外する 新設法人の特例：外国法人は基準期間を有する場合であっても、国内における事業の開始時の資本金等により本特例の判定をする 特定新規設立法人の特例：全世界における収入金額が50億円超の法人等が資本金等1000万円未満の法人を設立した場合も対象に加える (2)簡易課税制度 　恒久的施設を有しない国外事業者については、簡易課税制度の適用を認めないこととする。 　適格請求書発行事業者となる小規模事業者に対する負担軽減措置（いわゆる2割特例）の適用についても同様とする。	2024年10月1日以後に開始する課税期間
3		高額特定資産を取得した場合等の納税義務の免除の特例の見直し	高額特定資産^(注)を取得して仕入税額控除の適用を受けた場合は、その後の2年間、事業者免税点制度および簡易課税制度の適用を受けられないこととする特例が設けられている。 (注)1の取引単位につきその税抜対価の額が1000万円以上の棚卸資産または調整対象固定資産（建物およびその付属設備、構築物、機械および装置、船舶、航空機、車両および運搬具、工具、器具および備品、鉱業権その他の資産）をいう。	対象となる高額特定資産にその課税期間中に取得した金または白金の地金等の合計額が200万円以上である場合を加える。	2024年4月1日以後に国内において行う課税仕入れ等
4		外国人旅行者向け免税制度に係る仕入税額控除制度の見直し	免税購入された物品と知りながら行った課税仕入れであっても、仕入税額控除制度の適用が可能となっている。	免税購入された物品と知りながら行った課税仕入れについては、仕入税額控除制度の適用を認めないこととする。	2024年4月1日以後に国内において事業者が行う課税仕入れ
5		適格請求書発行事業者以外の者からの仕入れに係る経過措置の見直し	インボイス制度導入後6年間、適格請求書発行事業者以外の者からの課税仕入れについて、一定割合の仕入税額控除を認める。 ①2023年10月1日から2026年9月30日まで：8割控除 ②2026年10月1日から2029年9月30日まで：5割控除	一の適格請求書発行事業者以外の者からの課税仕入れの合計額が、1年間で10億円を超える場合には、その超えた部分の課税仕入れについて、インボイス制度導入に伴う8割控除・5割控除の経過措置の適用を認めないこととする。	2024年10月1日以後に開始する課税期間
6		消費税に係る帳簿の記載事項の見直し等	(1)仕入税額控除に係る帳簿の記載事項 　一定の取引については帳簿に①課税仕入れの相手方の住所・所在地と②特例対象である旨の記載をすることで、請求書等の保存がなくても仕入税額控除を可能とする特例が設けられている。	(1)仕入税額控除に係る帳簿の記載事項 　本特例の対象となる自動販売機および自動サービス機による課税仕入れならびに使用の際に証票が回収される課税仕入れ（3万円未満のものに限る）については、①の住所・所在地の記載を不要とする。 　なお、2023年10月1日以後に行われる上記の課	2023年10月1日以後に行う課税仕入れ

	税目	項目	改正前	改正後	適用時期
6	消費税	消費税に係る帳簿の記載事項の見直し等	(2)簡易課税適用者が税抜経理方式を採用する場合における経理処理方法 免税事業者等の適格請求書発行事業者以外の者からの仕入については、原則、仮払消費税等は生じない。	税仕入れに係る帳簿への住所等の記載については、運用上、記載がなくとも改めて求めないものとする。 (2)簡易課税適用者が税抜経理方式を採用する場合における経理処理方法 簡易課税制度を適用する事業者が、税抜経理方式を適用した場合の仮払消費税等として計上する金額につき、継続適用を条件として支払い対価の額に110分の10（108分の8）を乗じた金額とすることが認められることを明確化するほか、消費税に係る経理処理方法について所要の見直しを行う。 適格請求書発行事業者となる小規模事業者に対する負担軽減措置（いわゆる2割特例）の適用についても同様とする。	2023年10月1日以後に行う課税仕入れ

国際課税

	税目	項目	改正前	改正後	適用時期
1	法人税	グローバル・ミニマム課税の見直し	年間連結総収入金額が7.5億ユーロ（約1200億円）以上の多国籍企業が対象。一定の適用除外を除く所得について各国ごとに最低税率15%以上の課税を確保する仕組み。 2024年4月1日以後に開始する対象会計年度から適用する。 (1)所得合算ルール（IIR） 子会社等の税負担が最低税率15%に至るまで親会社に追加課税。 (1)所得合算ルール（IIR） OECDによるガイダンスや国際的な議論等を踏まえた制度の明確化等の観点から所要の見直しを行う。 (2)軽課税所得ルール（UTPR） 親会社等の税負担が最低税率15%に至るまで子会社等に追加課税。 (3)国内ミニマム課税（QDMTT） 自国に所在する企業の税負担が最低税率15%に至るまで自国企業に追加課税。日本でQDMTTが課税された場合、他国IIR・UTPRによる追加課税は行われない。 	(1)は記載なし (2)(3)は2025年度税制改正以降の法制化を検討

納税環境整備

	税目	項目	改正前	改正後	適用時期
1	国税通則法	隠蔽・仮装された事実に基づき更正の請求書を提出した場合の重加算税制度の整備	隠蔽・仮装に基づき納税申告書を提出したとき等は、重加算税（35%または40%）を賦課することができる。 他方、申告後に隠蔽・仮装したところに基づき更正の請求書を提出した場合は、重加算税を賦課することができない（過少申告加算税（原則10%）または無申告加算税（原則15%）が賦課される）。	重加算税の適用対象に隠蔽・仮装したところに基づき更正の請求書を提出した場合を加える。 上記の隠蔽・仮装したところに基づき更正の請求書を提出した場合について、延滞税の除算期間が適用されないことを明確化する運用上の対応を行う。	2025年1月1日以後に法定申告期限等が到来する国税

検討事項

	税目	項目	改正前	改正後	適用時期
1	所得税	子育て世帯に対する生命保険料控除の拡充	2012年1月1日以後に締結した契約について、所得税は2012年分から、個人住民税は2013年度分から適用する。 （控除限度額） 一般生命保険料控除：所得税4万円／個人住民税2万8000円 介護医療保険料控除：所得税4万円／個人住民税2万8000円 個人年金保険料控除：所得税4万円／個人住民税2万8000円 合計：所得税12万円／個人住民税7万円	(1)所得税 （控除限度額） 一般生命保険料控除：23歳未満の扶養親族あり：6万円／23歳未満の扶養親族なし：4万円 介護医療保険料控除：4万円 個人年金保険料控除：4万円 合計：12万円 ※一時払生命保険については、生命保険料控除の適用対象から除外する。 (2)個人住民税 　記載なし	2025年度税制改正で結論を得る
2	所得税・個人住民税	扶養控除の縮小	（改正前） 一般扶養親族 16歳未満：所得税 控除なし／個人住民税 控除なし 一般扶養親族 16～18歳：所得税38万円／個人住民税33万円 特定扶養親族 19～22歳：所得税63万円／個人住民税45万円 一般扶養親族 23～69歳：所得税38万円／個人住民税33万円 老人扶養親族 70歳以上 同居老親以外：所得税48万円／個人住民税38万円 老人扶養親族 70歳以上 同居老親：所得税58万円／個人住民税45万円	（改正後） 一般扶養親族 16歳未満：所得税 控除なし／個人住民税 控除なし 一般扶養親族 16～18歳：所得税25万円／個人住民税12万円 特定扶養親族 19～22歳：所得税63万円／個人住民税45万円 一般扶養親族 23～69歳：所得税38万円／個人住民税33万円 老人扶養親族 70歳以上 同居老親以外：所得税48万円／個人住民税38万円 老人扶養親族 70歳以上 同居老親：所得税58万円／個人住民税45万円	2025年度税制改正で結論を得る 所得税2026年分以降 個人住民税2027年度分以降
3		ひとり親控除の拡充	(1)適用要件 ①生計を一にする子（総所得金額等の合計額が48万円以下に限る）を有すること ②合計所得金額500万円以下であること ③住民票の続柄に「夫（未届）」「妻（未届）」の記載がされた者でないこと (2)控除額 所得税 35万円 個人住民税 30万円	(1)適用要件 合計所得金額要件を1000万円以下に引き上げる。 (2)控除額 所得税 38万円 個人住民税 33万円	
4	法人税・所得税・たばこ税	防衛力強化に係る財源確保のための税制措置	〈2023年度税制改正大綱〉 　わが国の防衛力の抜本的な強化を行うに当たり、歳出・歳入両面から安定的な財源を確保する。税制部分については、2027年度に向けて複数年かけて段階的に実施することとし、2027年度において、1兆円強を確保する。具体的には、法人税、所得税およびたばこ税について、以下の措置を講ずる。 (1)法人税 　法人税額に対し税率4～4.5％の新たな付加税を課す。中小法人は課税標準となる法人税額から500万円を控除することとする。 (2)所得税 　所得税額に対し、当分の間、税率1％の新たな付加税を課す。復興特別所得税の税率を1％引き下げる（従って、1.1％となる）とともに、課税期間を延長する。 (3)たばこ税 　3円／1本相当の引上げを段階的に実施する。 (4)実施時期 　2024年以降の適切な時期とする。	たばこ税については、加熱式たばこと紙巻たばことの間で税負担の不公平が生じている。同種・同等のものには同様の負担を求める消費課税の基本的考え方に沿って税負担差を解消することとし、この課税の適正化による増収を防衛財源に活用する。その上で、国税のたばこ税率を引き上げることとし、課税の適正化による増収と合わせ、3円／1本相当の財源を確保することとする。 　2023年度税制改正大綱および上記の基本的方向性により検討を加え、その結果に基づいて適当な時期に必要な法制上の措置を講ずる趣旨を2024年度の税制改正に関する法律の付則において明らかにするものとする。	2024年度税制改正に関する法律の付則で明らかにする

2024年度版　FPのための真・税金ハンドブック

2024年7月11日　初版発行

編　著	竹　内　秀　男
	吉　田　　　靖
	青　木　惠　一
	吉　田　幸　一
	一般社団法人金融財政事情研究会
	ファイナンシャル・プランナーズ・センター
発行所	一般社団法人金融財政事情研究会
	〒160-8519　東京都新宿区南元町19
編集部	電話　03(3358)1616
発行者	加　藤　一　浩
印　刷	株式会社　太平印刷社
販売受付	電話　03(3358)2891

本書の内容に関するお問合せは、書籍名およびご連絡先を明記のうえ、FAXでお願いいたします。

FAX番号　03-3358-0085

記述内容の変更・追加・訂正等を行う場合は、下記ウェブサイトに掲載します。

https://www.kinzai.jp/seigo/